Niedersächsisches Fachwerk

Fortsetzung auf dem hinteren Buchdeckel

Manfred Gerner
Fachwerk
Entwicklung, Gefüge, Instandsetzung

Deutsche Verlags-Anstalt

architektur
forschung und entwicklung

herausgegeben von Karl Wilhelm Schmitt
und Ignaz E. Hollay

Manfred Gerner, Architekt BDB, Zimmererlehre, Architekturstudium. Wissenschaftlicher Mitarbeiter des Referats für Denkmalpflege der Stadt Frankfurt am Main. Mitglied des Ausschusses Technik in der Arbeitsgemeinschaft hessischer und niedersächsischer Fachwerkstädte. Durchführung zahlreicher Fachwerkfreilegungen, -sanierungen und -rekonstruktionen.
Veröffentlichung vieler Fachbeiträge zu den Themen Sanierung, Fachwerk, Holzbau in Europa und Asien.

CIP-Kurztitelaufnahme der Deutschen Bibliothek

Gerner, Manfred:
Fachwerk : Entwicklung, Gefüge, Instandsetzung / Manfred Gerner. – Stuttgart : Deutsche Verlags-Anstalt, 1979.
(Architektur)
ISBN 3-421-02475-8

© 1979 Deutsche Verlags-Anstalt GmbH, Stuttgart
Alle Rechte vorbehalten
Typografische Gestaltung: Karl M. Nestele
Umschlagentwurf: Atelier Reichert / Kommunikationskontor Stuttgart unter Verwendung eines Modells von Hans Tisje.
Reproduktion: Repro GmbH, Kornwestheim
Satz und Druck: Georg Wagner, Nördlingen
Bindearbeit: Hans Klotz KG, Augsburg
Printed in Germany

Inhalt

Entwicklung des Fachwerks in Deutschland	Hausgefüge, Zimmerungstechnik und Wandaufbau von der Vorgeschichte bis zum Mittelalter	8
	Von der Hütte zum Haus – Hallen- und Blockhäuser in der Bronzezeit – Vom Pfostenbau zum Fachwerk – Die Hausgefüge – Holzverbindungen – Flechtwerkwände	
	Entwicklung des Fachwerks vom Mittelalter bis zum 20. Jahrhundert	14
	Mittelalter und Übergangszeit – Beharrungszeit oder Neuzeit	
Alemannisches, fränkisches und niedersächsisches Fachwerk	Alemannisches Fachwerk	20
	Fränkisches Fachwerk	26
	Mittelalter – Schwellriegel/Schwellen – Von der Verblattung zur Verzapfung – Übergangszeit – Wandhohe Verstrebungen – Beharrungszeit – Fenstererker und Erker – Landschaftliche Unterschiede – Fachwerkkirchen – Thüringischer Einfluß – Niedersächsisches Fachwerk in Hessen – Haus- und Hofformen	
	Niedersächsisches Fachwerk	39
	Vormittelalterliches Hallenhaus – Zweiständerbauten – Vierständerbauten – Niedersächsisches Fachwerk in den Städten – Schmuckformen – Siedlungsformen	
Fachwerkgefüge, Baustoff Holz und Zimmererhandwerk	Fachwerkgefüge	50
	Baustoff Holz	52
	Eichenholz – Fichten- und Tannenholz – Güteklasse und Schnittklasse	
	Zimmererhandwerk	54
	Zünfte – Lehrknechte und Fremdgeschriebene – Schnurschlagen, Anlegen und Richten – Werkzeug – Bundzeichen und Fachwerkinschriften	
Instandsetzung	Bestandsaufnahme, Wertung und Planung	60
	Bestandsaufnahme – Infrarotuntersuchung – Schadensfeststellung – Altersnachweis – Dokumentation – Statische Untersuchung – Wertung – Nutzung – Festlegung von Sanierungsmaßnahmen und Schutzbehandlung – Planung	
	Beseitigung der Ursachen von Feuchtigkeitsschäden, Trockenlegungsverfahren von Fundament- oder Kellermauerwerk	67
	Horizontalsperre bei Fundamenten und Sockeln nicht unterkellerter Fachwerkgebäude – Feuchtigkeitssperre bei unterkellerten Gebäuden – Konventionelle Methode – Chemische Verfahren mittels Bohrlöchern – Chemische Putz- und Anstrichverfahren – Elektrophysikalische Methode – Aufgehendes Mauerwerk und Oberflächen von Mauern in Fachwerkbauten	
	Zimmerarbeiten	69
	Instandsetzung der Fachwerkhölzer	70
	Untersuchung der Holzteile – Hilfskonstruktionen zur Standsicherheit – Auswechseln/Anschuhen – Schäden an Deckenbalken – Gebrochene Holzteile – Entfernte Holzteile – Vor- und Nachteile der Freilegung von Fachwerk – Fachwerkfreilegung – Verwendung alter Hölzer – Chemischer Holzersatz – Holzverbindungen	
	Ausrichten der Konstruktion	82
	Holzschädlinge/Holzschutz	83
	Tierische Schädlinge – Holzschutzvorbereitung – Pflanzliche Schädlinge – Vorbereitung für Holzschutzmaßnahmen	
	Konstruktiver Holzschutz	86
	Chemische Holzschutzbehandlung	86
	Schutzbehandlung neuer Hölzer – Arbeitsschutzvorschriften – Brandschutz	
	Oberflächenbehandlung der Fachwerkstäbe	88
	Farben der Fachwerkstäbe	88

Instandsetzung	Farbtechnik	90
	Standölanstrichaufbau – Pigmentierte Lasuranstrichsysteme – Dispersionsfarben für bewitterte Holzoberflächen – Für Fachwerk nicht geeignete Anstrichmittel	
	Geschnitztes Fachwerk	92
	Ausfachungen	93
	Behandlung von unzerstörten Lehmausfachungen – Neue Lehmausfachungen – Stark angegriffene Lehmausfachungen – Vorhandene holzbündige Ausmauerung – Nicht mehr vorhandene oder stark zerstörte Lehmausfachungen – Klinker- und Zierklinkerausfachungen	
	Erhöhung der Wärmedämmung	96
	Innendämmung – Neuausmauerung – Wärmedämmputze – Fachwerk außen und innen sichtbar – Hintermauerung	
	Schmuck und Farben der Ausfachungen	97
	Verkleidungen	98
	Schieferverkleidungen – Schindelschirme – Senkrechte Brettschalungen – Nachträglich verputztes Sichtfachwerk – Fachwerkputzbauten – Neuverputz über Fachwerk – Nicht »fachwerkgemäße« Verkleidungen	
	Fenster, Klappläden und Türen	102
	Fachwerkinnenwände	104
	Fachwerkwände ohne Ausfachungen	
	Dachstühle, Dachausbau und Dachhaut	105
	Dachstühle – Kombinierte Sprenge- und Hängewerksdächer – Instandsetzung des Dachstuhls – Dachgeschoßausbau – Dachhaut – Stroh- und Reetdächer – Schieferdächer – Biberschwanzdächer – Gesimse und Dachaufbauten	
	Umbauten und Modernisierungsmaßnahmen, Fachwerkimitationen und umgebende Bebauung von Fachwerkhäusern	110
	Umbauten – Modernisierungen – Erweiterungen – Fachwerk-Imitationen – Umgebende Bebauung	
Ladeneinbauten	Ladeneinbauten	112
Instandsetzung, Sanierung und Rekonstruktion in Beispielen	Russische Botschaft – Studentenwohnheim, Braunschweig	117
	Zweitältestes Fachwerk Deutschlands, Limburg	119
	Rekonstruktion eines Burgmannenhauses – Leibsches Haus, Gießen	121
	Bau- und kunsthistorisch außergewöhnliches Fachwerk: Ochsenkopf, Hannoversch Münden	124
	Steinscher Hof – Freiherr-vom-Stein-Gedenkstätte, Kirberg	126
	Umnutzung: Seniorentreff in ehemaliger Scheune, Grebenstein	128
	Statt Abbruch: drei Wohnungen, Limburg	129
	Einfaches Fachwerk, Frankfurt-Höchst	131
	Sanierung des Sternhofs, Nördlingen	132
	Rekonstruktion von Fachwerkwänden in ein Massivgebäude, Frankf.-Höchst	134
	Funktionsänderung: Walderdorffer Hof, Bensheim	137
Fachwerke in Stadt- und Dorflandschaften	Bewußtsein für Fachwerk steigt	141
Anhang	Literatur	142
	Glossar	143
	Bildverzeichnis	144

Vorwort

Die meisten historischen Städte und Dörfer der deutschen Mittelgebirgslandschaft werden vom Fachwerk geprägt. In den waldreichen Gebieten von Süd-Niedersachsen, Westfalen, Hessen, Thüringen, Franken und Baden-Württemberg war es von den ersten Anfängen im 14. Jahrhundert bis zum Beginn des industriellen Bauens im 19. Jahrhundert die natürliche Bauweise, in der Bürger- und Bauernhäuser, Wirtschaftsgebäude, Rathäuser, aber auch Herrenhäuser, Schlösser und Kirchen errichtet wurden. Die Vielfalt der handwerklich bestimmten Konstruktions- und Schmuckformen in allen Kunstepochen sicherte trotz der großen Zahl der Fachwerkgebäude die unverwechselbare Individualität des einzelnen Baudenkmals. Jede Kulturlandschaft brachte eine eigene Variante hervor, oft durch die freie Übernahme von Formen aus benachbarten Gebieten.

Mit der fortschreitenden Industrialisierung des Bauens sind die landschaftlich bestimmten Architekturformen verschwunden, die Architektur hat heute eine internationale Formensprache. Zur Erhaltung unverwechselbarer Lebensräume, in denen sich der Bewohner heimisch fühlt und für deren öffentliches Wohl er bereit ist, sich zu engagieren, sind die historischen Bauten unentbehrlich. Gerade die ganz vom Handwerk, von der Holzbearbeitung ohne Maschinen geprägten Fachwerkbauten sind heute nicht mehr herstellbar, wodurch diesem unersetzlichen Bestand eine hohe Bedeutung zukommt.

Durch langjährige Vernachlässigung als Folge der beiden Weltkriege und der nachfolgenden Armutszeiten sind viele Fachwerkbauten in schlechtem bauphysikalischem Zustand und ohne die erforderliche Anpassung an modernen Wohnkomfort verblieben. In fast allen Fällen ist mit einer durchgreifenden Instandsetzung in alten Fachwerkbauten reizvoller Wohnraum mit allen Einrichtungen modernen Komforts zu schaffen. Dies ist zwar nicht billig, aber keineswegs nur ein Finanzproblem. In erster Linie sind für die Erhaltung und Modernisierung von Baudenkmälern die Einstellung des Eigentümers zu seinem Gebäude und die Fachkenntnisse der beauftragten Handwerker und Architekten bedeutsam. Wird an diese Aufgabe nur mit dem Perfektionsdenken modernen industriellen Bauens und ohne Phantasie, ohne das Vermögen zur Improvisation und ohne die Bereitschaft zum Ausbessern anstelle des heute üblichen Auswechselns ganzer Dachstühle, Wände oder Decken herangegangen, bleibt meist nur eine historische Fachwerktapete vor einem massiven Neubau mit genormtem Grundriß als Ergebnis übrig.

In einer ganzen Reihe von Fachwerkstädten sind inzwischen bei der Altstadtsanierung in historischen Bauten vorbildliche Objektsanierungen durchgeführt worden. Auch gibt es bereits einige qualifizierte Architekten und Handwerker, die dieser schwierigen Aufgabe gewachsen sind, nur sind es noch zu wenige angesichts der großen Zahl instandsetzungsbedürftiger Bauten. So gilt es, das Wissen der erfahrenen Praktiker möglichst weit zu verbreiten und weitere Architekten und Handwerker für diesen interessanten Arbeitsbereich zu gewinnen. Dazu dient das Buch von Manfred Gerner, eine gründliche Zusammenfassung des derzeitigen Wissens und der Erfahrungen zum Fachwerkbau. Durch seine Doppelausbildung als Architekt und Handwerker wie auch durch die praktischen Erfahrungen bei der Sanierung historischer Fachwerkbauten in Frankfurt ist Manfred Gerner besonders geeignet als Verfasser dieses Buches. Es wird hoffentlich eine möglichst große Verbreitung haben und viele Hausbesitzer, Architekten, Handwerker und Kommunalpolitiker zu einem vorsichtigen Umgang mit historischen Fachwerkbauten veranlassen. Den Rat des qualifizierten Fachmanns kann es im Einzelfall mit seinen spezifischen Problemen nicht ersetzen. Es wird aber als Handreichung, als Vertiefung, Ergänzung oder Sammlung schon vorhandener Kenntnisse allen sehr willkommen sein, denen die Erhaltung unseres architektonischen Erbes ein Anliegen ist.

Prof. Dr. Gottfried Kiesow
Landesamt für Denkmalpflege Hessen

Einleitung

Dieses Buch soll über die bildliche Darstellung von Fachwerkbauten hinaus die Aufgabe erfüllen, Grundlagen zu vermitteln, die der langfristigen Erhaltung und Gestaltung von Fachwerken dienen. Es schließt weit verbreitete Lücken in der Kenntnis historisch entwickelter Holzkonstruktionen und der bereits vom Untergang bedrohten handwerklichen Instandsetzungsmethoden. Dementsprechend sind die Schwerpunkte gesetzt: die Entwicklung von den vorgeschichtlichen Holzverbindungen und Wandaufbauten zum mittelalterlichen Fachwerk, mehr noch die Darstellung der Instandsetzungsmethoden auf der Basis handwerklicher Tradition unter Einbeziehung neuester Technologien, soweit diese tauglich erscheinen. Die aus dieser Thematik angesprochene Zielgruppe von Lesern – besser Benutzern, denn dieses Werk soll ein Arbeitsbuch sein – sind Architekten, Denkmalpfleger, Zimmermeister, Verputzer, Maler und nicht zuletzt Eigentümer von Fachwerkbauten.

Kurz gefaßt sind die getrennt verlaufenden Entwicklungen der drei Stilgruppen: alemannisches, fränkisches und niedersächsisches Fachwerk von der Gotik bis zum Barock. Die Darstellung dieses Kapitels ist so aufgebaut, daß die Merkmale, die zur Bestimmung des Gefüges in der Praxis vorkommender Fachwerke notwendig sind, erläutert werden. Weiter ins Detail zu gehen erschien nicht sinnvoll, da Einzelfragestellungen hierzu von den Altmeistern der Erforschung deutschen Fachwerks Carl Schäfer (1844–1905), Heinrich Walbe (1865–1954), Hermann Phleps (1877–1964) und Heinrich Winter (1899 bis 1964) ausführlich behandelt wurden.

Bei der Darstellung der Instandsetzungsmethoden werden immer zunächst die mit guten Ergebnissen eingeführten handwerklichen Methoden genannt, die dem ursprünglichen Fachwerkbau am ehesten gerecht werden. Erst danach folgen weitere Vorschläge, die, soweit erprobt, auch jüngste Technologien und Ersatzmaterialien einbeziehen. Randgebiete, wie die Trockenlegung von Fundamentmauern, Gestaltung von Fenstern und Türen, sind kürzer gefaßt.

Die Darstellung von Beispielen durchgeführter Maßnahmen reicht mit Absicht vom kunsthistorisch exponierten Einzeldenkmal bis zum Einfachstfachwerk des 19. Jahrhunderts – Ausschnitte eines riesigen Spektrums von Nutzungs- und Gestaltungsmöglichkeiten sollen sichtbar werden.

Die in den Farbtafeln systematisch angelegten Farbgebungsbeispiele beruhen auf Originalbefunden und deren Variation. Die Tafeln sollen als Instrumentarium farblicher Gestaltung dienen.

Literaturverzeichnis und Glossar schließlich sind auf ein Mindestmaß, das Fachwerk streng umgrenzt, eingeschränkt. Dafür wurde andererseits das Thema der Zimmererzünfte ausführlich behandelt, weil die Kenntnis der Organisation des Zimmererhandwerks wiederum zum Verständnis der Schöpfungen seiner Meister beiträgt.

Fotos und zeichnerische Unterlagen stammen zum großen Teil aus dem Archiv des Autors. Darüber hinaus haben Institute, Bürgerinitiativen für Fachwerkerhaltung, Architekten und Industrieunternehmen umfangreiches Material zur Verfügung gestellt, das wegen gebotener Komprimierung nur zum Teil verwendet werden konnte. Stellvertretend für viele spricht der Autor deshalb der Interessengemeinschaft Bauernhaus Grafschaft Hoya e. V., der Bürgervereinigung Höchster Altstadt e. V., dem Verein Rieser Bauernhausmuseum e. V., dem Förderkreis Alte Kirchen in Marburg, dem Museumsdorf Cloppenburg, der Redaktion i-Punkt Farbe, Herrn Conrad Gatz, der Firma Desowag-Bayer, Holzschutz GmbH sowie den Architekten, die mit ihren Beispielen genannt sind, den Landesämtern für Denkmalpflege und verschiedenen Universitäten und Technischen Hochschulen seinen besonderen Dank aus.

Manfred Gerner

Entwicklung des Fachwerks in Deutschland

Hausgefüge, Zimmerungstechnik und Wandaufbau von der Vorgeschichte bis zum Mittelalter

Zelte in Kegelform aus einem Holzstangengerüst, abgedeckt mit Reisig oder Tierfellen, dienten den nomadisierenden Jägern Mitteleuropas wahrscheinlich schon 12 000 Jahre v. Chr. als Witterungsschutz. Neben Zelten, Reisighütten, Wohngruben und Wohnhöhlen ist unter den Urformen menschlicher Behausungen das Firstpfostenhaus, die einfachste Art der Holzkonstruktion für ein Haus, zu finden. Die Konstruktion aus natürlichen, vorhandenen Materialien bedarf außer Steinbeil und Messer keiner Werkzeuge und nur einer geringen Bearbeitung des Holzes. Auf den Schmalseiten eines rechteckigen Grundrisses auf ebener Erde oder in Form einer Wohngrube werden mittig Pfosten eingegraben. Die beiden Endpfosten, und eventuell zusätzliche Pfosten dazwischen, halten in natürlichen Gabeln ein Rundholz als Firstpfette, an das sich auf der Erde schräg aufgestellte Hölzer (Rofen) lehnen, die wiederum die Dachhaut aus Fellen, Ried (Reet) oder Reisig tragen.

Von der Hütte zum Haus

Der Wandel vom primitiven Hüttenbau zum konstruktiven Hausbau mit dem Merkmal der Trennung von Wand- und Dachelementen basiert auf der Entwicklung der Sammler und Jäger zu ansässigen Bauern, die nach dauerhaften Behausungen strebten, und fällt in Mitteleuropa in den Beginn der Jungsteinzeit, etwa 3000 v. Chr.
Die ersten Pfostenbauten – Mittelpfosten und Wandpfosten mit Pfetten, die das Dach tragen, und zwischen die Pfosten gestellte, nicht tragende Außenwände aus Reisig mit oder ohne Lehmbewurf – beinhalten bereits das Grundprinzip des Fachwerks: eine tragende Holzkonstruktion und raumabschließende, nicht tragende Ausfachungen. Als Material für die Konstruktion dienen Eichen, Eschen, Weiden oder Birken.
Zahlreiche Ausgrabungsergebnisse, besonders in Moorböden, welche die Holzsiedlungsreste konservieren – so um den Bodensee, in der Schweiz und in Norddeutschland – bieten exakte Aufschlüsse über Siedlungs- und Hausformen bis zu den Verzimmerungsdetails.
Die von H. Reinerth in Unteruhldingen am Bodensee rekonstruierten Teile eines Pfahldorfes aus der Zeit um 2200 v. Chr. zeigen stattliche, mehrräumige, rechteckige Pfostenhäuser, wegen der Ufernähe auf Pfahlrosten, mit Grundrißmaßen von 6 × 10 Metern und darüber, senkrechten Wänden aus Flechtwerk mit Lehmverstrich und schilfbedeckten Satteldächern.
Das Steinzeitdorf Riedschachen im oberschwäbischen Federseemoor besteht aus 70 bis 80 Quadratmeter großen, rechteckigen Häusern mit mehreren hintereinanderliegenden Räumen. Den Bodenbelag dieser Häuser bilden 10 bis 15 cm dicke

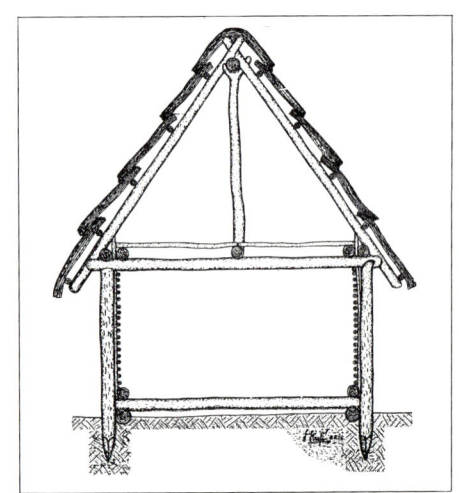

1

2

1 Haus aus der Wasserburg Buchau, um 1100 v. Chr. Pfosten mit Flechtwerkwänden. Der Firstpfosten wird bereits von einem Balken abgefangen.
2 Rekonstruierte Pfostenbauten mit lehmbeworfenen Flechtwerkwänden sowie Blockbauten aus Unteruhldingen am Bodensee. Die Blockbauten zeigen bereits fensterartige Lichtöffnungen.
3 Giebelansicht eines Blockhauses aus dem Federseemoor, 11. bis 8. Jh. v. Chr. In der Bronzezeit wurden Blockbauten parallel zu den Pfostenbauten entwickelt.
4 Unteruhldingen: Stabbau. Neben Pfostenbauten mit Flechtwerkwänden kommen schon früh Stabbauten mit Wänden aus senkrecht gestellten Stämmen auf.
5 Unteruhldingen: Pfostenbauten mit Schwellriegeln und von der tragenden Konstruktion unabhängigen Flechtwerkwänden, die mit Lehm verstrichen sind.

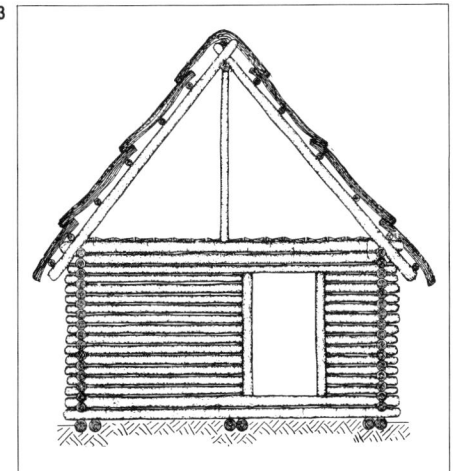

gespaltene Jungstämme, die Wände bestehen aus senkrecht gestellten Spaltbohlen von 3 bis 4 cm Dicke und einer Höhe von etwa 2 Metern, darüber liegen Deckenbalken mit etwa 60 cm Abstand und mit Schilf eingedeckte Sparrendächer. Die Böden sind mit einer etwa 10 cm dicken Lehmschicht versehen, die Bretterwände mit Lehm beworfen.

Hallen- und Blockhäuser in der Bronzezeit

In der Bronzezeit werden bereits differenzierte Hausformen entwickelt. Von der Nordseeküste sind Pfostenbauten bekannt, die statt der Firstpfostenreihe je eine Pfostenreihe etwa unter dem oberen Drittelpunkt der Sparren aufweisen. Diese Konstruktion hat den Vorteil geringerer Belastung der Sparren und durch das Fehlen des mittigen Pfostens besserer Erschließungsmöglichkeiten von der Giebelseite. Ob diese Häuser in Form einer dreischiffigen Halle bereits direkte Vorläufer des niederdeutschen Hallenhauses sind, ist unbewiesen. Die Erschließung von der Giebelseite und die Nutzung als Einhaus für Menschen, Vieh und Vorräte sprechen für eine solche These.

Ebenfalls in der Bronzezeit wird im keltischen Siedlungsraum der Blockbau erfunden. Als Beispiel soll hier die Wasserburg Buchau im Federseemoor (Oberschwa-

6 In allen Gegenden Europas mit überwiegendem Nadelholzvorkommen entwickelte sich der Block- und Stabbau. Bedeutendste Schöpfungen des Stabbaus sind die Stabkirchen Skandinaviens. Auf dem Foto eine Stabkirche, die um die Jahrhundertwende im Harz errichtet wurde.

7 Entwicklung vom Pfostenhaus zum mehrgeschossigen Haus mit Ankerbalken:
1) Wand- und Firstpfosten eingegraben, ab etwa 3000 v. Chr.
2) Übergang vom Pfosten- zum Ständerbau, bereits mit Ankerbalken.
3) Eingestocktes Haus.
4) Dreigeschossiges Gebäude mit Steckgebälk.

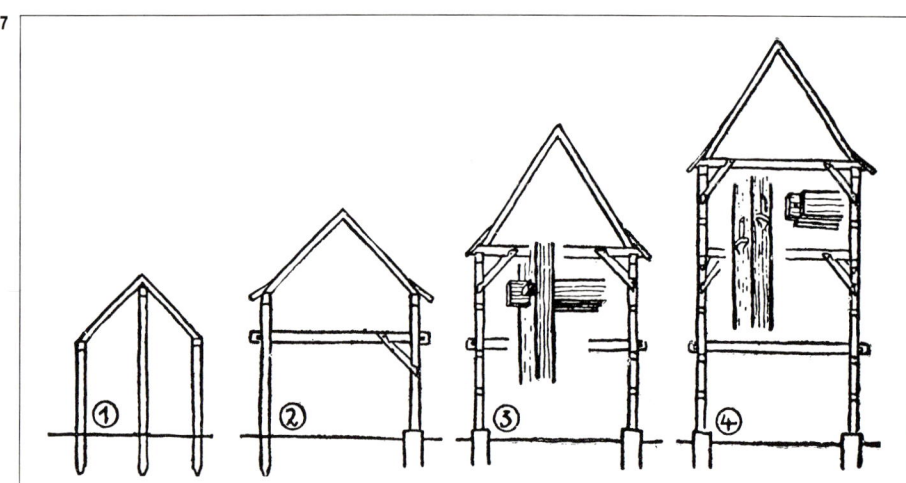

ben) dienen. Die älteste Siedlung Buchau wird um 1100 v. Chr. gebaut und weist überwiegend einräumige Blockhäuser, aber auch Flechtwandbauten auf. Die Blockwände bestehen aus Kiefernstämmen. An den sich überschneidenden Ecken mit Vorholz sind die Stämme sauber ineinandergekerbt. Der Komfort der Gebäude hat bereits bedeutende Entwicklungsstufen erreicht; so haben die Häuser eine Bretterdecke über dem Erdgeschoß und kleine Fensteröffnungen mit Holzschiebeläden. Die Eingänge befinden sich in den Giebelseiten. Bei den Pfostenbauten mit Flechtwerk und Lehmbewurf fällt auf, daß der Firstpfosten nicht mehr immer bis auf den Boden geführt, sondern teilweise mittels Balken über dem Erdgeschoß abgefangen wird und so auch bei den Pfostenbauten bessere Erschließungsmöglichkeiten über die Giebelseite gegeben sind. Die Dächer der Block- wie der Pfostenbauten bestehen aus steilen, schilfgedeckten Satteldächern.

Die Beispiele genügen als Darstellung der Basis für die weitere Entwicklung. In Gegenden mit überwiegend langfaserigem Weichholz, z. B. Lärchen und Fichten mit langen, geraden, nur von wenigen Ästen gestörten Stämmen, wie Skandinavien, Schlesien, Karpaten- und Alpenländer, also in Nord- und Osteuropa, entwickelt sich der Blockbau. Dessen Werdegang – im wesentlichen die Entwicklung der Verblattungstechnik der sich an den Ecken und bei Wandanschlüssen überkreuzenden Stämme – soll hier nicht weiter verfolgt werden.

Dort, wo kurzfaseriges Laubholz, im wesentlichen Eiche, vorherrscht, in Mitteleuropa und den angelsächsischen Ländern, entsteht aus dem Pfostenbau das Fachwerk mit der im alemannischen Raum ausgeprägten Zwischenstufe des Ständerbohlenbaus.

Die hier aufgezeigte Entwicklung baut auf neuen Ergebnissen der archäologischen Funde und Auswertungen auf und steht in einem gewissen Widerspruch zu einzelnen Aussagen von H. Phleps und zu der von C. Schäfer vertretenen These, daß das germanische Haus sich in erster Linie aus einem dreischiffigen Hallenhaus entwickelte, parallel dazu von den Kelten der Blockbau entwickelt wurde und einzelne Elemente sowie Details des Blockbaus im alemannischen Fachwerkbau aufgenommen wurden.

Vom Pfostenbau zum Fachwerk

Der Pfostenbau hat den großen Vorteil der Horizontalaussteifung durch die in den Boden eingeschlagenen oder eingegrabenen, praktisch »eingespannten« Stützen. In einer schon fortgeschrittenen Entwicklungsstufe des Pfostenbaus werden in Höhe des Hausbodens zwischen die Pfosten Schwellriegel eingeschoben und die Wände auf diese Riegel aufgesetzt. Dem Gefüge nach ist der Pfostenbau bereits ein Fachwerk. Der Terminus »Fachwerk« hat sich jedoch ausschließlich für Konstruktionen in Rähm- oder Ständertechnik mit Gefachfüllungen aus Flechtwerk oder Steinen eingebürgert und soll deshalb auch hier so verwendet werden.

In dem Eingraben der Pfosten in die Erde liegt der größte und unbefriedigende Nachteil der Pfostenkonstruktionen. Während Eichenholz trocken fast unbegrenzt haltbar ist und dauernd im Wasser immerhin eine Haltbarkeit von vielen hundert Jahren hat, hält es sich im Wechsel zwischen Nässe und Austrocknung nur kurze Zeit. Im Bereich der Erdoberkante faulen die eingegrabenen Pfosten je nach Stammstärke deshalb in einer Zeit von 20 bis 30 Jahren. Diesem Nachteil hilft man schon in prähistorischer Zeit dadurch ab, daß die Pfosten nicht mehr eingegraben, sondern auf Unterlagen – meist flache Steine oder Halbhölzer – gestellt werden. Damit ist eine weiterentwickelte Konstruktion, der Ständerbau, gefunden, der durch steife Wände oder schräg gestellte Hölzer gegen Umkippen gesichert werden muß. Der Ständerbau mit Schwellriegeln hat jedoch immer noch Nachteile. So ist es schwer, die Ständer am Fußpunkt zu fixieren, außerdem kann Feuchtigkeit leicht in das Hirnholz der Ständer von unten her eindringen und ein Faulen bewirken. Die Weiterentwicklung ist der Ständerbau auf durchgehenden Schwellen, der sich aber erst im 15. Jahrhundert weitgehend durchsetzt. Hierbei wird der gesamte Bau, einschließlich aller Ständer, auf einem unteren Schwellenkranz aufgesetzt, der seinerseits durch ein Fundament aus der feuchten Zone herausgehoben ist.

Die Hausgefüge

Auch die inneren Hausgefüge sind mit den Entwicklungen spätestens in der Bronzezeit praktisch vorgegeben. Im südlichen und mittleren Deutschland bleibt bis ins 14. Jahrhundert der Firstpfosten bestimmend, wenn er auch in der Ausnahme bei kleineren Gebäuden von Balken der ober-

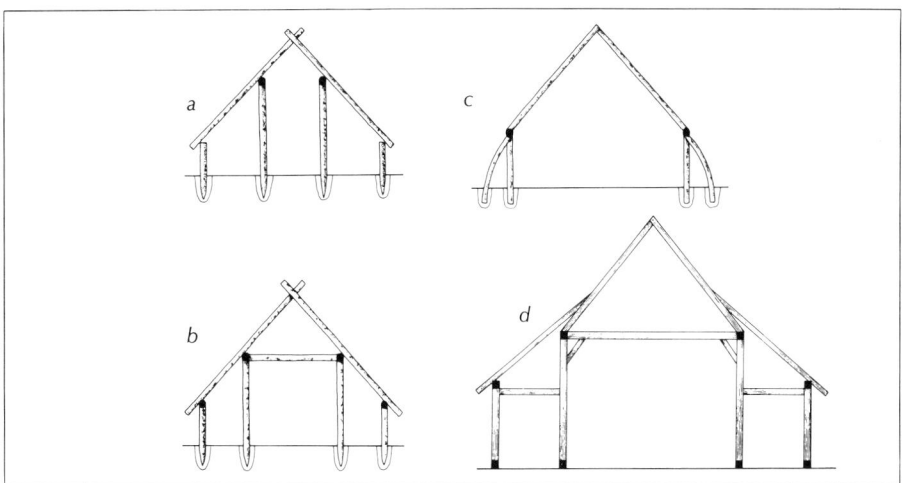

8 Das Firstsäulengerüst im fränkischen Fachwerk war bestimmend für die Queraufteilung und damit für die Entwicklung des ausgeprägten Bundsystems.
9 Steinzeitliche Holzverbindung, der aus Bastseilen bestehende sog. Steinzeitknoten.
10 Durchsteckzapfen als Zapfenschloß, Rekonstruktion in Unteruhldingen am Bodensee.
11 Entwicklungsstufen der Konstruktion des niedersächsischen Fachwerks:
a) Pfostenhaus mit verdoppelter Pfostenreihe
b) Pfostenhaus mit weit auseinandergeschobenen mittleren Pfostenreihen und gegenseitiger Abstützung durch Spannbalken
c) Hallenhaus mit äußeren Streben
d) Dreischiffiges Hallenhaus (Zweiständerkonstruktion)

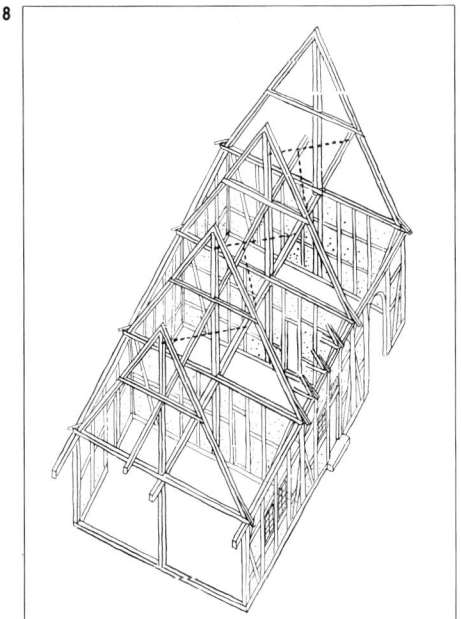

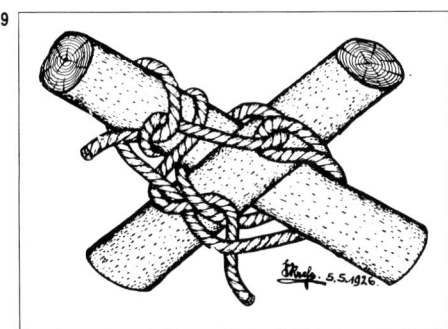

sten Geschoßbalkenlage abgefangen wird. Dieser Umstand führt dazu, daß die Gebäude meist von der Traufseite erschlossen werden und die Innenaufteilung auf Querwänden aufbaut. Die Querteilung ist Voraussetzung für das Bundsystem, eines der wichtigsten konstruktiven Merkmale alemannischen und fränkischen Fachwerks.

Im Norden Deutschlands dagegen baut die Enwicklung auf dem oben beschriebenen Pfostenbau mit zwei inneren Pfostenreihen derart auf, daß die beiden Pfosten weiter auseinandergerückt und durch einen Spannriegel ausgesteift werden. So entstehen ein breiteres Mittelschiff und zwei schmale, niedrigere Seitenschiffe. In einer späteren Entwicklung werden an einschiffige Hallenhäuser mit Sparrendächern (also ohne Firstpfosten und Firstpfette) beidseitig kleinere Seitenteile angebaut, deren Dächer sich an das Hauptdach anlehnen – auch hierbei also ein breites Mittelschiff mit zwei kleineren, in der Frühphase auch niedrigeren Seitenschiffen. Beide Konstruktionsarten müssen als Vorstufen des Zwei- und später des Vierständerhauses, des klassischen niedersächsischen Hallenhauses, angesehen werden. Aus der Art dieser Hausgefüge, ohne den störenden Firstpfosten im Giebel, ergibt sich zwangsläufig die Erschließung über den Giebel und die Längsaufteilung der Gebäude.

Holzverbindungen

An den verwendeten Holzverbindungen, der eigentlichen Verzimmerungstechnik, werden der hohe Grad des Könnens und die bereits hohe Entwicklungsstufe der vorgeschichtlichen Hausbauer sichtbar. Diese haben sich ja noch nicht in Berufe spezialisiert, sondern bauen in der Familie oder in der Sippe ihre Häuser.

Die früheste, bereits im Neolithikum bekannte Holzverbindung ist die natürliche Gabel, der gabelförmig endende Pfosten, in den die First- oder Wandpfette eingelegt wird. Gesichert werden diese Verbindungen durch die Verknotung mit Seilen. In Abwandlung der natürlichen Gabel entstehen Pfostenscheren, wobei der Firstbaum in zwei nebeneinander eingegrabene, sich kreuzende und kurz unter ihrem oberen Ende zusammengebundene Pfosten gelegt wird. Daneben kennt man Pfostenzangen, bei denen am oberen Stirnholz Kerben eingeschlagen sind oder weitergehend der Pfosten in Form einer Einhalsung tief ausgenommen ist, in welche die Firstpfette eingelegt wird. Das Verbindungselement der Firstgabel ist so bedeutend, daß das Wort Gabel in einer Umwandlung einem gesamten Gebäudeteil seinen Namen gibt: dem Giebel.

Die Sparren jungsteinzeitlicher Bauten ruhen in Kerben. Auffallend ist die Tatsache, daß die Steinzeitmenschen bereits verschiedene Arten von Verzapfungen als Verbindungskonstruktionen kennen. Es werden sowohl einfache Steckzapfen als auch durchgesteckte Verzapfungen, ja sogar Zapfenschlösser angewendet, wie die Rekonstruktionen in Unteruhldingen (2200 v. Chr.) zeigen. Die Zapfenbreite liegt bei 5 cm, die Zapfenlängen sind sehr unterschiedlich, bis über 30 cm. Zapfen und Zapfenlöcher sind sauber ausgearbeitet, was in Anbetracht der noch primitiven Werkzeuge – Steinbeile und Steinmeißel – auf großes handwerkliches Können hinweist. Aufgrund verschiedener Untersuchungen kann angenommen werden, daß sowohl Verzapfungen als auch die später entwickelten Verkämmungen, Verschränkungen und Anblattungen jeweils zunächst beim Bau von Mobiliar und Behältern verwendet und dann bei der Zimmerungstechnik der Gebäude in größere Dimensionen umgesetzt werden. Der Zapfen findet schnell vielfache Verwendung; so werden Spannriegel seitwärts in Pfosten eingezapft, und die Pfosten selbst erhalten am oberen Ende lange Zapfen, welche die Pfetten aufnehmen. Bei den frühen Ständerbauten sind die Ständer in die Unterlagshölzer (Fundamentklötze) oder in die Schwellen eingezapft.

Mit dem Beginn der Bronzezeit stehen neue, vor allem weit bessere Werkzeuge wie Bronzebeile und Bronzemeißel in verschiedenen Ausführungen zur Verfügung, und die Zimmerungstechnik wird weiter verbessert und verfeinert. Die Technik der

12 Verblattete Bänder (Kopfbänder). Die Blattverbindung war »steifer« als Zapfenverbindungen.

Verzapfung ist inzwischen über den gesamten mitteleuropäischen Raum verbreitet. Besonders wichtige Fundstätten für Zapfenverbindungen sind die frühhallstättische Siedlung Buchau und die mittelhallstättische Siedlung Biskupin in Polen, wo Bohlenwände rekonstruiert werden können, deren Pfosten mindestens teilweise in Schwellen eingezapft sind und deren Pfetten auf den oberen Zapfen der Pfosten ruhen.

Noch mehr verbreitet sind Zapfenverbindungen dann in der römischen Kaiserzeit nachzuweisen, und zwar sowohl im römisch besetzten Gebiet als auch im freien Germanien. Im Römerkastell Saalburg im Taunus wird ein hölzernes Kapitell gefunden, das einen Zapfen zur Aufnahme der Pfette trägt. Dieser Fund ist insofern von Bedeutung, als die Holzverbindungen, wie Zapfen und Scherblätter, des öfteren bei massiven Steinkonstruktionen übernommen werden.

Wichtig für die Fachwerkentwicklung ist aus dieser Zeit ein Fund aus Stickenbüttel, wo die Bohlenwände bereits auf Schwellriegeln aufgesetzt sind. Die vier Schwellriegel sind in die Pfosten mit durchgesteckten Zapfen eingezapft und werden mit Holzkeilen (Splinten) fixiert: Zapfenschlösser, die dann bis zum 14. Jahrhundert ein wesentliches Verbindungsmittel der Zimmerleute in Europa bleiben. Daß es sich bei den Zapfenschlössern der Schwellriegel um keinen Einzelfall handelt, zeigt ein weiterer Fund in Stickenbüttel: An einem mit Bohlen eingefaßten Brunnen wird der obere Rahmen von Zapfenschlössern zusammengehalten. Besonders bei Möbeln, z. B. Bettgestellen, werden Zapfenschlösser schon im frühen Mittelalter häufig angewendet. Wie die Verbreitung dieser ausgereiften Verbindung beim Hausbau voranschreitet, läßt sich schwer nachweisen, da zwar aus den frühgeschichtlichen Siedlungen, die in Mooren untergehen und dadurch konserviert werden, zahlreiche Befunde geborgen werden können, aus den Epochen der letzten Jahrhunderte v. Chr. und des ersten Jahrtausends n. Chr. jedoch kaum Zeugnisse von Holzbauten vorhanden sind. Die Gebäude sind weiter aus der Erde herausgehoben, auf Fundamenten und Sockeln erbaut und gehen, da sie nicht von einer konservierenden Schicht bedeckt werden, völlig verloren.

Als weitere Holzverbindungen sind, aus dem Pfosten- und Ständerbau entwickelt, Holznägel und Dübel bereits früh bekannt sowie besonders im Zusammenhang mit der dichten Verbindung der Bohlen- und Stabwände die Nut- und Federverbindung. Ein einziges Beispiel bei einem Brunnen aus der Bronzezeit weist eine Schwalbenschwanzspundung auf.

Mit der Entwicklung des Blockbaus seit der mittleren Bronzezeit wird eine Reihe weiterer Holzverbindungen neu geschaffen, die später auch im Fachwerkbau benutzt werden. Die Standfestigkeit von Blockhäusern hängt entscheidend von den konstruktiven Eckverbindungen, der Ausarbeitung der sich überkreuzenden Stämme zu einem statisch steifen Gefüge, ab. Die frühesten Verbindungen sind einfache Verkämmungen, aber auch Verschränkungen werden schon einzeln verwendet. Bei Brunnenkästen aus Blockverbänden ist um 500 v. Chr. die einfache Verblattung nachgewiesen; um die Zeitenwende sind Verblattung und Scherzapfen gerade bei Brunnenbauten weit verbreitet. Insgesamt ist damit belegt, daß etwa zur Zeitenwende die wichtigsten konstruktiven Holzverbindungen, die bis heute verwendet werden, bereits bekannt sind und

13 Holzschnitt aus dem Jahre 1502. Um Bienenkörbe werden Flechtwerkwände angelegt.
14 Steinzeitliche Flechtwerkwand. Durch die Fehlstellen im Lehm ist der Aufbau zu erkennen: senkrechte Staken, die mit Weidenruten ausgeflochten sind, und darauf 3 bis 4 cm Lehmverstrich.
15 Flechtwerkausfachung. Die Staken sind oben im Riegel eingebohrt und sitzen unten in einer Kerbe. Staken und Weidengeflecht sind bei diesem Beispiel aus Norddeutschland dicht zusammengefügt.
16 Lehmschlag in der Ausfachung einseitig abgenommen. Die Stakhölzer und das Geflecht sind bei diesem Beispiel aus dem 17. Jahrhundert relativ stark.

ausgeführt werden. Eine stattliche Reihe weiterer Blatt- und Zapfenverbindungen wird bereits im Laufe der ersten tausend Jahre n. Chr. aus den Urformen weiterentwickelt.

Flechtwerkwände

Zeigen sich bei den Hausgefügen und den Holzverbindungen bereits Beharrlichkeit und behutsame kontinuierliche Fortentwicklung, so ist bei den raumabschließenden Wänden der Wandaufbau von der Vorgeschichte bis über die Blütezeit des Fachwerks gleich geblieben. Aus dem »Winden« der Flechtwerkwände entwickelte sich der Begriff »Wand«. Schon die Hütten der älteren Steinzeit haben Reisigwände, die mit Lehm verstrichen sind. Die ersten Pfostenbauten der Jungsteinzeit besitzen sauber gearbeitete Flechtwerkwände. Das Flechtwerk ist zwischen den Pfosten verspannt – bei kleineren Pfostenabständen ohne zusätzliche Verstärkung, bei größeren Abständen durch die Einarbeitung senkrechter Spaltbohlen verstärkt bzw. in Kombination nur mit Spaltbohlen ausgeführt. Diese Flechtwerkwände stehen in einzelnen Fällen ohne Lehmbewurf, in der weitaus größeren Anzahl sind sie ein- oder zweiseitig mit angeteigtem Lehm beworfen. Die Art des Flechtwerks mit Spaltbohlen (Stakhölzern) und beidseitigem Lehmbewurf aus einer Mischung von Lehm unter Beimengung von gehäckseltem Stroh zur Armierung wird bis zum Beginn unseres Jahrhunderts, mit Ausnahme der Sonderformen Ziegel, Naturstein und Holz, als Gefachmaterial für die Ausfachung zwischen den Fachwerkhölzern verwendet. Diese Gefachkonstruktion bietet eine Reihe von Vorteilen, die teilweise bis heute Gültigkeit haben. Das lehmbeworfene Flechtwerk ist elastisch genug, die geringen Bewegungen der Fachwerkhölzer ohne Spannungen oder größere Risse aufzufangen, die Materialkombination ist gut wärmedämmend und -speichernd und erfüllt ohne zusätzliche Maßnahmen in vielen Fällen heute noch den per Norm geforderten Mindestwärmeschutz. Im übrigen sind die Wände aus praktisch überall vorhandenem Material ohne großen Aufwand herzustellen.

Neben den Flechtwerkwänden werden bereits im Neolithikum Wände aus senkrecht gestellten Hölzern entwickelt, als Palisaden- und Spaltbohlenwänden mit den verschiedenen Verbindungen der Spaltbohlen wie Keil- oder Federspundung. Der sich aus diesen Wänden aufbauende Stabbau erlangt nur in den skandinavischen Ländern und in Osteuropa eine gewisse Bedeutung. Mit der Erfindung des Blockbaus in der Bronzezeit, beginnend mit Pfostenstangenwänden und den folgenden Blockkonstruktionen, entstehen daneben Wände aus liegenden Stämmen und Balken.

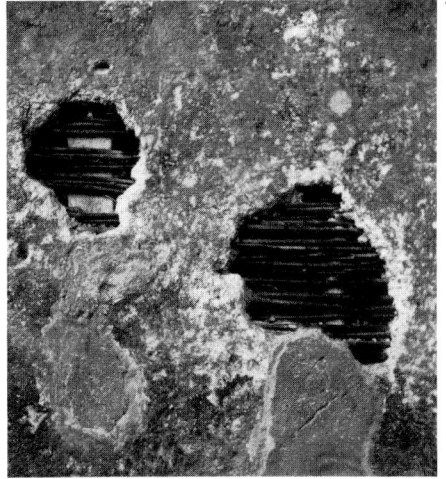

Entwicklung des Fachwerks vom Mittelalter bis zum 20. Jahrhundert

Das Fachwerk des Mittelalters ist nur spärlich durch Funde belegt. Interessant sind die Ausgrabungsergebnisse aus Elten am Niederrhein, die für die Zeit um 900 nebeneinander Pfostenbauten mit Schwellriegeln und Flechtwerk sowie Schwellbalken belegen. Da den Römern die Schwelle zur Zeit Vitruvs schon bekannt war, kann ein römischer Einfluß bei der Ausbildung der durchgehenden Grundschwelle nicht ausgeschlossen werden.

Die ältesten erhalten gebliebenen Fachwerke entstammen der Gotik, häufiger der Spätgotik. Die konstruktive Entwicklung der Fachwerke läuft nicht parallel zu der klassischen Zeiteinteilung in Kunstepochen. Heinrich Walbe hat deshalb die Fachwerkentwicklung in zeitlichen Entwicklungsstufen zusammengefaßt, die unabhängig von den Kunstepochen nur die Fortschritte in den Fachwerkkonstruktionen berücksichtigen: Mittelalter, Übergangszeit und Beharrungszeit oder Neuzeit.

Mittelalter und Übergangszeit

Mittelalterliches Fachwerk wird bis etwa 1450 gebaut. Die Zeit der Romanik und der größere Zeitabschnitt der Gotik fallen in diese Periode. Aus endmittelalterlicher Zeit sind nur noch wenige fränkische Fachwerke im hessischen Raum erhalten. Zwischen 1450 und 1550, der Zeit der Spätgotik und des Beginns der Renaissance, wird das Fachwerk in einer stürmischen Phase konstruktiv fortentwickelt. Mit dem Ende dieser Entwicklungsperiode ist das Fachwerk konstruktiv vollendet.

Beharrungszeit oder Neuzeit

Von 1550 bis 1750 ist in Deutschland das Fachwerk noch die dominierende Bauweise, dann löst der Steinbau das Fachwerk mehr und mehr ab. Der größere Zeitraum der Renaissance, das Barock und der Beginn des Klassizismus fallen in die Beharrungszeit des Fachwerks. Wenn auch die Konstruktion sich nicht mehr ändert, so werden doch in den Schmuckformen die

17

18

19

17 Mittelalterliches Fachwerk: Alsfeld, Amthof 8, Mitte 15. Jahrhundert. Zu den Merkmalen gehören weite Ständerabstände, durchgehende Firstsäule, Aussteifung in Erd- und 1. Obergeschoß mittels aufgeblatteten Verschwertungen, im 2. Obergeschoß Einzelverstrebung jedes zweiten Ständers.

18 Übergangszeit: Rathaus Michelstadt im Odenwald, 1484. Die Ständer sind nicht mehr einzeln verstrebt, sondern die Wände durch geschoßhohe Verstrebungen an den Bund- und Eckständern ausgesteift.

19 Beharrungszeit oder Neuzeit: Idstein im Taunus, Haus Killinger. Das Haus wurde 1615 in Straßburg errichtet und nach dem Dreißigjährigen Krieg nach Idstein transloziert. Die konstruktive Entwicklung des Fachwerks ist abgeschlossen, die Schmuckelemente sind zu höchster Blüte gereift.

20 Alemannisch-endmittelalterliches Fachwerk, noch dem Ständerbohlenbau ähnlich. Die Ständer stehen weit auseinander und sind einzeln mit Kopf- und Fußbändern verstrebt.

21 Fachwerk in Schwellriegelkonstruktion: Eck- und Bundständer stehen auf dem Fundament, die Schwellen sind in die Ständer gezapft. Um 1400 werden die Schwellriegelkonstruktionen von durchlaufenden Schwellen abgelöst.

22 Gotische Holzverbindung: Die Kopfstrebe ist an das Rähmholz angeblattet und mit einem Holznagel gesichert. Das Weichschwanzblatt kann in kleinerem Umfang auch Zugkräfte aufnehmen.

zeitlich gleichstehenden Kunstepochen deutlich sichtbar.

Eine kurze Blüte erlebt das Fachwerk nochmals im Historismus, teilweise in Form ganzer Fachwerkbauten, mehr jedoch in Fachwerkobergeschossen oder -giebeln. In ländlichen Siedlungsbereichen werden Fachwerke bis zum Zweiten Weltkrieg errichtet; nach 1945 erstellt man in der Wiederaufbauphase zunächst auch noch eine Reihe Fachwerke, ab 1960 bilden Fachwerkneubauten die Ausnahme.

Im 15. und 16. Jahrhundert kennt man den Ständerbohlenbau im südlichen Teil des deutschsprachigen Raumes, der spätestens Anfang des 15. Jahrhunderts nach und nach von »echtem« Fachwerk abgelöst wird.

Bei dieser Bauweise tragen Schwellriegel oder Grundschwellen Wände aus waagerecht angeordneten Bohlen bis zu einer Dicke von 10 cm. Die Bohlen sind zwischen Eckständern und unregelmäßig an den Stellen, wo Innenwände anschließen, angeordneten Zwischenständern meist in Nutung eingespannt. Die Ständer sind in einen oberen Rahmen, das Rähmholz, eingezapft. Die Horizontalaussteifung wird durch bohlendicke Verschwertungen bzw. Kopf- und Fußbänder, die mit weich- oder schwalbenschwanzförmigen Blättern auf Schwelle, Rähm und Ständer aufgeblattet sind, erreicht.

Die oft archaisch anmutenden Fachwerkkonstruktionen der Gotik werden durch kräftige Ständer bestimmt, die aus den Pfostenbauten weiterentwickelt werden, zunächst meist noch direkt auf dem Sockel, Streifenfundament oder Kellermauerwerk, später auf einem durchgehenden Schwellenkranz stehend. Die horizontalen Konstruktionsteile setzen sich zusammen aus Schwellen oder Schwellriegeln zwischen den Ständern, Rähmbalken als oberem Abschluß und Riegeln zur Aussteifung der Wand, Untergliederung der Gefache und als waagerechter Abschluß aller Tür- und Fensteröffnungen. Ab 1400 werden fast ausschließlich durchgehende Schwellenkränze verwendet; in einzelnen Landschaften wird jedoch die Schwellriegelkonstruktion bis ins 18. Jahrhundert beibehalten. Die Horizontalaussteifung wird durch schräge Hölzer, wie Schwerter, Bänder oder Streben, sowie durch Knaggen erreicht. Alle zur Versteifung schräg angeordneten Hölzer, zum Teil auch die Riegel, sind in der Gotik noch verblattet oder angeblattet, während für die Verbindung zwischen Schwellen, Ständern und Rähmbalken schon früh Verzapfungen verwendet werden. Bis zum Anfang des 16. Jahrhunderts setzen sich als Verbindungen für die Schräghölzer ebenfalls Zapfen durch. Die Grundschwellen über dem Sockel und die Stock- oder Saumschwellen der oberen Geschosse sind an den Ecken durch Zapfen oder verschiedene Verblattungsarten (Eckblatt, Hakeneckblatt) verbunden. Müssen sie in der Länge angestückt werden, werden ebenfalls Blätter, in Einzelfällen auch lange Scherzapfen, angeordnet.

Im alemannischen Fachwerkbau setzt sich schon früh die Stockwerksrähmkonstruktion durch. Der Rahmen aus Schwelle, Ständern und Rähmbalken ist nur ein Geschoß hoch, darauf ruht die Balkenlage, meist aufgekämmt, mit der Fußbodendielung; dann wird auf den überkragenden Balken außen bündig das nächste Geschoß aufgeschlagen. Im Stockwerksrähmbau spielen die Balkenlagen eine bedeutende Rolle für die gesamte Hausgestaltung. Bei schmalen Häusern werden die Balken quer zur Längsachse des Hauses gelegt, der seitliche Überstand, der Überhang, dient als Auflager für das nächste Geschoß. Zum Giebel kragen Stichbalken, die in den letzten Balken hinter der Giebelwand eingezapft (eingestochen) sind, aus. Über den Ecken werden Gratstichbalken angeordnet. Bei breiten Häusern werden die Balken parallel zu den Traufseiten verlegt, bei einfachen Häusern bildet dabei der äußere Bundbalken gleichzeitig den Rähm des unteren Geschosses und die Stockschwelle des Obergeschosses. Die Folge von Rähm, Balkenköpfen – oft mit eingeschobenen Füllbrettern – und Schwelle oder Rähm, Bundbalken und Schwelle – das Quergebälk – mit insgesamt starker Holzfülle, wird bereits früh zum Anbringen von Schmuck, gemalt oder geschnitzt, verwendet.

Im fränkischen und niedersächsischen

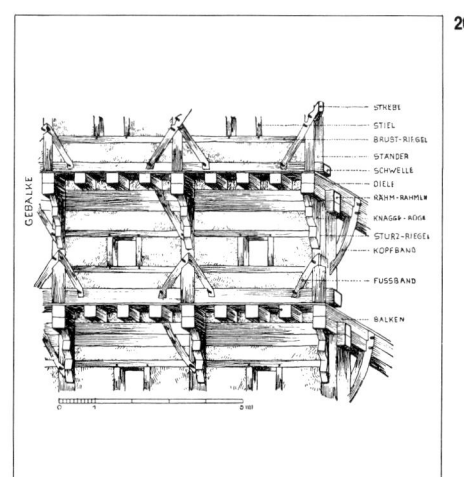

23 Fränkisches Fachwerk der Übergangszeit mit sich überkreuzenden Streben und Gegenstreben an Eck- und Bundständern.
24 Alsfeld, Obergasse 11, Detail eines spätgotischen Fachwerks. Schriftband auf der Schwelle des 1. Obergeschosses mit gotischen Minuskeln.

Gebiet überwiegt in der Gotik noch der Ständergeschoßbau mit im Frühstadium meist über mehrere Geschosse reichenden, bis zu etwa 10 Meter hohen Ständern. In Nordhessen wird der Ständerbau, bedingt durch die räumliche Beziehung zu Niedersachsen, länger beibehalten als in Südhessen.

Das tragende Gerüst des Hauses in Ständergeschoßbauweise besteht aus Ständerreihen, in welche die Geschoßgebälke als Ankerbalken oder mit Steckzapfen eingezapft sind. Bei den Ankerbalken sind die Zapfen als Zapfenschlösser ausgebildet, dadurch können auch geringe Zugkräfte (Ausnahmefall) aufgenommen werden. Damit die Balken nicht nur auf den Zapfen ruhen, sind an das Vollholz der Ständer konsolartige Auflager gearbeitet.

Bei den Hallenhäusern Niedersachsens wird der Ständergeschoßbau über zwei Geschosse praktisch bis in unsere Zeit angewendet; erst die darüberliegenden Geschosse werden stockwerksweise abgebunden.

Im fränkischen Fachwerk setzt sich der Stockwerksrähmbau in naher Verwandtschaft zum alemannischen Fachwerk ab 1500 durch. Die Geschosse läßt man, landschaftlich verschieden und je nach Zuschnitt der Baugrundstücke in den Städten, überkragen. Die Auskragung bewirkt in erster Linie eine Vergrößerung der Geschoßflächen – in den engen und in Mauern eingezwängten Städten auch schon in der Gotik eine bedeutende Forderung. Zum anderen können die Balken durch das Kragmoment besser genutzt werden. Weiter dient die Auskragung zur Aussteifung, zur »Verriegelung« der Geschosse, indem in den Ständern eingezapfte Knaggen unter die auskragenden Balken fassen. In der Spätgotik erreichen diese Knaggen mehr als halbe Geschoßhöhe, sie werden innerhalb weniger Jahrzehnte kürzer. Um 1500 sind sie überwiegend schmückendes Element; die Verriegelung wird inzwischen ausschließlich durch auf die Schwellen aufgedübelte, meist aufgekämmte Balken erreicht. Die Geschoßvorsprünge verringern sich im Laufe der Jahrhunderte, besonders durch Einschränkungen in den Baubestimmungen wegen Brandgefahr; nach 1800 verschwinden sie ganz.

Die Horizontalaussteifung im alemannischen, fränkischen und niedersächsischen Fachwerk erfolgt zunächst wie im Ständerbohlenbau durch aufgeblattete Bohlen in Form von Schwertern oder Kopf- und Fußbändern. Die Blätter sind als Weich- oder Schwalbenschwanzblätter ausgebildet, vielfach als Schmuckelemente geformt und zusätzlich durch Holznägel gesichert. Durch die Ausführung mit Weich- oder Schwalbenschwanz und mit Holznägeln können neben Druckkräften im geringeren Maße auch Zugkräfte aufgenommen werden. Da die Scherkraft des Holzes in Faserrichtung nicht sehr stark ist

25 Dreiviertelwandhohe Streben und über die halbe Wandhöhe reichende Gegenstreben eines alemannisch geprägten Fachwerks der Übergangszeit in der Rhön. Zwischen Strebe und Ständer fehlt ein Stück der Riegelkette.
26 Mit der allgemeinen Einführung von Verstrebungen in Form der »Mannfigur« in der zweiten Hälfte des 16. Jahrhunderts ist die konstruktive Entwicklung alemannischen und fränkischen Fachwerks beendet.

und die Holznägel wegen ihres kleinen Querschnitts ebenfalls nur geringe Kräfte auffangen können, ist die mögliche Zugbeanspruchung nicht zu hoch anzusetzen. Um 1500 vollzieht sich auch die Wandlung der Horizontalaussteifung. Statt Schwertern und Bändern werden Streben angeordnet. Die Streben werden in der vollen Holzdicke ausgeführt, zuerst über Dreiviertel der Wandhöhe, teilweise sich überkreuzend, in der weiteren Entwicklung dann dreiviertelwandhoch mit Kopfwinkelhölzern und schließlich wandhoch von Schwelle bis Rähm reichend. Als Holzverbindungen werden ausschließlich Zapfen angewendet, wobei die Streben durchgehen und die Riegel in die Streben eingezapft werden. In dieser Form können die Streben, auch mit Holznägeln, wegen des geringen Vorholzes im Zapfen praktisch nur noch auf Druck beansprucht werden. Mit der Wandlung der Verstrebungsformen prägt sich besonders im fränkischen Fachwerk noch mehr das Schwergewicht des Bundsystems aus. Ständer und Streben werden als Fachwerkfiguren wie »Männer« und »Runen« ausgebildet. Dazu treten in der Renaissance Fachwerkbilder in den Brüstungsfeldern, basierend auf den Elementen des Andreaskreuzes, des Fünferkreuzes und der Fußwinkelbänder, die im fränkischen und alemannischen Fachwerk zu reichen Schmuckformen ausgebildet werden. Im niedersächsischen Fachwerk werden aus den Fußwinkelbändern volle Fußwinkelhölzer, die paarweise in Verbindung mit den Ständern Schmuck, besonders in Form geschnitzter Rosetten, erhalten. Eine Weiterentwicklung ist die geschlossene, mit Schnitzwerk versehene Brüstungsplatte in Bohlendicke, welche die Bürgerhäuser der Städte ziert.
Die gesamte konstruktive Entwicklung des Fachwerks ist um 1600 abgeschlossen. In Norddeutschland und Westfalen hat sich das Hallenhaus als Vierständerbau durchgesetzt, auch die größeren städtischen Hausgefüge beruhen auf den Konstruktionsprinzipien des Ständerbaus.
Im Süden Deutschlands sind alemannischer und fränkischer Fachwerkstil zu dieser Zeitmarke weitgehend miteinander verschmolzen, Quergefüge, Bundsystem

27 Gründerzeitliches Fachwerk in Goslar. Die Schmuckformen bauen auf den Fachwerkelementen früherer Jahrhunderte auf.

und reiches Schmuckwerk die bestimmenden Merkmale.

Im Barock beginnt man, um die Steinbauten der Kirche und des Adels nachzuahmen und wegen der nie bewiesenen »Brandunsicherheit« unverputzter Fachwerke, zunächst in den Städten und danach auch auf dem Lande, alle Fachwerke – auch die in früherer Zeit erstellten und »auf Sicht« konzipierten – zu verputzen. Bei diesen Maßnahmen werden die Fachwerke stark strapaziert.

Schnitzereien und Profile werden vielfach abgebeilt, die glatten Fachwerkstäbe mit dem Putzbeil zur besseren Haftung des Putzes eingekerbt. Bei vielen Fachwerken wird die Atmungsfähigkeit des Holzes so eingeschränkt, daß in stärkerem Maße die Schädigung durch Fäulnis beginnt.

Die Fachwerkgebäude und -giebel des Historismus wiederholen die Formensprache der früheren Stile mit schwächeren Hölzern, gehobelt und meist stark abgefast. Indem die Formen spielerisch leicht variiert werden, ist erkennbar, daß die Fachwerke mehr dekorativ denn konstruktiv gesehen werden. Es fehlt die Kraft haushandwerklicher archaischer Fachwerke, die in der Ausformung durch die Zimmererzünfte zwischen Gotik und Barock zur ausgewogenen Kunst der Zusammenfassung von Konstruktions- und Schmuckelementen geworden ist.

Im Bauboom der letzten dreißig Jahre droht den Fachwerken in Deutschland schließlich der Untergang, zum einen durch Abbruch, zum anderen durch die Verkleidung mit sogenannten »modernen, pflegeleichten und lange haltbaren« Materialien wie Asbestzement-, Asphalt-, Bitumen-, Aluminium- und Kunststoffplatten oder -paneelen, die allesamt den in exponierten klimatischen Lagen verwendeten historischen Verkleidungsmaterialien wie Holz, Schindeln, Schiefer und Ziegeln zum Teil bauphysikalisch, vor allem jedoch ästhetisch nicht gerecht werden. Schuld an dieser Entwicklung sind in erster Linie Unkenntnis der Haltbarkeit gepflegter Fachwerke sowie die Nichtbeachtung der städtebaulichen Qualitäten von Fachwerken für Stadt- und Landschaftsbilder.

Alemannisches, fränkisches und niedersächsisches Fachwerk

19

Alemannisches Fachwerk

Das Verbreitungsgebiet alemannischen Fachwerks beginnt am Neckar und reicht im Süden bis zu den Alpen, westlich bis über den Rhein und im Osten bis zum Bayerischen Wald. Die ältesten noch vorhandenen Bauten aus dem 15. Jahrhundert finden sich in Oberschwaben und um den Bodensee. Fachwerke aus der Blütezeit des alemannischen Stils stehen um Stuttgart – zwischen Geislingen an der Steige und Markgröningen. Durch die teilweise räumliche Überlagerung der Anwendung von Fachwerk und Blockbau entstanden verschiedene Mischstile wie das Tiroler Haus mit teilweise massiven Erdgeschossen und das Schwarzwaldhaus mit Mischungen aus Blockverbänden und Fachwerk. Zu den Haus- und Hoftypen alemannischen Fachwerks gehören:
schwäbischer Haustyp im Raum Stuttgart/Ulm, mit Ausläufern weit nach Franken hinein,
oberschwäbischer Haustyp, nördlich des Bodensees,
Bodenseehaus, rund um den Bodensee,
Schwarzwaldhaustyp, im wesentlichen im mittleren und südlichen Schwarzwald,
Tiroler Haustyp, bis weit in die Alpen hinein.
In den übrigen süddeutschen Landschaften überwiegen Block- oder Steinbauten. Alle Haustypen kommen praktisch als Einhäuser, aber auch in Hofanlagen aus verschiedenen Gebäuden vor.
Carl Schäfer hat in dem Buch »Deutsche Holzbaukunst« die charakteristischen Stilmerkmale früher alemannischer Fachwerke so zusammengefaßt:
1. Nur Bundständer von großer Stärke stehen in weitem Abstand von 2 bis 4 Metern.
2. Die Ständer tragen wegen ihrer weiten Stellung doppelte Rahmen.
3. Die Balkenlage hat eine verhältnismäßig enge Teilung von 60 bis 70 cm lichter Entfernung.
4. Die Gebälkausladung ist mäßig, durchschnittlich nur 25 cm vorspringend.
5. Die Wandverstrebung wird ausschließlich durch Kopf- und Fußbänder gebildet; diese haben nur die halbe Stärke der Wand und sind niemals eingezapft, sondern durch Schwalbenschwanzblätter mit

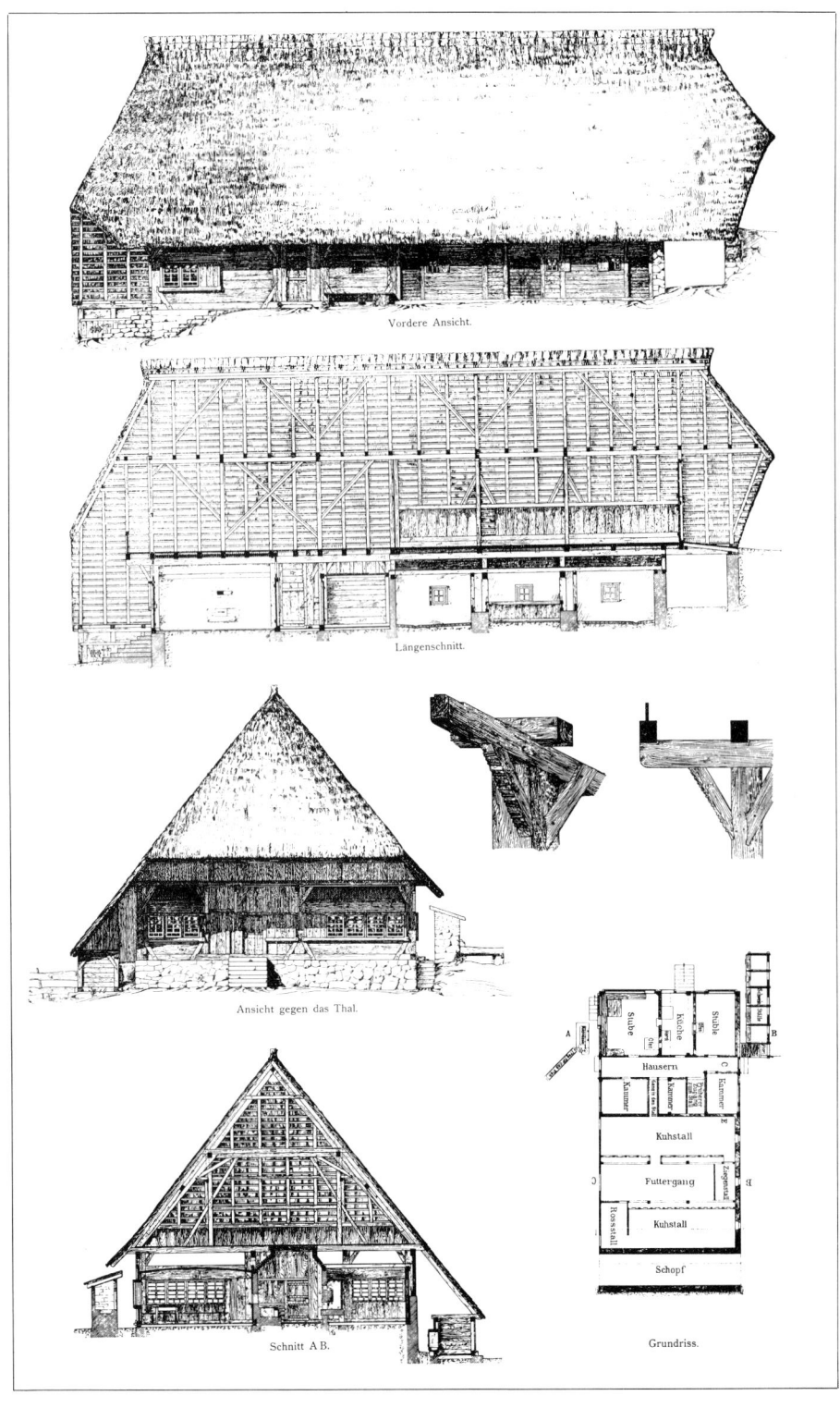

1

1 Durch die Nähe des keltischen Blockbaus kommen im alemannischen Fachwerk viele Mischstile vor, wie bei dem abgebildeten Schwarzwaldhaus in Kirnbach. Der Wohnteil ist in Ständerbohlenbauweise mit Bohlendecke über der Stube ausgeführt, der Wirtschaftsteil in einem Blockverband.
2 Frühes alemannisches Fachwerk in Ständerkonstruktion: Stadtkanzlei in Pfullendorf, 15. Jahrhundert.
3 Schoberhaus in Pfullendorf (Bodenseegebiet), 15. Jahrhundert. Typisches frühes alemannisches Fachwerk. Der Wohnteil ist in Ständerbohlenbauweise ausgeführt.
4 Eckausbildung am Schoberhaus. Die Rähmbalken unterstützen den Grat- und die Gratstichbalken. Die Ständer sind einzeln mit Kopf- und Fußbändern abgestrebt.

den Rahmen, der Schwelle und dem Ständer verbunden.
6. Die Gefache sind weder mit Lehm noch mit Steinen ausgesetzt, sondern mit Bohlen von halber Wandstärke ausgefüllt.
7. Der Zierschmuck ist äußerst einfach; er beschränkt sich auf die reich ausgeschnittenen Konturen der Blätter. Allenfalls sind noch die Konsolen der Balken über den Bundständern einfach ausgeschnitten; hierbei wechseln die Formen nur wenig.
8. Die Schwelle liegt nicht auf der Balkenlage, sondern auf der Dielung, die unmittelbar nach dem Aufschlagen der Balkenlage zur Ausführung kam. In der Fassade wird daher zwischen Balkenlage und Schwelle der Fußboden sichtbar.

In den acht Punkten hat Schäfer praktisch noch den Ständerbohlenbau beschrieben. Tatsächlich erfährt der frühe alemannische Fachwerkbau nur *eine* Veränderung gegenüber Ständerbohlenbauten: Die Gefache werden nicht mit Bohlen ausgefüllt, sondern mit Stakung und Lehm oder Natursteinausmauerung. Frühe Beispiele des alemannischen Typs wie das Schwörerhaus in Immenstaad (1528), das Schoberhaus in Pfullendorf (15. Jahrhundert) und das Vogteihaus in Reichenau-Mittelzell (15. Jahrhundert) zeigen den Übergang: Die Wohnräume dieser Gebäude haben, besonders wegen der besseren Wärmedämmung, noch Bohlenausfachungen, während der übrige Teil der Gebäude mit Steinen oder Lehm ausgefacht ist. Die

5 Entwicklung alemannischen Fachwerks, in einer Wand dargestellt: links, mit angeblatteten Fuß- und Kopfbändern sowie Doppelrähm, zwischen 1400 und 1500, Strebe und Gegenstrebe sind ab 1500 unter fränkischem Einfluß entstanden, der sich dann noch verstärkt hat. Etwa 1580 treten Mannformen ähnlich dem halben wilden Mann rechts auf.

6 Modell eines alemannischen Fachwerkgefüges um 1500 (Sindelfingen). Sowohl die Einzelverstrebung der Ständer als auch die Stockwerksrähmkonstruktion sind gut zu ersehen (Modell: H. Tisje).

7 Stark gestörtes alemannisches Fachwerk der Spätgotik (15. Jahrhundert) in Eppingen (Baden), Altstadtstr. 5. In der rechten Wand befinden sich teilweise noch Bohlenausfachungen.

Brüstungs- und Fenstersturzriegel, einschließlich der fensterteilenden Stiele, springen bei diesen Bauten etwa 10 cm vor die Bohlenwand vor und bilden einen Fenstererker, der auch bei späteren Bauten wie dem Rathaus in Bauerbach wieder anzutreffen ist. Die Brüstungsriegel werden dabei teilweise von Knaggen unterstützt. Die Wohnzimmer haben Bohlenoder Bohlenbalkendecken in Anlehnung an die Bohlendecken der Blockbauten.

Die genannten Beispiele sind in Stockwerksrähmbauweise errichtet. Die Balkenlage des Schoberhauses weist nur wenige Balken quer zur Längsachse auf, die größere Anzahl der Balken reicht als Stichbalken bis ins Zentrum des Hauses. Die Überhänge werden von starken Knaggen, an den Ecken von Knaggenbündeln unterstützt. Das Fachwerkgefüge ist noch unregelmäßig, die Zwischenständer stehen teilweise nicht übereinander, und die Anordnung der Kopf- und Fußbänder variiert in Zahl, Länge und Winkel. Die Holzverbindungen zeigen hohen technischen Standard: Grundschwellen mit Zapfenschlössern, Ständer schon mit Zapfen und Schwebeblättern, die Doppelrähme verblattet oder verkämmt und die Kopf- und Fußwinkelhölzer mit Weichschwanzblättern (einseitige Schwalbenschwanzblätter). Schmuckwerk wird nur gering verwendet, allenfalls erhalten die Knaggen besondere Profilierung, mehr wird jedoch durch kunstvolle Konturen der Blätter von

8 Detail einer Kopfverstrebung am Markgröninger Rathaus.
9 Detail einer Fußverstrebung am Esslinger Rathaus.
10 Wandausbildung des Rathauses in Markgröningen bei Stuttgart (um 1500).
11 Rathaus Esslingen am Neckar, 1430. Mit Bauten wie den Rathäusern in Esslingen und Markgröningen hatte das alemannische Fachwerk seinen Höhepunkt erreicht. Die späteren Bauten näherten sich mehr und mehr dem fränkischen Fachwerk an.

Kopf- und Fußwinkeln geschmückt. Die Dachstühle sind als Kehlbalkendächer mit stehenden Stühlen konstruiert, die Dachneigungen betragen etwa 50 Grad.

Zur selben Zeit wie die Bauten des Übergangs von Bohlenständerhäusern zu Fachwerkgebäuden entstehen Anfang des 15. Jahrhunderts die ersten »württembergisch-alemannischen« Fachwerke, wie das Rathaus in Esslingen (um 1430). Bereits engere Ständerstellung, mehr noch die strenge, markante Gliederung und die äußerst exakt gebeilten und verzimmerten Hölzer sind die Merkmale der stattlichen, meist dreigeschossigen, teilweise auf massivem Untergeschoß errichteten Häuser mit mehreren ausgebauten Dachge-

schossen auf Kehlbalkenlagen. Die Häuser mit Quergefüge sind meist Einhäuser für Menschen, Tiere und Ernte. Die Kopf- und Fußbänder sind zum Teil verdoppelt und werden zu schmückenden Formen, Fachwerkfiguren, gebündelt:
zwei kurze Fußbänder:
»Schwäbisches Kindle«,
je zwei kurze Kopf- und Fußbänder:
»Schwäbisches Weible«,
je zwei sich kreuzende, dreiviertelwandhohe Kopf- und Fußbänder:
»Schwäbisches Männle«.
Das Alte Rathaus in Esslingen stellt nicht nur klassisches schwäbisches Fachwerk dar; mit diesem Bau ist die Konstruktion alemannischen Fachwerks auch bereits vollendet. Das Material Holz ist reichlich vorhanden und wird auch reichlich verwendet. Die Balken liegen eng, zwischen Balkenköpfen und Schwelle ist die Fußbodendielung sichtbar. Alle Ständer sind einzeln mit teilweise doppelten Kopf- und Fußbändern verstrebt. Die Fenster sind gruppenweise zwischen Brüstungs- und Sturzriegel gestellt.

Das in derselben Zeit (1425–1427) errichtete Kürschnerhaus in Nördlingen ist nicht ausgesprochen alemannisch, vielmehr ist die Konstruktion ein Mischstil aus Schwaben und Franken. Interessant ist nicht nur der Grundriß des Gebäudes mit einer offenen Durchfahrt im Erdgeschoß und durchgehenden Gratbalken zur Abtragung der weiten Überstände an den Ecken, sondern auch die Verstrebung. Im Erdgeschoß können wegen der vielen Türöffnungen keine Fußverstrebungen angebracht werden, die Ständer sind deshalb gegeneinander durch Andreaskreuze über Türhöhe abgestrebt. In die Außenwände des Obergeschosses hat man keine Verstrebungshölzer eingearbeitet, diese befinden sich in den Zwischenwänden, welche die Außenwände aussteifen. Das Kürschnerhaus ist in der Phase gebaut worden, in der im alemannischen Bereich die Zapfenverbindungen die Blattverbindungen verdrängen. Jeder zweite Pfosten im Nördlinger Kürschnerhaus ist verblattet, die dazwischen stehenden Ständer sind verzapft.

12 Fachwerkensemble Mosbach, Marktplatz mit alemannischen und fränkischen Merkmalen.

13 Eppingen (Baden), Baumannsches Haus, 1582/83. An diesem Haus ist ablesbar, daß Ende des 16. Jahrhunderts alemannisches Fachwerk im fränkischen Stil aufgegangen war.
14 Traufseite des Palmschen Hauses in Mosbach (Baden), 1610. Die reich geschmückte Fassade trägt alle Merkmale fränkischen Fachwerks.

In der Zeit des Übergangs von der Mitte des 15. bis zur Mitte des 16. Jahrhunderts übernimmt der alemannische Fachwerkbau Konstruktion und Formen der fränkischen Bauweise, dabei wächst gegen Ende des 15. Jahrhunderts der fränkische Einfluß.
Die Ständer werden so eng zusammengerückt, daß auf die Verdoppelung des Rähmbalkens verzichtet werden kann. Nach dem Aufschlagen eines Geschosses wird zunächst die Dielung aufgebracht, dann wird das nächste Geschoß aufgestellt. Dieses Verfahren erleichtert die Arbeit, da man nicht auf einer Balkenlage, sondern einem Boden arbeiten kann. Im nördlichen Württemberg wird die Dielung meist nur bis an die Außenschwelle gestoßen. Die Verstrebungen werden in der vollen Holzdicke der Fachwerkwand ausgeführt und nicht mehr verblattet, sondern verzapft. Als neue Fachwerkfigur taucht Mitte des 16. Jahrhunderts der »Mann« auf: An den Ständer lehnen sich zwei dreiviertelgeschoßhohe Fußstreben und zwei Kopfwinkelhölzer. Die Brüstungsfelder werden mit Ziergliedern reich geschmückt: kurze Stiele, kurze Streben, Andreaskreuze, geschweifte Andreaskreuze, geschweifte Fußwinkelhölzer, Rauten, Rauten mit Andreaskreuzen gekreuzt, Kreise, Kreise mit Andreaskreuzen gekreuzt, gerade oder geschweifte Gegenstreben und in Einzelfällen auch volle Brüstungsplatten. Eck- und Bundständer sind oft reich geschnitzt und farbig gefaßt, die Quergebälke stark profiliert. Als Beispiele seien nur das Baumannsche Haus in Eppingen und das Palmsche Haus in Mosbach genannt, beide schon rein fränkisch. Die Firstsäulen werden stockwerksweise aufgelöst, durch Vorkragung der Rähme und Mittelunterzüge werden die Giebelobergeschosse vorgekragt. In Einzelfällen werden durch Verlängerung der Pfetten und Unterzüge im Dachbereich und Vorhängen eines Gespärres Schwebegiebel errichtet, deren Ursprung wohl im Elsässischen zu suchen ist.
Im 17. Jahrhundert ist praktisch kein Unterschied mehr zwischen alemannischem und fränkischem Fachwerk vorhanden.

Fränkisches Fachwerk

Das Verbreitungsgebiet des fränkischen Fachwerks wird im Norden von Diemel und Werra begrenzt, im Osten greift es nach Thüringen hinein, im Süden in der Zeit des Übergangs bis zum Neckar, später mit alemannischem Fachwerk sich überschneidend bis weit nach Württemberg. Im Westen bilden Nahe, Mosel und Sieg etwa die Grenze. Die ursprünglichsten Formen des von H. Walbe als hessisch-fränkisches Fachwerk bezeichneten Stils finden sich im Bereich Marburg, Alsfeld und Gießen. Aus zwei Gründen ist die Fachwerkforschung Hessens gründlicher bearbeitet als in den anderen Teilen Deutschlands: Zum einen sind in Hessen zahlreiche ältere und älteste Fachwerkgebäude Deutschlands erhalten geblieben oder konnten doch wenigstens vor Abbruch untersucht werden. Zu diesen ältesten Fachwerkgebäuden gehören die Häuser in Limburg, Römer 1 (1294–1296); Marburg, Schäfersches Haus, (etwa 1320, 1875 abgebrochen); Gießen, Leibsches Haus (14. Jahrhundert, 1977/78 abgetragen und rekonstruiert) und Gelnhausen, Kuhgasse 1 (etwa 1430). Zum anderen wirkten in Hessen die bedeutendsten Fachwerkforscher Carl Schäfer (1844–1905), Heinrich Walbe (1865–1954) und Heinrich Winter (1899–1964). Carl Schäfer ist als der frühe Fachmann für deutsche Holzbaukunst anzusehen, Heinrich Walbe hat das hessische Fachwerk besonders unter dem Aspekt des Wandaufbaus und der Verbindungen untersucht, und Heinrich Winter, ein Schüler Waibes, hat sich besonders um die Erforschung der hessischen Hausgefüge im Fachwerkbau mit großem Erfolg bemüht.

Die von H. Walbe ausgewiesene Ordnung der Fachwerkentwicklung in Mittelalter, Übergangszeit und Beharrungszeit entspricht in erster Linie der Entwicklung fränkischen Fachwerks. Die vergleichenden Untersuchungen zeigen jedoch, daß die Einteilung auch für alemannisches und niedersächsisches Fachwerk anzuwenden ist, wenngleich die Entwicklungen selbst nicht gleichzusetzen sind. So läßt sich nach H. Walbe und H. Winter lückenlos die Entwicklung von Hausgefüge, Wandaufbau und Holzverbindungstechnik vom mittelalterlichen Fachwerk in der Spätgotik bis zum Ende der Beharrungszeit um 1750 verfolgen.

Mittelalter

Das endmittelalterliche Fachwerkhaus in Franken ist ein schwellenloser, mehrgeschossiger Ständerbau. Auch die Obergeschosse besitzen noch keine Schwellen, die Ständer stehen bei aufgestockten Gebäuden auf den Balken, bei einem Balkenabstand von etwa 70 cm meist auf jedem zweiten Balken. Zwischen den Ständern sind Fußriegel angeordnet. Der Querverband baut wahrscheinlich auf dem Quergefüge des eingeschossigen Hallenhauses ohne Balkendecke auf, wo die Bundständer der Außenwände im oberen Teil durch Balken mit Zapfenschlössern – durchgesteckten Zapfen, mit Splinten gesichert – zusammengehalten werden. Im fränkischen Fachwerk wird der Querverband bestimmt durch die noch vom Firstsäulenhaus übernommene, teilweise vom Boden bis zum First durchgehende Firstsäule und Steckgebälke, welche die Außenwände zusammenhalten. Die Verbindungen zwischen Balken und Ständern sind oft durch Zapfenschlösser gesichert. Dachbalkenlagen über dem obersten Geschoß halten die Wände durch Übergreifen über die Rahmenriegel und Verkäm-

15

15 Fränkisches Fachwerkensemble: der Markt in Fritzlar. In der Mitte, mit Turmhelm, das »Alte Kaufhaus«, um 1480.

16 Das Modell des Schäferschen Hauses zeigt das Gefüge sowohl der Seitenwand mit den durchgehenden Ständern (Verschwertungen sind weggelassen) als auch der Giebelwand mit Hängepfosten und aufgeblatteten durchgehenden Brüstungsriegeln (Modell: H. Tisje).

17 Details von Längs- und Giebelwandkonstruktion des Schäferschen Hauses. Die Unterzüge der Decken ruhen auf kleinen Konsolen und sind eingezapft. Die Schwellen der Giebelauskragungen ruhen auf den weit überstehenden Balken. Die Hängepfosten sind in jeden zweiten Balken gezapft.

18 Das von Carl Schäfer kurz vor dem Abriß im Jahre 1875 aufgenommene und nach ihm benannte Schäfersche Haus in Marburg, um 1320 errichtet. Ständerbau mit Schwellriegeln. Längsverband durch lange Schwertungen.

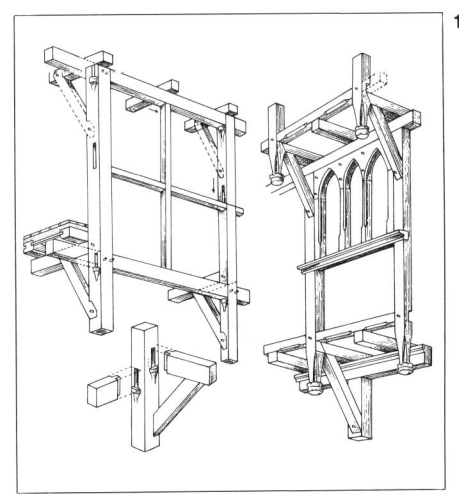

mung mit diesen. Liegen die Balken parallel zur Traufe, so wird der Querverband von den Unterzügen aufgenommen. Insgesamt ist der Querverband durch Kopfbänder mit Blattverbindungen gegen Umkippen ausgesteift. Die Aussteifung der Fachwerkwände gegen Verschieben geschieht durch die als steife Verbindung wirkenden Verblattungen zwischen Ständern, Fußriegeln, Brustriegeln und Rahmenriegeln, später Rähmhölzern, und teilweise über mehrere Geschosse reichende bohlenstarke Verschwertungen, die mit geringer Tiefe aufgeblattet sind.

Selbst bei den frühesten bekannten Gebäuden in Ständerbauweise, wie dem etwa 1320 errichteten Schäferschen Haus in Marburg und dem Haus Hersfelder Straße 10/12 in Alsfeld, finden sich jedoch, als Auskragung der Giebelseite, dem Ständerbau angehängte oder vorgesetzte, stockwerksweise abgebundene Rähmkonstruktionen. Die Stiele dieser Rahmen sind anfänglich als Hängepfosten ausgebildet und hängen mittels Zapfen an den vorkragenden Balken, später stehen sie auf den Balken. Die Verriegelung erfolgt durch etwa 1 Meter lange Büge. Die Streichpfosten der Fenster stehen zwischen Brustriegel und oberem Rahmenriegel.

Daneben sind aus derselben Periode auch Ständerbauten bekannt, auf die das oberste Geschoß oder mehrere Oberge-

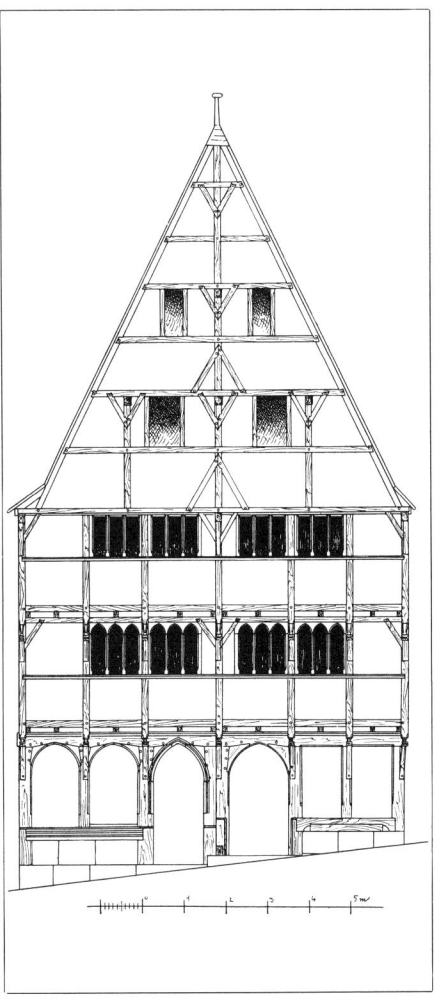

19 Fritzlar, Ständerbau aus der zweiten Hälfte des 15. Jahrhunderts mit über vier Geschosse durchgehenden Ständern und dreifach auskragender Giebelfront; in den Brüstungsfeldern gebogene Fußwinkelhölzer und Andreaskreuze.

20 Modell des Fachwerkgefüges vom Haus Amthof 8. Das Haus kragt über dem 1. Obergeschoß nach zwei Seiten aus. Für die Auskragung wird noch kein Gratstichbalken verwendet (Modell: H. Tisje).

21 Ausbildung des Hängepfostens beim Haus Amthof 8 in Alsfeld aus der Mitte des 15. Jahrhunderts. Die Zapfen der Giebel- und Traufschwelle tragen den Pfosten.

22 Die Aufhängung des Pfostens in der zeichnerischen Darstellung. Die weit auskragenden Unterzüge und Balken, auf denen die Schwellen ruhen, sind mittels Knaggen verriegelt und zusätzlich unterstützt.

23 Lich (Oberhessen), Hüttengasse 4. Zweigeschossiger Ständerbau mit einem dritten aufgestockten Geschoß in Rähmbauweise. Die Deckenbalken über dem Erdgeschoß sind in den Ständern durchgesteckt (Modell H. Tisje).

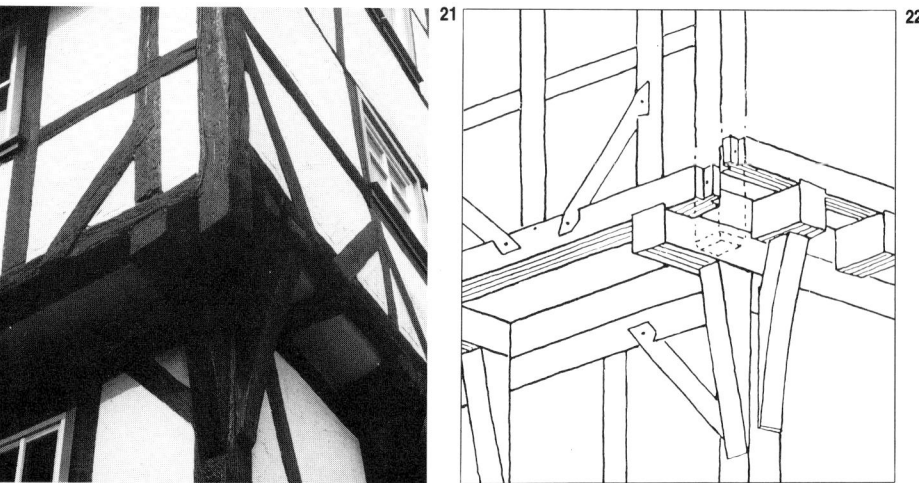

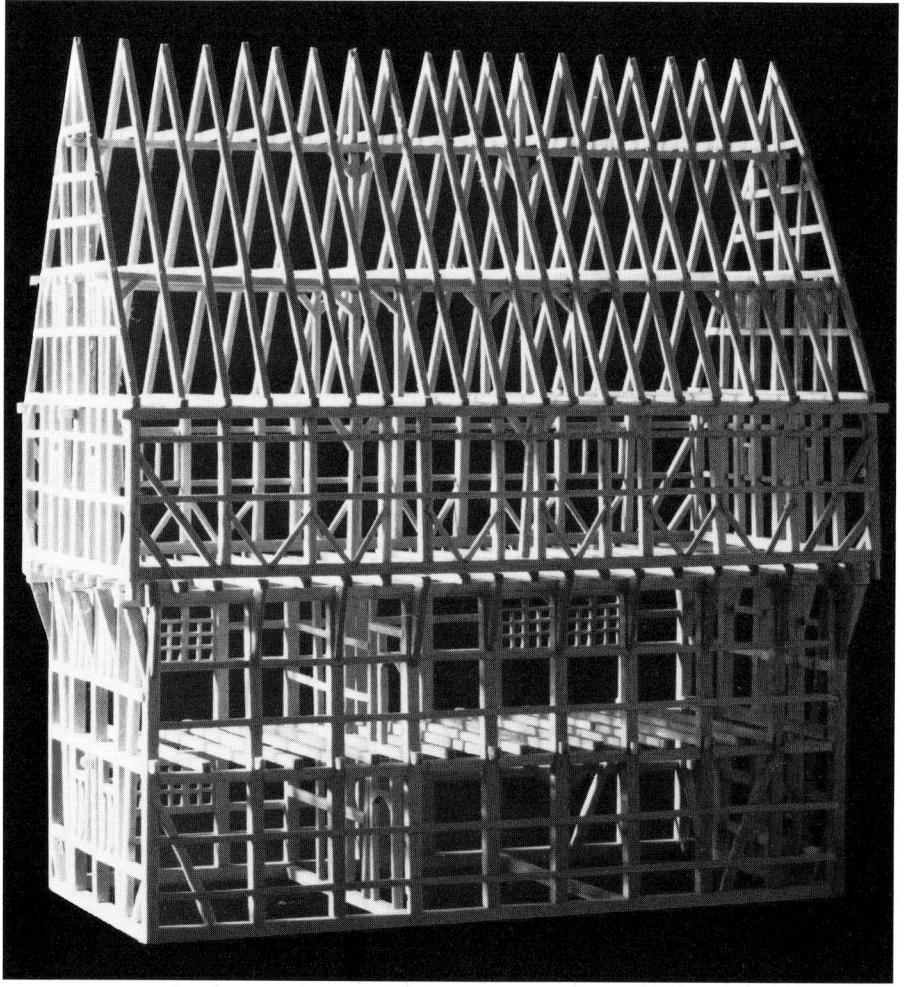

24 Wechsel von der Verblattung zur Verzapfung nach Walbe. Links sind alle Verbindungen verblattet, die Aussteifung wird mittels Schwertern erzielt, in der Mitte Verblattungen und Verzapfungen, die Ständer einzeln gesichert, und rechts ausschließliche Verzapfung, Verstrebung mittels wandhoher Streben.

25 Das Alsfelder Ständerhaus, um 1370. Die Skizze macht das Gefüge des Doppelhauses mit gemeinsamem Giebel deutlich. Das Gebäude gehört zu den ältesten erhaltenen Fachwerkhäusern Deutschlands. Das Untergeschoß wurde im 17. Jahrhundert stark verändert.

schosse als echter Rähmbau, vollkommen in sich verzimmert, aufgestockt sind, wie bei dem Haus Kuhgasse 1 in Gelnhausen. Das zweite Obergeschoß dieses Hauses konnte anhand von Zapfenlöchern und Verblattungsresten nachgewiesen werden, ist aber heute nicht mehr vorhanden. Sowohl bei den Ständerbauten mit vorgehängtem Rähmbau als auch mit aufgestocktem Rahmen handelt es sich um Mischbauweisen, die bereits auf die nachfolgende Entwicklung hinweisen. H. Walbe nimmt an, daß die ersten Rähmbauten um 1300 entstanden.

Schwellriegel/Schwellen

Noch in der mittelalterlichen Zeit des Fachwerks, in den Jahrzehnten um 1400, beginnen konstruktive Wandlungen, die erst um 1550 abgeschlossen sind. Zunächst werden nach und nach vorgeblattete Schwellen, Schwellriegel und dann durchgehende Schwellen eingebaut. Mit dem Haus Kuhgasse 1 in Gelnhausen sind etwa 1430 zum erstenmal Schwellen, in welche die Stiele eingeblattet sind, belegt, und zwar sowohl als Schwelle über dem Fundament wie als Stockschwelle im ersten Obergeschoß. Eckständer und Bundständer stehen noch einige Jahrzehnte auf dem Fundament bzw. in den Obergeschossen auf Balken, und die Schwelle ist als Schwellriegel dazwischen eingezapft. Der durchgehende Schwellenkranz setzt sich aber zusehends durch. Vor allem in ländlichen Bereichen wird der Vorteil der durchgehenden Schwelle – das Fachwerk hat am unteren Ende einen guten Halt, und von unten kann keine Feuchtigkeit in die Ständer dringen – nicht voll gewürdigt, und es werden bis zum Beginn des 18. Jahrhunderts einzeln noch Schwellriegel, meist zwischen den Eckständern, ausgeführt. Die Einführung der Schwelle bringt weitere grundsätzliche Vorteile: Man ist in der Ständerstellung und damit auch in der Fensterteilung unabhängig von den Balkenlagen, außerdem wird die Anordnung von Fußbändern und Streben, also eine zusätzliche Winkelversteifung, möglich.

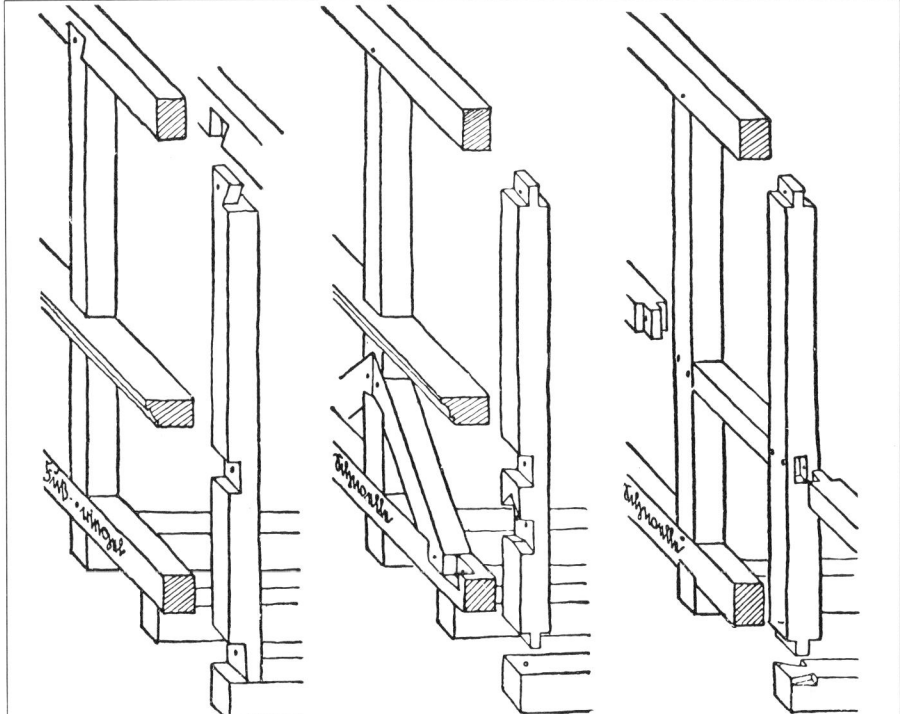

Von der Verblattung zur Verzapfung

Zwischen 1430 und 1450 folgt die nächste Entwicklungsstufe: Die Blattverbindungen werden aufgegeben und durch Verzapfungen ersetzt. Durch die relativ festen Knotenpunkte der Blattverbindungen brauchen verblattete Fachwerke allenfalls noch gering gegen Verschieben gesichert zu werden. Die Verblattungen sind aber handwerklich kompliziert herzustellen. Wohl in erster Linie deshalb wechseln die Zimmerleute Mitte des 15. Jahrhunderts die Technik und gehen zur leichter herzustellenden Verzapfung über. Verzapfungen haben den Vorteil, daß sie bei Ständern die volle Standfläche gewährleisten und bei Überkreuzungen das durchgehende Holz geringer geschwächt wird. Die Zapfenverbindung wirkt als Gelenk. Durch diese Gelenkwirkung und die bei Verzapfung nur kurzen Riegelstücke ergibt sich ein lockeres Wandgefüge, das zusätzlicher Aussteifung bedarf. Aus diesem Grunde werden als Winkelsicherung alle Ständer mit geraden, leicht oder halbrund

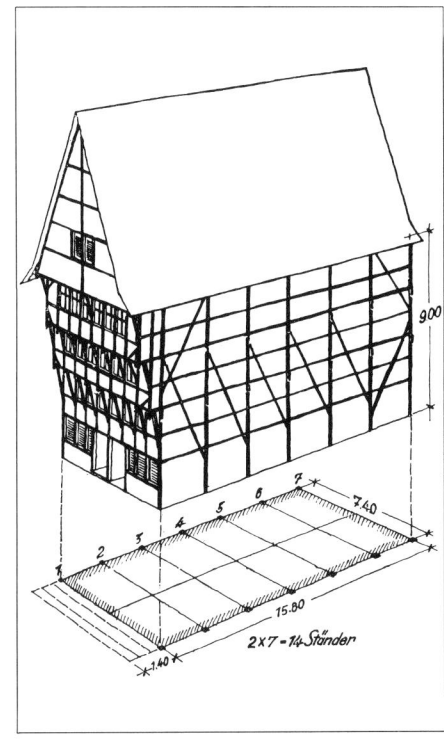

26 Die Traufenwand des Rathauses in Michelstadt (Odenwald) aus dem Jahre 1484 zeigt typisches Fachwerk der Übergangszeit mit wandhohen, gebogenen Streben und Fußwinkeln in Viertelkreisform.

27 Spätgotisches Haus in Reinheim (Odenwald), Ende des 15. Jahrhunderts. Im Modell wird das bereits klar gegliederte Gefüge des Fachwerks der Übergangszeit deutlich. Die Brustriegel sind noch durchgehend und aufgeblattet (Modell: H. Tisje).

gebogenen Fußwinkelhölzern oder Bändern gesichert, die zunächst noch aufgeblattet, später eingezapft werden. Die Aussteifungsart ergibt typische friesartige Reihen in den Brüstungsfeldern, welche die Querlagerung der Geschosse unterstreichen.

Übergangszeit

Um 1470 beginnt die Übergangszeit des Fachwerks vom Mittelalter zur Neuzeit mit zwei wesentlichen Konstruktionsänderungen. Der Rähmbau verdrängt den Ständerbau, der um 1500 praktisch aufgegeben wird. Damit wird es in den Städten zur Regel, daß dort, wo eben möglich, die oberen Stockwerke nach zwei, drei oder vier Seiten ausgekragt werden, wobei jeweils die Schwellen des nächsthöheren Geschosses auf die überstehenden Enden der auflagernden Balkenlagen aufgesetzt werden. Die Geschosse sind nicht nur jeweils einzeln verzimmert, sondern auch in sich ausgesteift. Sie werden gegeneinander durch dreiviertelgeschoßhohe Büge, später durch kürzere Büge oder Knaggen verriegelt.

Wandhohe Verstrebungen

Die zweite, genauer zu datierende Veränderung ist das typische Merkmal aller Fachwerke der Übergangszeit: die Verwendung dreiviertelgeschoß- oder geschoßhoher eingezapfter Streben. Diese können zwar nur auf Druck belastet und deshalb nur jeweils als Strebenpaar eingesetzt werden, sie haben aber eine wesentlich höhere Aussteifungswirkung und müssen deshalb nicht an jedem Ständer, sondern nur an Bund- und Eckständern eingebaut werden. Die Ständer der Wände werden mit den Strebenbündeln an Bund- und Eckständern gemeinschaftlich gesichert. Diese gebündelte Strebenanordnung ist Voraussetzung für das Entstehen gegliederter Fachwerke, ausgesprochener Fachwerkbilder und Fachwerkfiguren. Die Betonung von Bund- und Eckständern zeigt das ausgeprägte Bundsystem des Quergefüges deutlich nach außen. Die Verwendung von teilweise gebogenen Streben und ebensolchen Gegenstreben als Vorform der Mannfigur führt in der Übergangszeit zu besonders charakteristischen Fachwerkschöpfungen. Die früher zur Einzelverstrebung der Ständer dienenden Fußwinkel und Bänder, gerade oder gebogen, werden zum Teil beibehalten, sie haben aber nur noch dekorative Funktionen. In der Betonung der Waagerechten bei den aufgestockten Geschossen und im Schmuck dieser Fachwerke der Übergangszeit wird die Formensprache der Renaissance sichtbar.

Mit den ersten Mannfiguren – dreiviertelgeschoßhohe Streben und kurze Kopfwinkelhölzer an den Bundständern und dementsprechend halbe Männer an den Eckständern als Endstufe der Strebenformen um 1550 – ist die Übergangszeit beendet. An der Konstruktion der Fachwerke wird in den folgenden 200 Jahren, der Beharrungszeit, nichts mehr geändert. Bis um 1500 ist bereits die Verriegelung mittels

28 Die Entwicklung fränkischen Fachwerks, in einer Wand dargestellt: links Fachwerk um 1500 mit gebogener Strebe und Gegenstrebe, der Riegel noch aufgeblattet. Rechts Fachwerk nach 1600 mit der Hälfte eines »Mannes« und Rautenfüllung in der Fensterbrüstung.

29 Melsungen, Rathaus, 1555/56. Das stattliche, dreigeschossige Fachwerk ist eines der frühesten Bauwerke der Beharrungszeit mit den ersten Beispielen des »Mannes« in Hessen. Das hallenartige Erdgeschoß zeigt Verwandtschaft zum nahen niedersächsischen Haustyp.

Knaggen oder Bügen abgelöst durch die Aufkämmung der auflagernden Gebälke. Die in den nachfolgenden Jahrzehnten noch angebrachten kleinen, bis etwa 60 cm langen Knaggen oder Knaggenbündel haben mehr verzierende als tragende Aufgaben.

Beharrungszeit

Wenn sich auch in der Beharrungszeit die Konstruktion – Wandaufbau, Gebälk, Auflagerung und Verstrebungsart – nicht mehr ändert, so wechseln doch Zierat und Schmuckformen. Daneben werden im Bereich des fränkischen Fachwerks landschaftliche Sonderformen erarbeitet, die teilweise von Entwicklungen außerhalb Hessens beeinflußt werden.

Die bestimmenden Merkmale eines Fachwerks der Beharrungszeit sind Bund- und Eckständer mit als Mannfiguren zusammengefaßten geraden oder gebogenen, dreiviertelgeschoßhohen Streben und kurzen Kopfwinkelhölzern. Die friesartige Reihung schräger und gebogener Hölzer in den Brüstungsfeldern, die lange vorher in Form von Fußwinkeln und Fußbändern zur Einzelverstrebung dienten, wird als bedeutendes Schmuckelement beibehalten, häufiger zu rein dekorativen neuen Schmuckformen umgearbeitet. Aus den Fußbändern und Fußwinkeln werden Andreaskreuze, Rauten, mit Andreaskreuzen durchkreuzte Rauten, Brüstungstafeln mit Schnitzwerk und zahlreiche weitere Formen, oft aus gebogenen Hölzern, entwickelt. Bei kleineren und einfachen Fachwerken wird der Schmuck in den Brüstungsfeldern nicht durchgehend ausgeführt, sondern es werden zur weiteren Gliederung der Fassade, so zum Beispiel in den Fensterbrüstungsgefachen, einzelne Schmuckelemente eingearbeitet. Daneben werden die Quergesimse profiliert und die Eckpfosten, bei reichen Häusern das gesamte Fachwerk, mit Schnitzereien versehen und vielfach farbig gefaßt.

30 und 31 Giebel in Frankfurt am Main-Niederursel, links 1581 nur mit Flachreliefs geschmückt, rechts 1718 mit »Mann«, geschweiften Gegenstreben, Fünferkreuzen und Rauten.
32 bis 34 Die Giebel dreier nebeneinanderliegender Häuser in Weismain (Mainfranken). Die Fachwerke sind flechtwerkartig mit Schmuck überzogen. Spielerisch gingen die Zimmermeister dabei mit den Schmuckelementen Andreaskreuz, Fünferkreuz, Raute und Halbkreis um.

Bundverstrebung »Mannformen«.
35 Um 1500.
Streben und Gegenstreben als Vorform des »Mannes«.
36 Gebogenes Strebenpaar, 1581.
37 »Mann«, um 1600.
38 »Mann«, um 1600.
39 »Mann«, um 1700.

Die Brüstungselemente.
40 Fußwinkelhölzer.
41 Geschweifte Andreaskreuze (Feuerböcke).
42 Andreaskreuze und Rauten.

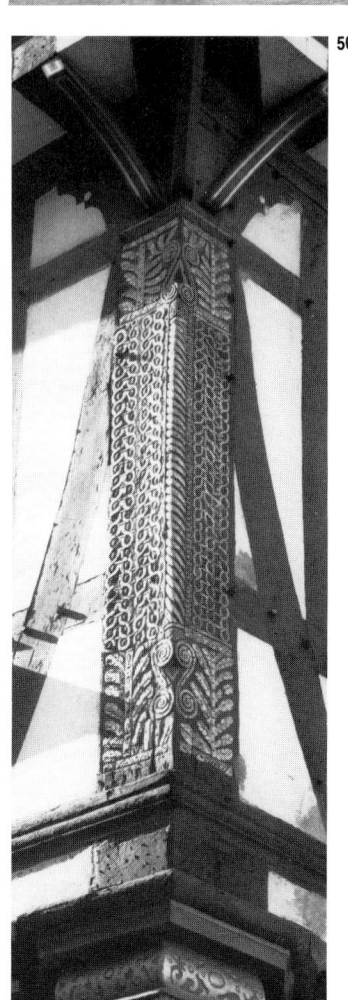

43 Rauten.
44 Rauten, Andreaskreuze und Kreis.
45 Netzwerk mit Rauten und Andreaskreuzen.
46 Brüstungstafeln, ornamentiert.
47 Die Grundelemente des Schmucks in den Brüstungen: Andreaskreuz, geschweiftes Andreaskreuz mit und ohne Nasen und Raute aus Kopf- und Fußbändern.
Mit dem Andreaskreuz »durchkreuzte Raute«, auch Türkenkreuz genannt, Raute aus Eckwinkelhölzern, Raute als volles Brüstungsfeld und Viertelkreis. Besonders die durchkreuzte Raute hat unzählige Varianten mit geschweiften, gebogenen und geschnitzten Holzteilen.

Eckpfosten, vom einfachen Ornament bis zur voll geschnitzten Figur.
48 Oberhessen, um 1650.
49 Idstein (Taunus), um 1600.
50 Frankfurt am Main, Haus Wertheim, um 1600.
51 Alsfeld, Neurathaus, 1688.
52 Bretten, 1710.
53 Alsfeld, Stumpfhaus, 1609.
54 Melsungen, 17. Jahrhundert.

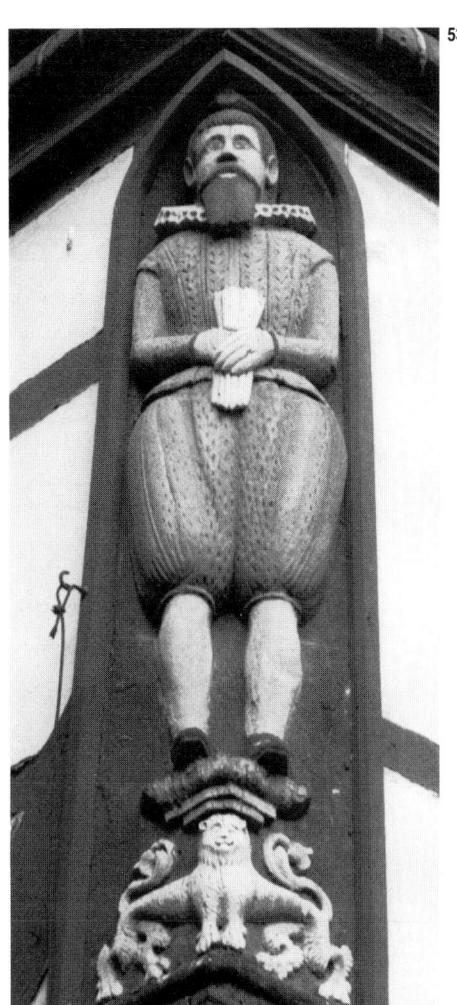

55 Rathaus Bauerbach, 1585, mit flachen Fenstererkern.
56 Rheinischer Einfluß spiegelt sich im Haus Wertheim, um 1600 in Frankfurt gebaut.

Fenstererker und Erker

Als zusätzliches Bau- und Schmuckelement kam der wohl im Gebiet des oberen Rheintals entwickelte Fenstererker um 1550 nach Südhessen. In Nordhessen tauchen erst rund 100 Jahre später die ersten Fenstererker auf. Die späte Übernahme neuer Konstruktionen und Formen gehört zu den grundsätzlichen Merkmalen im durch mehrere Wasserscheiden getrennten und weniger erschlossenen nördlichen Teil des Landes. Mit Fenstererkern wurden zuerst von der Bedeutung her dominierende Bauten weiter herausgehoben. Die frühesten Erker solcher Art sind fast alle an Rathäusern zu finden. Frühe Beispiele sind die Rathäuser von Birkenau (1553) und Groß-Gerau (1578). Die Fenstererker sind bei Verwendung stärkerer Hölzer aus dem Fachwerk herausgearbeitet, nicht aufgesetzt, ragen zwischen 5 und 20 cm vor die Wand und werden meist von einem starken Brüstungsriegel zusammengefaßt. Die Breiten sind verschieden, von einem bis zu sechs Fenstern in einer Gruppe.

Daneben gibt es weit verbreitet schon richtig ausgebildete Erker, meist vor die Giebelwand gesetzt oder als Eckerker. Diese Erker ruhen entweder auf starken Konsolen oder auskragenden Deckenbalken und haben in der Regel Tiefen von weniger als einem Meter. Anfänglich sind sie meist fünfeckig und schmiegen sich dadurch weich an die Gebäude an wie bei dem Rathaus in Frankfurt-Seckbach (1542), später haben sie oft einen rechteckigen Grundriß wie beim Haus »Zum Riesen« in Miltenberg (1590).

Landschaftliche Unterschiede

Die Fachwerke im Süden des hessisch-fränkischen Fachwerkgebiets (hierzu zählen auch große Teile des heutigen Landes Rheinland-Pfalz) von der Mosel bis in den Odenwald, im Norden bis an die Lahn, spiegeln Wohlhabenheit und leichtere rheinische Lebensart wider. Die Fachwerkhölzer sind nicht zu stark ausgebildet. Die Fachwerkfassaden sind oft ganz, nicht nur in den Brüstungsfeldern, mit Schmuckhölzern, vielfach gebogen, geziert. Geschweifte Hölzer als Fußbänder, Kurzstreben, Andreaskreuze, Rauten, Kreise und Gegenstreben sind oft mit den typischen »rheinischen Nasen« versehen. Ebenso typisch sind geschweifte Giebel und durch profilierte Bohlen verdeckte Balkenköpfe. Die Gesimse sind häufig durch Zahnschnittbohlen herausgehoben. Schnitzereien, die bei vielen Gebäuden alle Holzteile der Fachwerkfassade überziehen, weisen figürliche und symbolische Darstellungen sowie schwungvolles Rankenwerk auf. Dort, wo die Lebensbedingungen härter sind, wie im östlichen Odenwald oder im Hochtaunus, wird der Zierat bescheidener.

So ist es nicht verwunderlich, daß in vielen Teilen Nordhessens außerhalb der Städte ein zurückhaltenderes, mehr konstruktives Fachwerk gebaut wird. Starke Ständer- und Strebenkombinationen prägen das Bild. Der Schmuck beschränkt sich auf einzelne Brüstungsfiguren und geschnitzte Wickelstäbe an den Eckpfosten.

Fachwerkkirchen

Eine Besonderheit Nordhessens sind die zahlreichen Fachwerkkirchen. An den nördlichen Vogelsberghängen wäre als Steinmaterial nur der schwer zu bearbei-

57 Zurückhaltendes, konstruktives Fachwerk in Nordhessen.
58 Fachwerkkirche.
59 Fachwerkensemble Burgkunstadt, Kreis Lichtenfels. Im Hintergrund auf zwei Massivgeschossen das Fachwerk des Rathauses aus den Jahren 1689/90 von Hans Gebelein und Jörg Hotmann.

tende Basalt vorhanden gewesen. Man bediente sich deshalb für den Kirchenbau des leichter bearbeitbaren Baustoffs Holz, aus dem auch alle anderen Gebäude der Dörfer errichtet sind. Die Außenwände dieser Kirchen, die den hohen und großen Kirchenraum umschließen, sind geschoßartig in der Höhe unterteilt. Jede dieser waagerechten Zonen ist durch Fußstreben gesichert. Die Ständer laufen meist durch und tragen einen kräftigen Riegel- oder Rähmkranz, auf dem das Dach und die oft als Tonnengewölbe ausgeführte Decke ruhen. Die Rippen des Tonnengewölbes setzen über den Bundpfosten an.

Thüringischer Einfluß

Im Osten Hessens ist ein leichter thüringischer Einfluß spürbar. In Thüringen wurde das Fachwerk flechtartig mit Verstrebungshölzern, Andreaskreuzen und mit Andreaskreuzen durchkreuzten Rauten so stark gefüllt, daß nur noch kleine Putzfelder stehenblieben. Fachwerke Osthessens, wie die 1691 errichtete Teufelsmühle in Ilbeshausen, belegen Anklänge an die thüringische Tradition. Bei großen Holzdicken der konstruktiv benötigten Hölzer sind die Brüstungsfelder mit doppelten Andreaskreuzen, Rauten, Andreaskreuzen und im Dachgiebel Rauten aus vollen Winkelhölzern gefüllt. Selbst die kleinen Gefache über den Sturzriegeln des Erdgeschosses besitzen je ein geschwungenes doppeltes Andreaskreuz.

Niedersächsisches Fachwerk in Hessen

Nördlich von Kassel ist deutlich der Einfluß niedersächsischer Bauweise festzustellen, und zwar sowohl in der Konstruktion als auch in den schmückenden Baugliedern. Im hessisch-niedersächsischen Grenzgebiet, bis nach Fritzlar reichend, hielten sich mittelalterliche Ständerkonstruktionen einige Jahrzehnte länger als im Süden Hessens. Beispiel ist das Haus »Zwischen den Krämen« in Fritzlar, etwa 1470 erbaut. Dann lösten die hessisch-fränkischen Wandlungen der Übergangs-

60 bis 62 Drei Fachwerke aus Marktzeuln, Kreis Lichtenfels, die deutlich thüringischen Einfluß zeigen.
63 Niedersächsisches Fachwerkensemble in dörflicher Struktur.
64 Niedersächsisches Fachwerk in der Stadt: Hannoversch Münden.

zeit die niedersächsische Bauweise bis etwa nach Kassel ab. Die Dörfer und Städte nördlich Kassels zeigen auch in der Beharrungszeit praktisch niedersächsische Hallenhäuser.

Haus- und Hofformen

Bedingt durch größere Siedlungsdichte, unfruchtbarere Böden in den Mittelgebirgsgegenden, die Platzverhältnisse der in den Tälern angelegten Dörfer sowie durch die vorhandenen Holzlängen, sind die Höfe im Bereich fränkischen Fachwerks eng aneinandergereiht und die Giebelbreiten der Gebäude erheblich geringer als im Norden und Süden Deutschlands. Die Giebel einfacher Häuser in Hessen sind nur etwa 6 bis 8 Meter breit, auch bei reicheren Gebäuden werden, mit Ausnahme der Rathäuser, 10 Meter meist nicht überschritten.

Die Dörfer sind auf der Basis von Viergassen-, Leitergrundrissen oder unregelmäßigen Grundrissen angelegt. Die Höfe öffnen sich als U- oder L-förmige Hofanlagen zur Straße; die Scheunen sind möglichst zum Dorfrand gerichtet und tragen als geschlossene Fronten zum Schutz des Dorfes bei. Neben den Hofanlagen, bei denen Wohnungen, Stallungen, Lager für die Ernte und Betriebsräume jeweils in einzelnen Gebäuden untergebracht sind, kommen zum Beispiel im Vogelsberg, in der Rhön und im Odenwald auch Einhäuser vor. Die Queraufteilung des inneren Hausgefüges wirkt sich dabei günstig aus, die Querwände dienen als Trennung der verschiedenen Funktionen unter einem Dach. In den Städten bestimmen schon im Mittelalter die mehr oder weniger engen und kleinen Grundstücke die Hausgrößen und Hausgrundrisse.

Niedersächsisches Fachwerk

Das Verbreitungsgebiet des niedersächsischen Fachwerks reicht von Holland bis zur Danziger Bucht, im Norden bis nach Dänemark, im Süden bis nach Kassel und über das gesamte Westfalen. In ländlichen Gebieten ist das niedersächsische Fachwerk an einen einzigen Haustyp, das niederdeutsche Hallenhaus, und dessen Entwicklung geknüpft. In den Städten werden auf engem Raum und unter dem Zwang zu mehreren Stockwerken aus dem Hallenhaus Sonderformen entwickelt. Walbe geht davon aus, daß im Mittelalter zwischen niedersächsischem und hessisch-fränkischem Fachwerk kaum Unterschiede bestanden.

Vormittelalterliches Hallenhaus

Vorläufer des niederdeutschen Hallenhauses ist das vormittelalterliche dreischiffige Hallenhaus, ein Einhaus für Menschen und Vieh. Der Wohnteil dieses Hauses mit mittigem Herdfeuer ist durch eine Flechtwerkwand vom Stallteil abgetrennt. Dieser ist dreischiffig ausgebildet mit einem Mittelgang und in Viehboxen unterteilten Seitenschiffen. Erschlossen wird das Gebäude durch ein Tor im Giebel der Stallseite und zwei Seitengänge in der zwischen Stall- und Wohnteil hallenartigen Erweiterung. Die Konstruktion besteht aus zwei eingegrabenen Pfostenreihen, die ein Sparrendach tragen. Die Seitenschiffe sind mit Aufschieblingen an das Hauptgerüst angehängt. Die Dächer sind als Vollwalmdächer ausgebildet, in der Senkrechten gibt es vom lehmgestampften Fußboden bis zum First noch keine Raumunterteilung, so daß im Dachraum die Ernte noch nicht eingelagert werden kann. Die Außenwände und die Trennwand zwischen Wohn- und Stallteil sind nichttragend und unabhängig von dem Gerüst der tragenden Pfostenreihen aus Flechtwerk mit Lehmbewurf erstellt.

65 Fachwerktypen in Westfalen.
66 Grundriß eines vor- und frühgeschichtlichen Hallenhauses: links Wohnteil mit offenem Feuer, rechts Stallteil.
67 Wechsel von der Zweipfosten- zur Zweiständerkonstruktion. Wo die Pfosten nicht mehr »eingespannt« (eingegraben) waren, mußten Fachwerk und Traggerüst horizontal ausgesteift werden.

Zweiständerbauten

Spätestens im 13. und 14. Jh. wird der Zweipfostenbau zugunsten des Zweiständerbaus aufgegeben: Die Pfosten werden nicht mehr eingegraben, sondern als Ständer auf Fundamentsteine oder Schwellen gesetzt. Damit erreicht man eine wesentlich längere Haltbarkeit der Häuser, muß dafür aber die nicht mehr im Boden »eingespannten« Ständerreihen aussteifen. Diese Aussteifung wird durch eingezapfte (Ankerbalkenkonstruktion) oder aufgelegte (Dachbalkenkonstruktion) Balken und Kopfbänder in drei Richtungen an jedem Ständer erzielt. Auf die quergespannten Balken legt man Rundhölzer, später Bohlen, und damit ist der Raum zur Unterbringung der Ernte, der Frucht- oder Heuboden, geschaffen. Die Häuser haben keinen Schornstein, der Rauch des Herdfeuers zieht in den Dachraum und hilft dort, das eingebrachte Getreide zu trocknen und Holz wie Getreide vor Ungeziefer zu schützen. Die Ankerbalkenkonstruktionen, sogenannte Hochrähmgefüge, haben den Nachteil, daß sie wegen der durch die Zapfenschlitze stark geschwächten Ständer nur eine geringe Last im Bodenraum aufnehmen können. Noch im Mittelalter setzen sich deshalb weitgehend die Dachbalkenkonstruktionen, das Unterrähmgefüge, durch. Die Dächer werden als hohe Kehlbalkendächer mit Ried- oder Strohdeckung ausgeführt. Die erweiterten Seitenschiffe werden mittels »Zusparren«, die am oberen Ende auf die Hauptsparren aufgeschmiegt und unten in die Deckenbalken der Seitenschiffe, die von dem Rähm der Außenwände getragen werden, eingezapft sind, an das Hauptdach angeschlossen. Die Aussteifung des Daches wird durch innenseitig aufgebrachte Windrispen erzielt. An den genannten Details wird deutlich, daß beim niederdeutschen Hallenhaus die Funktionen besonders eng mit den konstruktiven Ausbildungen verbunden sind.

Der Grundriß ändert sich vom vorgeschichtlichen bis zum mittelalterlichen Einhaus nur gering. Der Wohnteil wird etwas kleiner, der offene Herd aus dem eigentlichen Wohnteil herausgenommen und in den Hausteil zwischen Wohnung und Stall in das Flett, den Herdraum, der zur Diele hin offen ist, gebracht. Der ursprüngliche Stallgang ist zu einer breiten Diele geworden, die auf dem Lande als Arbeitsplatz für die häuslichen Arbeiten des Bauern, wie das Dreschen, dient. In den Städten wird die Diele von den Handwerkern als Werkstatt benutzt, für die Kaufleute ist sie Verkaufsraum und Lager. Damit hat das niederdeutsche Hallenhaus als Einhaus in den Funktionszuordnungen schon seine Endstufe erreicht, die sich praktisch bis zum Anfang des 20. Jahrhunderts nicht mehr ändert: Alle Räume des Hauses liegen um die Diele mit dem anschließenden Flett.

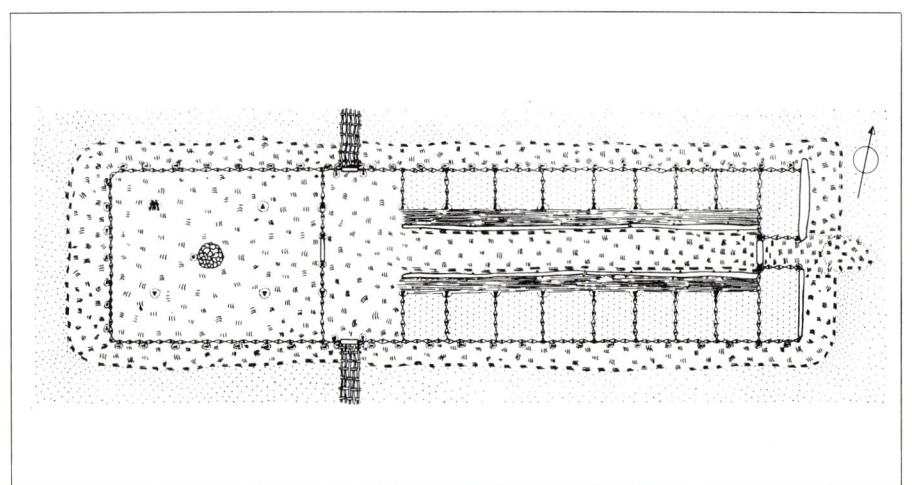

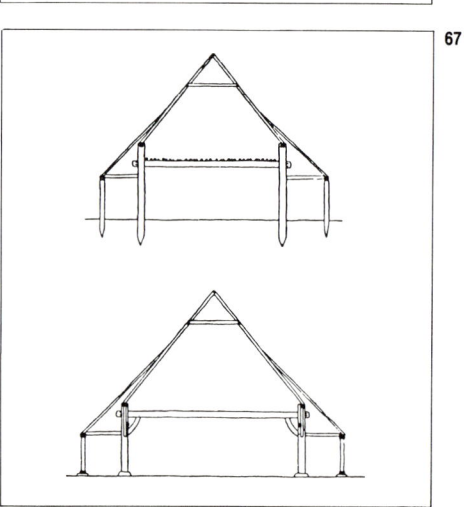

68 Die Entwicklung von Zwei- zum Vierständerbau.

69 Langendorf an der Elbe: Zweiständerhaus aus dem Jahre 1656 in Unterrähmkonstruktion. Die Dächer der Seitenschiffe schmiegen sich weit oben an die Hauptgesparre an. Der Grundriß ist typisch, die beiden Luchten des Fletts wurden bei einem späteren Umbau zu Kammer bzw. Küche.

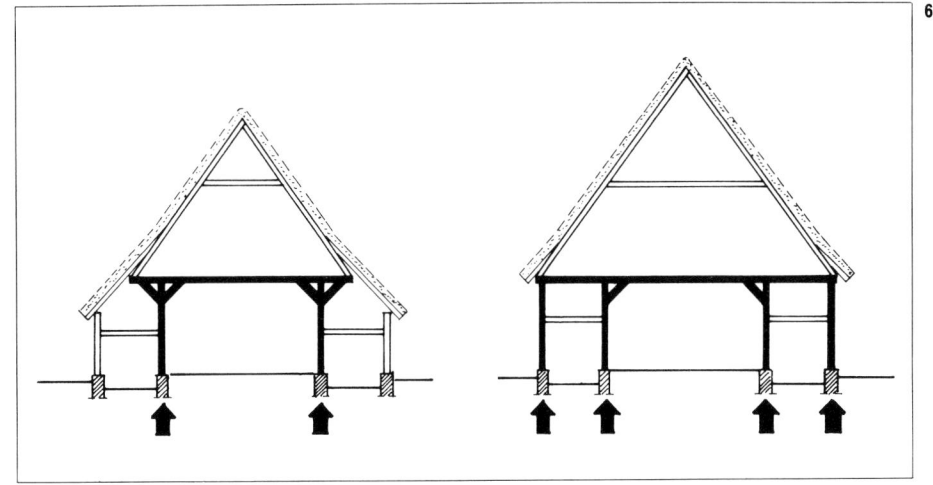

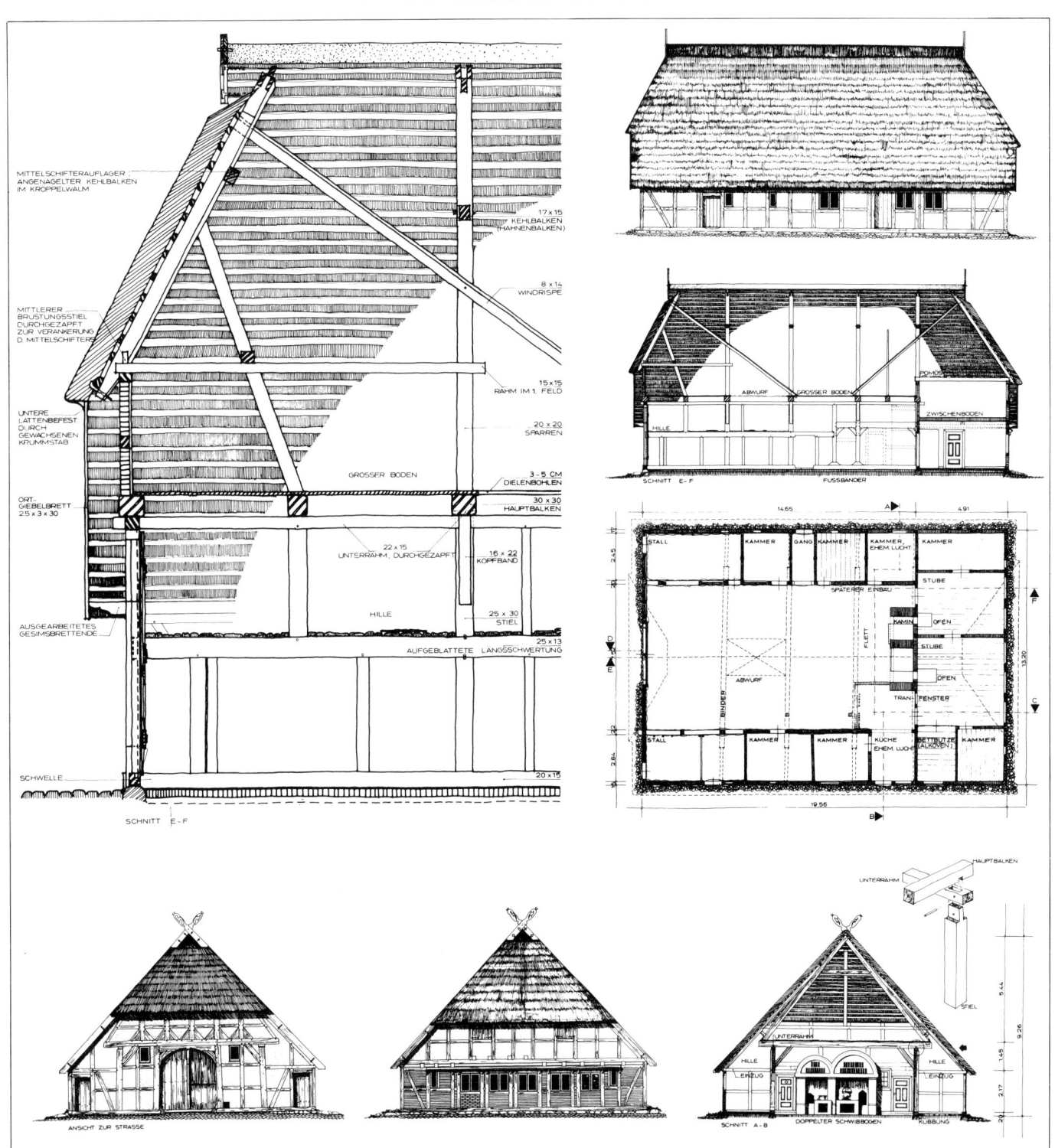

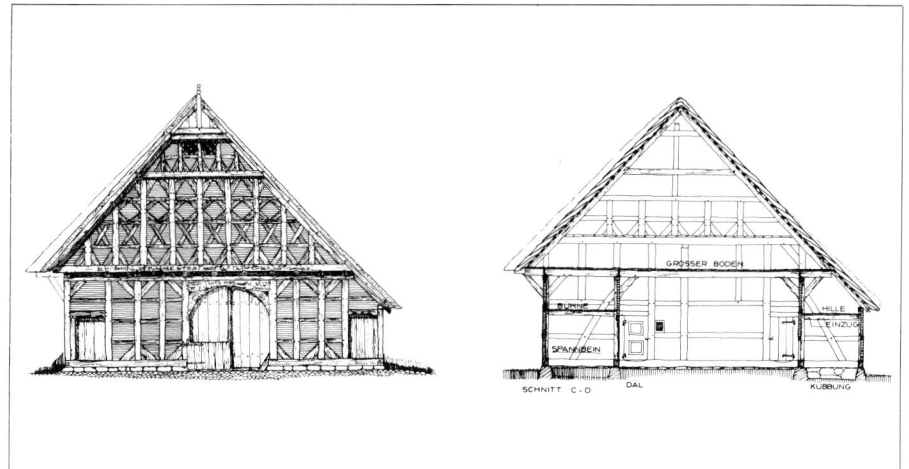

70 Neben Zwei- und Vierständerbauten kommt weniger häufig auch der Dreiständerbau vor, bei welchem das Dach ungleichmäßig auf einer Seite weiter nach unten gezogen wird. Hier in Rehbeck, 1712.

71 Gühlitz, Kr. Lüchow, 1774; ausgereiftes Vierständerhaus. Das Flett (Fleet) ist bei Umbauten aufgegeben worden, die Kammern ziehen sich weit in den Stallteil. Das hohe Dach ist durch Kehlbalken ausgesteift.

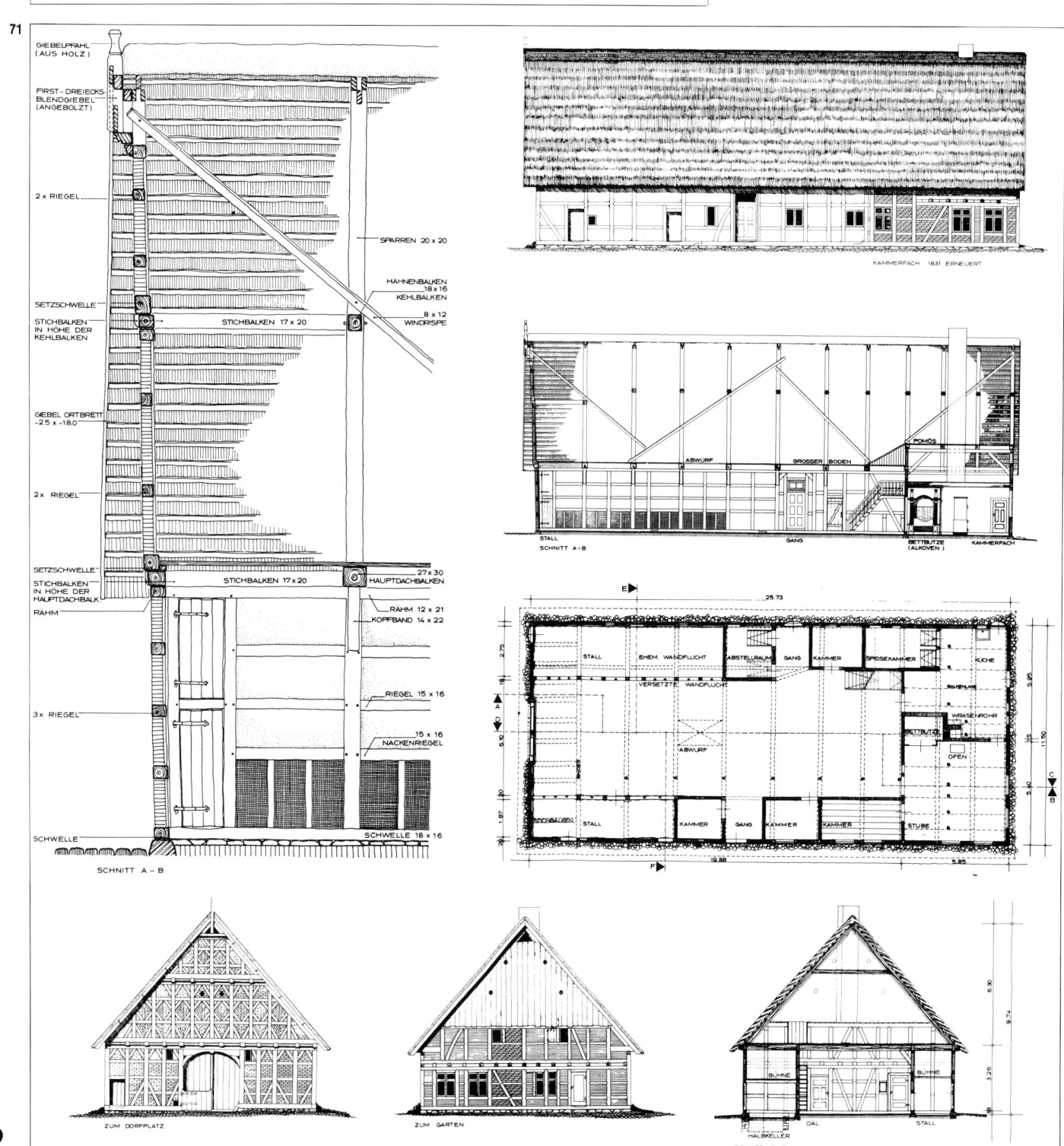

72 Überlagerung niedersächsischen und hessischen Fachwerks. Bei dem Gebäude aus dem späten 15. Jahrhundert ist auf zwei Geschosse in Ständerbauweise ein Geschoß als Rähmbau aufgestockt. Die Verschwertungen sind aufgeblattet, die Riegel zum Teil eingezapft und zum Teil aufgeblattet.
73 Giebelformen des niedersächsischen Hallenhauses.
74 Darstellung der Entwicklung des niedersächsischen Fachwerks in einer Wand: links um 1450, Verstrebung nur mittels Fußbändern, Riegel noch über den Stielen angeblattet. Rechts 16. und 17. Jahrhundert, mit verzierten Fußwinkelhölzern bzw. Brüstungsplatten und stark profilierten Rähmschnitzereien.

Konstruktiv gibt es jedoch noch einige Änderungen. In der Übergangszeit, die in Niedersachsen etwa von 1520 bis 1550 anzusetzen ist, beginnt man, die bis dahin vorgeblatteten Riegel durch in die Ständer und wenigen Streben eingezapfte Riegel zu ersetzen. Mit der zunehmenden Verwendung von Ziegeln als Ausfachungsmaterial – Lehm ist oft schwer zu beschaffen – verzichtet man mehr und mehr auf wandaussteifende Streben, allenfalls werden die Ständer einzeln durch Fußstreben oder Fußwinkelhölzer verstrebt. Die Horizontalkräfte werden teils von den Ziegelausfachungen, teils von der durch Kopfbänder ausgesteiften doppelten inneren Ständerreihe abgefangen. In den Fassaden dominieren die enggestellten Ständer und waagerechten Riegel, wobei die Gefache meist annähernd quadratisch oder als hochstehende Rechtecke ausgebildet sind. Die Holzstäbe sind gut dimensioniert. Selten haben die Fachwerkstäbe eine Stärke unter 20 × 20 cm, die inneren Ständer sowie die Dachbalken sind meist über 30 × 30 cm dick. Nur die Rähmhölzer weisen teilweise Bohlenstärke auf.

Vierständerbauten

Im 16. Jahrhundert wird, im westfälischen Raum beginnend, die Konstruktion nochmals geändert. Die über den mittleren Ständerreihen liegenden Balken werden

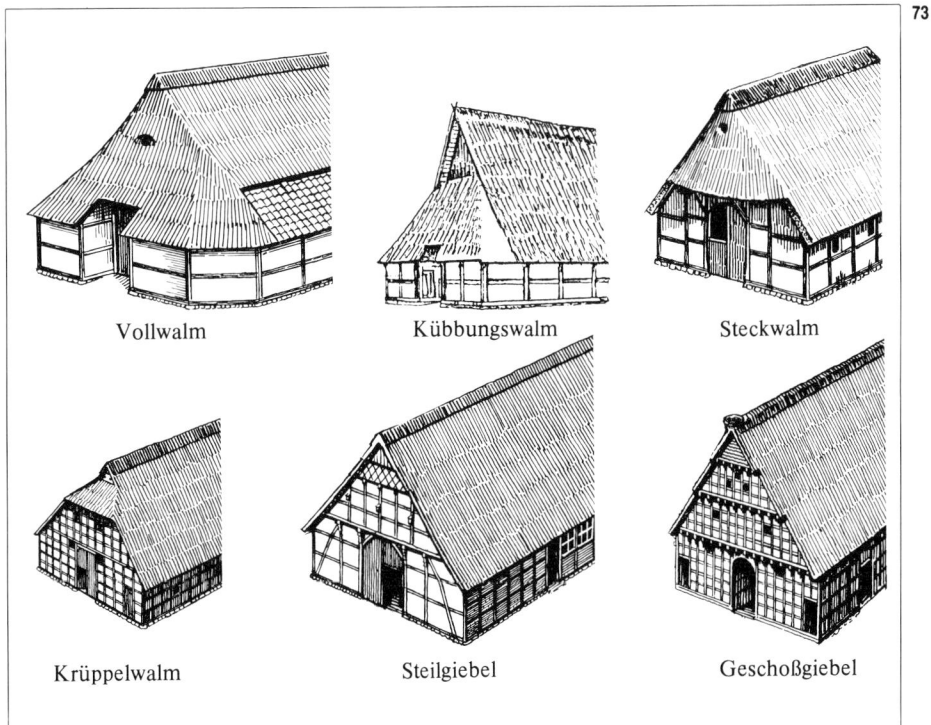

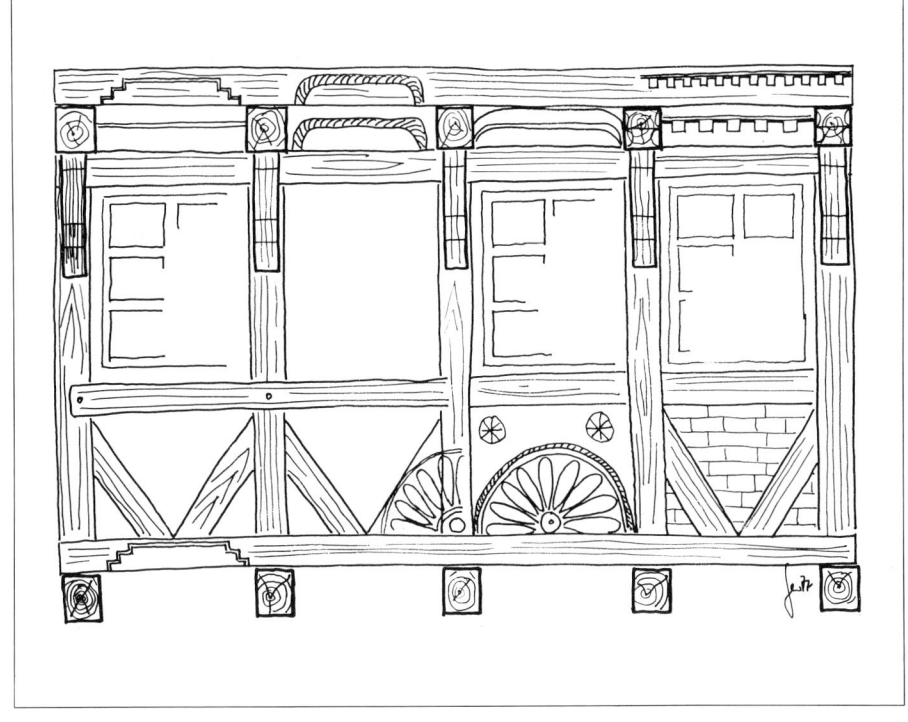

75 Vierständerbau in Eversberg im Sauerland, 1782. Der Giebel ist in zwei Geschosse unterteilt, wobei die Trennung der hohen Diele nachträglich vorgenommen wurde.
76 Goslar, Marktstraße 1, 1526: typisches städtisches Fachwerk, zwei Geschosse mit durchgehenden Ständern, zwei weitere Geschosse in Rähmkonstruktion aufgestockt.
77 Goslar, Brusttuch, 1526, mit flächig über das gesamte Holzwerk reichenden ornamentalen und darstellenden Schnitzereien.
78 Wirtschaftsteil des Siemenshauses in Goslar. Die Ziegelausmauerung der Gefache wurde ornamental gestaltet.

bis zu den Außenwänden durchgezogen und dabei die Außenwände auf die Höhe der Diele, 3,50 bis 5 Meter, hochgeführt. Das Hauptdach wird bis auf die Außenwände verbreitert, die Kräfte aus dem Dach werden durch die Traufwände übernommen. Dabei entsteht über den Viehboxen in den Seitenschiffen noch ein niedriges Geschoß, das sowohl für Gesindewohnungen als auch zum Lagern dient. Das so erzielte Vierständerhaus setzt sich bis zum 18. Jahrhundert bis zur Küste hin durch.

Niedersächsisches Fachwerk in den Städten

Sind die niederdeutschen Hallenhäuser bereits stattliche Gebäude – die Hausbreiten sind selten unter 15, die Dielenhöhe beträgt meist über 4 Meter –, so wird dieser Eindruck bei den Stadthäusern noch verstärkt. Diese werden bereits Anfang des 16. Jahrhunderts bis zu fünf Geschosse hoch, zuerst nur auf der Giebelseite, dann mehr- oder allseitig überkragend ausgeführt. Die Geschoßauskragungen erreichen im einzelnen Geschoß über 60 cm, über mehrere Geschosse bis ca. 2,50 Meter. Das hohe Dielengeschoß des Hallenhauses wird bei städtischen Gebäuden vielfach zu zwei Wohngeschossen, wobei die Ständer über diese zwei Geschosse durchgeführt werden. Ein typisches Beispiel dafür ist das Haus Marktstraße 1 in Goslar. Dieses »doppelte Geschoß« verbreitete sich weit in das fränkische Gebiet. Wegen der Haupterschließung über das große Dielentor stehen auch in der Stadt, mit Ausnahme von Braunschweig, praktisch alle Gebäude giebelseitig zur Straße.
Bei den Stadthäusern werden ab der Mitte des 16. Jahrhunderts die vorher immer dem Dielentor abgewandten, also auf der Rückseite des Hauses liegenden Wohnzimmer als erkerartige Vorsprünge, die »Utluchten«, an die Straßenseite verlegt. In der gleichen Zeit geht man von den weiten Auskragungen wieder ab, die Gebäude werden glatter und erhalten teilweise wieder Fußstreben.

Grebenstein, Haus Leck, Ende 15. Jahrhundert: niedersächsisches Fachwerk in Hessen.

79 Haus Leck um die Jahrhundertwende in schlechtem Zustand mit Anbauten und Veränderungen wie dem Pultdachanbau und einer zusätzlichen Haustür neben dem Dielentor.

80 Dasselbe Haus nach Sanierung und Umnutzung als Heimatmuseum. Die störenden Um- und Anbauten sind beseitigt.

81 Fachwerkgefüge des Hauses Leck im Modell. Auch bei diesem Gebäude gehen die Verschwertungen auf den Traufseiten über die beiden Geschosse in Ständerkonstruktion, und die Brustriegel sind durchgehend außen aufgeblattet (Modell: H. Tisje).

82 Grundriß, Schnitt und Giebelansicht vor der Sanierung.

83 Schmuckmotive des niedersächsischen Fachwerks von etwa 1470 bis 1600.
84 bis 86 Ausschmückung von Brüstungsgefachen bei Fußwinkelhölzern und geschlossenen Brüstungstafeln.
87 Arkadenformen in den Brüstungsfeldern, Hannoversch Münden, Haus Kirchplatz 4, um 1570.

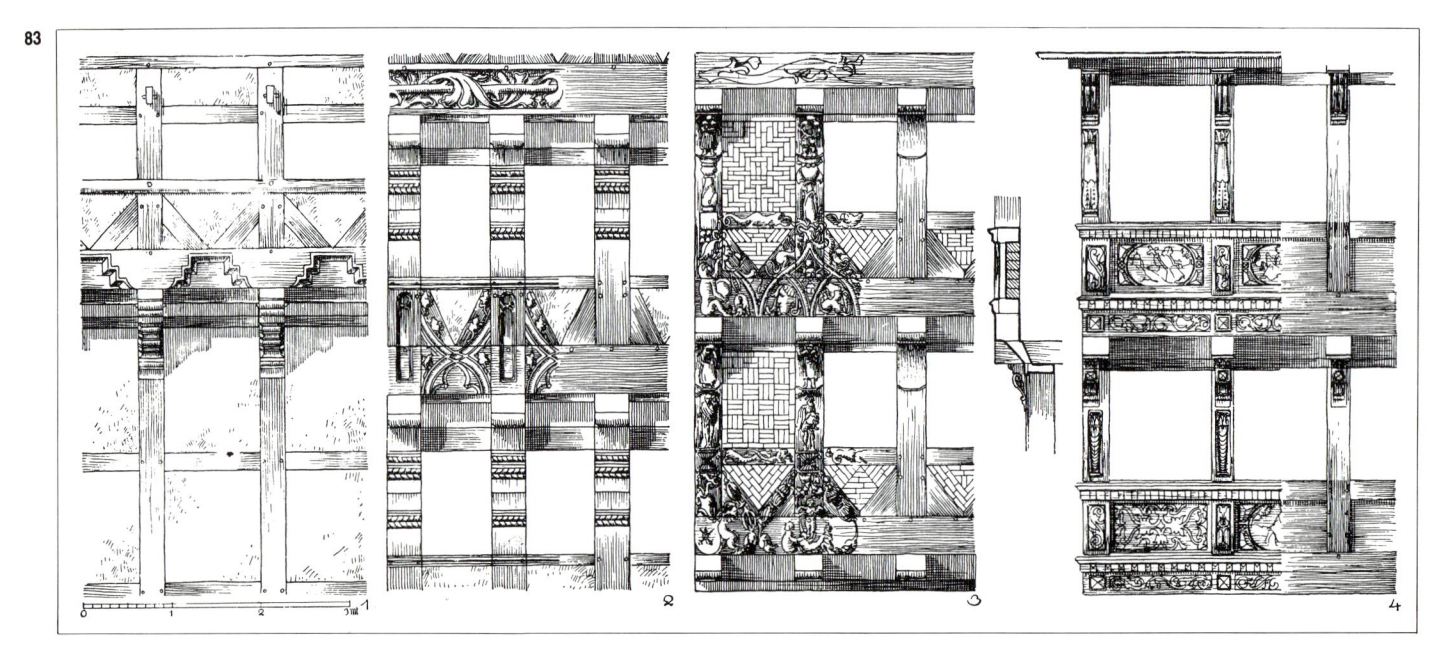

88 Gestaltung von Balkenköpfen, Füllhölzern und Stockschwelle im 16. Jahrhundert.
89 Lemgo, Lange Straße 33, 1612: Bis zum Beginn des Dreißigjährigen Krieges hat sich der Schmuck des niedersächsischen Fachwerks, wie bei diesem Haus, voll entwickelt.

Sowohl die Größe niederdeutscher Stadthäuser als auch die durch die Einzelverstrebung bedingte Aneinanderreihung gleicher Gefachelemente – ohne Fassadengliederung durch Bundständer und wandhohe Verstrebungen – ergeben eine eindrucksvolle tektonische Wirkung.

Schmuckformen

In der Spätgotik, ab Mitte des 15. Jahrhunderts, beginnt man, die niedersächsischen Fachwerke mit Schnitzereien zu schmükken. Zunächst sind es nur Treppen- und Trapezfriese auf den Schwellen sowie waagerechte Gliederungen auf den Balkenköpfen und Knaggen. Anfang des 16. Jahrhunderts nimmt die künstlerische Ausgestaltung der Fachwerke schnell zu; zum einen spezialisieren sich Zimmermeister auf Fachwerkschnitzereien, zum anderen führen Holzbildhauer diese Arbeiten aus. Die Treppenfriese werden abgelöst durch Laubstäbe auf den Schwellen, und in einigen Fällen wird das gesamte Fachwerk mit gotischem Maßwerk überzogen, so daß eine Reihung gleicher Architekturglieder entsteht, eine Annäherung an Prinzipien des gotischen Steinbaus. Der Wandel in der Ausbildung der Fußverstrebung der Ständer, von der Fußstrebe zu Fußwinkelhölzern oder Brüstungstafeln, die das gesamte Brüstungsfeld schließen, schafft flächenmäßig die Voraussetzung für noch weitergehenden Schmuck. Mit den völlig von figürlichen, pflanzlichen und ornamentalen Schnitzereien überzogenen Fachwerken, z. B. in Celle, Goslar und Braunschweig, die Fachwerk als Holzkonstruktion kaum noch erkennen lassen, erreicht das niedersächsische Fachwerk seinen stärksten Ausschmückungsgrad.

Mitte des 16. Jahrhunderts kommt dann die sehr häufig verwendete Fächerrosette auf, die meist symmetrisch über die Fußwinkelhölzer und Ständer geschnitzt wird. In Westfalen bildet man die Fußwinkelhölzer rund aus, um die Form der Rosette im Holz zu wiederholen. Bei einigen Gebäuden mit geschlossenen Brüstungstafeln werden die Rosetten auch ohne Rücksicht auf die Ständerteilung aufgebracht. Neben

90 Nach dem Dreißigjährigen Krieg beschränkt sich der Schmuck auf dem Holz mehr oder weniger auf Inschriften. Dafür werden vielfach, wie bei dem dargestellten Fachwerk in Brunsbüttel, 1779, die Ziegelausfachungen kunstvoll ornamentiert.
91 Zeichnerische Rekonstruktion vom Ursprungszustand des Rundlings Lübeln.

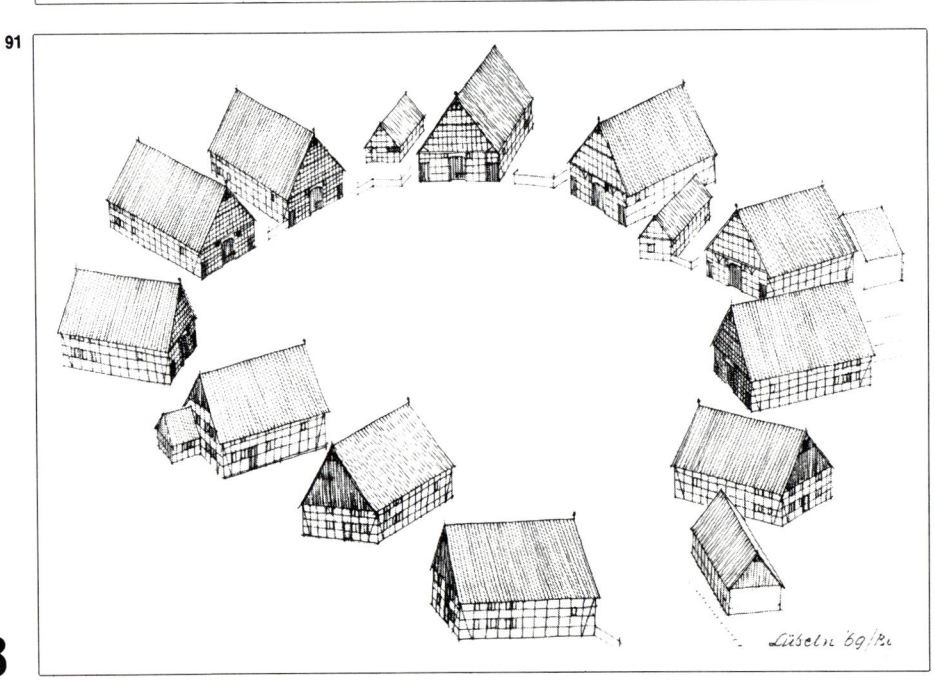

den Rosetten entstehen die ebenfalls häufig angewendeten Motive von Taubändern und Schiffskehlen, insbesondere im Bereich der Füllbretter oder Füllhölzer zwischen den Balkenköpfen und den Quergesimsen. Eine ausgefallene Ausschmückung mit Formen des Steinbaus sind am Ende des 16. Jahrhunderts Rundbogenarkaden auf Brüstungstafeln, wie beim Haus Kirchplatz 4 in Hannoversch Münden.
Anfang des 17. Jahrhunderts geht die Anwendung von Schmuckformen stark zurück. In flachem Relief werden Beschlag- und Rollwerk ausgeführt, in einigen Fällen ist die Anwendung von Zahnleisten schon einziger Schmuck. Der Laubstab hat sich zum Diamantstab gewandelt. Nach dem Dreißigjährigen Krieg werden die Fachwerke glatter und einfacher, die Auskragungen sind verschwunden, einziger Schmuck sind vielfach profilierte Gesimsbretter und Hausinschriften. Mit der vermehrten Verwendung von Ziegeln als Ausfachungsmaterial werden die zu Ornamenten vermauerten Ziegel neue Schmuckglieder.

Siedlungsformen

Die niederdeutschen Hallenhäuser sind meist der Mittelpunkt stattlichen Grundbesitzes, die einzelnen Höfe liegen oft weit auseinander, so daß kaum eine Dorfstruktur erkennbar ist. Die üblichen Dorfformen sind Straßen- oder Haufendörfer. Eine Sonderform bilden die »Rundlinge«. Bei dieser Dorfform sind die großen Hallenhäuser strahlenförmig um einen offenen Dorfplatz, mit dem Dielentor diesem zugewendet, gruppiert.

Fachwerkgefüge, Baustoff Holz und Zimmererhandwerk

Fachwerkgefüge

Fachwerke sind Skelettkonstruktionen mit gelenkigen Knotenpunkten. Alle statisch wirksamen Kräfte werden durch die Stäbe abgeleitet; die Ausfachungen bleiben statisch unwirksam. Da die Holzverbindungen nur konstruktiv ausgeführt werden, können Druckkräfte, aber keine Zugkräfte von Stab zu Stab weitergeleitet werden. Abgesehen von Biegezugkräften innerhalb der einzelnen Stäbe, können Fachwerke keine Zugkräfte bewältigen. Ausnahmen bilden hier zum Beispiel spätgotische Fachwerke, wo Ankerbalken mit Zapfenschlössern sowie Kopf- und Fußbänder mit Schwalbenschwanz- oder Weichschwanzblättern geringe Zugkräfte aufnehmen. Die Ausfachungen haben raumabschließende Funktionen. Bis in das 20. Jahrhundert hinein bauen die Zimmerleute Fachwerke nach »statischem Gefühl«, die Hölzer werden dabei meist überdimensioniert, in einigen wenigen Fällen, zum Beispiel bei Dachkonstruktionen, auch zu gering bemessen. Fachwerke, die nach 1920 erstellt werden, sind meist aufgrund statischer Berechnungen dimensioniert, das heißt, die Holzstärken sind auf das Mindestmaß der geforderten Tragfähigkeit eingeschränkt. Bemessungsgrundlage für Holzkonstruktionen ist die DIN 1052.

Die senkrechten Kräfte im Fachwerk werden durch Ständer, untergliedert in Eck-, Bund-, Wand-, Tür- oder Fensterständer, abgetragen. Innere Wände schließen an einen Bundständer an; trifft die Innenwand nicht auf einen Ständer der Außenwand, so wird ein Klebestiel als Abschluß der Innenwand innenseitig der Außenwand angeordnet. Zur Rahmenbildung, Fixierung der Ständer am unteren und oberen Ende sowie Lastverteilung der aufliegenden Deckenlasten dienen Grundschwellen über Keller oder Fundament, Saum- oder Stockschwellen in den oberen Geschossen und der Rähmbalken bzw. Rähm. Zur Gefachunterteilung dienen Riegel als Fach-, Brüstungs-, Fenstersturz- und Türsturzriegel. Die Anzahl der Riegel pro Geschoß ist nach Landschaften und Entstehungszeiten verschieden und reicht von einem bis zu fünf Riegeln übereinander.

Die Horizontalkräfte werden durch schräg angeordnete Hölzer – Verschwertungen, Kopf- und Fußbänder, Kopf- und Fußwinkelhölzer, dreiviertelwand- oder wandhohe Streben bzw. Strebenkreuze in Form von Andreas- oder Fünferkreuzen – aufgefangen. Streben werden immer paarweise und im gleichen Winkel geneigt angeordnet, um so eine gleichmäßige Steifigkeit für Kräfte von beiden Angriffsrichtungen zu erreichen. Im Normfall sind die Eckstreben zum Eckständer hin geneigt. Zur Verbindung der Holzstäbe untereinander dienten früher zahlreiche, teilweise komplizierte und schmückende Holzverbindungen, wie Zapfen mit Schwebeblättern und stark profilierte Blätter an Fuß- und Kopfbändern. Die Verbindungen waren mit Holznägeln gesichert. Der Reichtum an Holzverbindungen wurde schon im Barock geringer; bei den rein konstruktiven Fachwerken in unserem Jahrhundert sind Schwellen und Rähme oft nur einfach verblattet oder gar stumpf gestoßen und verklammert, die Fachwerkwände selbst sind ausschließlich mit Zapfenverbindun-

1 Fachwerkgefüge: Über senkrechte Ständer werden die Lasten abgetragen, mit Schwelle und Rähm bilden die Ständer einen Rahmen. Riegel begrenzen Türen, Fenster und Gefache. Die Windaussteifung übernehmen schräg gestellte Hölzer, hier Andreaskreuze in den Brüstungsfeldern (Modell: H. Tisje).
2 Fachwerkwand mit Bezeichnungen der Hölzer.
3a) Ständergeschoßkonstruktion mit eingezapften Unterzügen.
b) Stockwerksrähmkonstruktion, jedes Geschoß einzeln abgebunden und aufgestockt.

gen zusammengefügt. Stark beanspruchte Streben erhalten zusätzlich einen Versatz, zur Sicherung der Verbindungen dienen Nägel. Der kleinste Querschnitt statisch beanspruchter Fachwerkstäbe soll 60 cm^2 nicht unterschreiten, bei einer geringsten Breite des Holzes von 6 cm.

Als Gefüge anders zu betrachten sind Fachwerkbinder, die durch Verwendung von Stahldübeln und Schraubbolzen auch Zugkräfte von einem zum andern Stab weiterleiten können.

Das Traggerüst der Fachwerkgebäude steht in direkter Abhängigkeit zu der Dachkonstruktion. Die Pfostenbauten bedingen das einfache Rofendach: Stangen (später Sparren), die auf die First- und Wandpfetten aufgelegt werden. Aus dieser einfachen Dachform entwickeln sich Pfettendächer mit einfach und mehrfach stehenden oder liegenden Stühlen. Sind bei Ständerbauten die Ständer in Traufhöhe durch Ankerbalken gegen seitliches Ausweichen gesichert, so können einfache Sparrendächer direkt auf die Rahmenriegel aufgesetzt werden. Sind die Seitenwände in der Traufhöhe nur wenig ausgesteift, so wird die oberste Balkenlage (auf Traufhöhe) aufgekämmt oder aufgedübelt. Sie fixiert damit die Außenwände. Die Sparren werden in die Balken eingezapft, so daß Sparren und Balken ein unverschiebbares Dreieck bilden. Bei größeren Hausbreiten müssen die Sparren durch Hahnen- oder Kehlbalken gegeneinander abgestützt werden. Die Firstsäule im alemannischen und fränkischen Haus beeinflußt das Hausgefüge derart, daß an die innerhalb des Hauses liegenden Firstsäulen Querwände angeschlossen werden, welche die Querteilung und traufseitige Erschließung der Gebäude zur Folge haben. In der Renaissance kennt der Zimmermann schon eine Vielzahl komplizierter Dachstühle, die aus dem Sparren- oder Pfettendach entwickelt wurden, einschließlich Hänge- und Sprengewerken. Die Dachneigungen wachsen in der Gotik bis über 60 Grad an, erst im 18. Jahrhundert werden sie geringer. Im alemannischen Bereich treten durch keltische und römische Einflüsse auch flach geneigte Dächer auf.

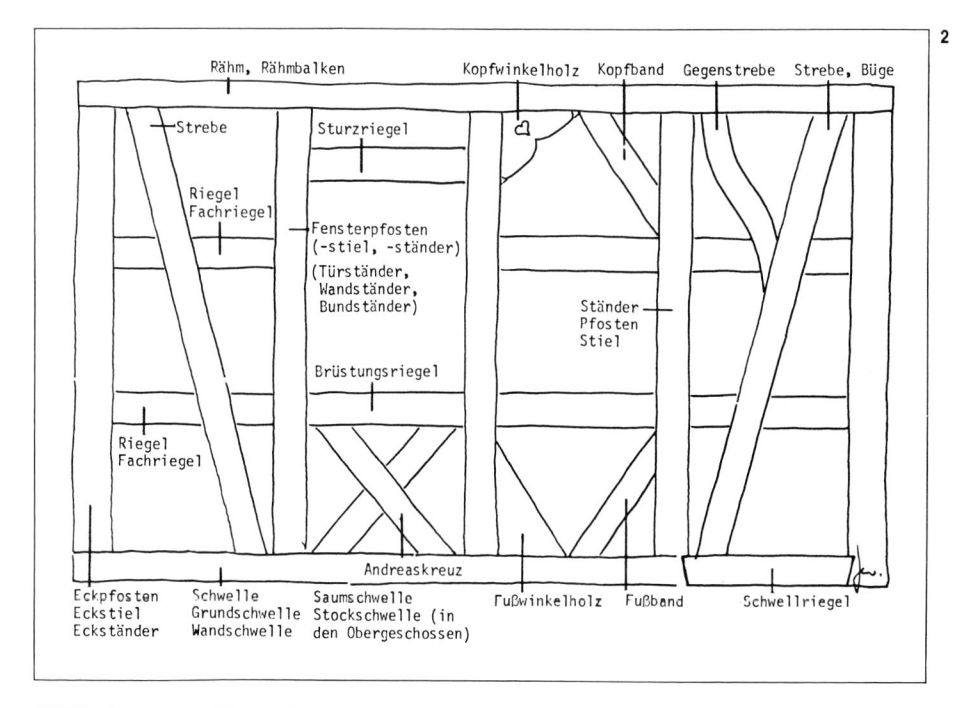

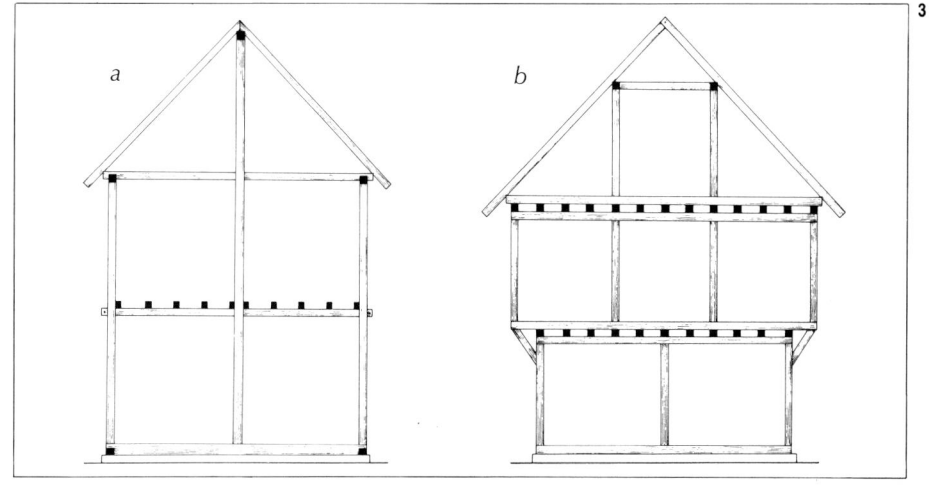

Baustoff Holz

Holz ist das von der Rinde und dem Kambium umschlossene Gewebe der Bäume, das aus langgestreckten, hohlen und zu Fasern gebündelten Zellen besteht. Die Zellwände setzen sich aus etwa 40 bis 50 Prozent Zellulose, etwa 20 bis 30 Prozent Lignin und etwa 20 bis 25 Prozent Hemizellulose zusammen. Der Zellinhalt besteht im wesentlichen aus Luft und Wasser sowie in kleineren Mengen aus Nähr-, Gerb- und Farbstoffen. Der Zellaufbau ist je nach Holzart verschieden, während die chemische Zusammensetzung annähernd gleich ist. Nadelhölzer haben längere, dünne Zellen, während Laubhölzer stärkere Zellen aufweisen. In Form des Kambiums wird direkt unter Rinde und Bast jährlich eine neue Schicht von Zellen aufgebaut, und zwar wachsen im Frühjahr dünnwandigere und größere Zellen und im Sommer bei langsamerem Wachstum dickwandigere Zellen – das sogenannte Früh- und Spätholz, deutlich sichtbar durch die hellere bzw. dunklere Färbung innerhalb der Jahresringe. Langsamer gewachsenes Holz mit dementsprechend engeren Jahresringen erreicht eine höhere Festigkeit als in günstigem Klima mit viel Feuchtigkeit schnell gewachsenes Holz mit breiten Jahresringen; entscheidend ist der Anteil des festeren Spätholzes. Die zuletzt gewachsenen äußeren Jahresringe, das Splintholz, sind weicher als die inneren verkernten Jahresringe. Bäume, die für Bauholz bestimmt sind, sollen nicht in der Zeit des Safttriebs, also von Winterende bis zum Spätsommer, geschlagen werden, sondern von Spätherbst bis Frühjahr, da sonst zu große Schwindrisse zu erwarten sind. Bis in die Spätgotik wurde das im Winter gefällte Holz saftfrisch, das heißt direkt, verzimmert. Erst später entdeckte man die bessere Haltbarkeit sowie weitere Vorteile, wie geringeres Schwinden, Reißen und Verdrehen der Hölzer nach dem Einbau, wenn das Holz mindestens ein Jahr vor dem Verarbeiten lagerte und austrocknete.

Als Bauholz für Fachwerke diente im wesentlichen Eichenholz, aber auch Fichte und Tanne. Diese Holzarten haben ausgewogene, gute statische Eigenschaften, sind leichte Baustoffe und lassen sich leicht bearbeiten. Andere Holzarten, die ebenfalls häufig in unseren Wäldern vorkommen, eignen sich weniger gut oder gar nicht als Bauholz, wie Kiefer und Lärche, die unter Witterungseinflüssen im eingebauten Zustand noch nach Jahrzehnten stark arbeiten, oder Buche, die leichter zu Brüchen neigt und schwer bearbeitbar ist. Gespaltenes (gebeiltes) Holz ist tragfähiger als gesägtes, da weniger Fasern zerstört werden.

Frisch geschlagenes Holz hat etwa 40 bis 50 Prozent Feuchtigkeit, wobei etwa 30 Prozent des Wassers an die Fasern gebunden sind, während der Rest sich als Kapillarwasser in den Hohlräumen der Zellen befindet. Ist das freie Wasser verdunstet, so hat das Holz den sogenannten Fasersättigungspunkt erreicht. Holz mit 20 bis 30 Prozent Feuchtigkeit wird als halbtrockenes Holz bezeichnet. Bauholz soll vor der Verzimmerung durch natürliche Trocknung auf 13 bis 20 Prozent Feuchtigkeit gebracht werden. Bei Feuchtigkeitswerten unter 25 Prozent nimmt die Festigkeit des Holzes mit abnehmender Feuchtigkeit zu. Bei Wasseraufnahme quillt Holz, bei Wasserabgabe schwindet es. Diese Vorgänge werden als »Arbeiten des Holzes« bezeichnet.

Eichenholz

Eichenstämme werden bei einem Alter von 150 bis 200 Jahren über 30 Meter hoch und erreichen Durchmesser von einem Meter und mehr. Als Bauholz eignen sich nur im Hochwald dicht nebeneinander gewachsene Stämme, während freistehend gewachsene Eichen mit meist nur kurzem Stamm, der sich bald verzweigt, ungeeignet sind. Das kurzfaserige Holzgewebe der Eiche ist hart, läßt sich aber noch gut bearbeiten. Im trockenen Zustand ist richtig eingebautes Eichenholz fast unbegrenzt haltbar. Unter Einwirkung von Feuchtigkeit läßt die Haltbarkeit zwar nach, bei konstruktiv richtigem Einbau überdauert das Holz aber immer noch viele Jahrhunderte. Nur bei dauernder Durchfeuchtung ohne richtige Austrocknungsmöglichkeit läßt die Haltbarkeit schnell nach. Wegen seiner günstigen Eigenschaften und langen Haltbarkeit wurde das Eichenholz zum bevorzugten Baustoff für Fachwerke. Eichenholz wird heute im Holzhandel leider nur selten als Lagerholz geführt, sondern nur nach Liste eingeschnitten. Da dieses meist frische Holz nur bedingt zum sofortigen Einbau geeignet ist, muß besonderer Wert auf die Lagerung und Bereithaltung von Eichenholz aus abgebrochenen Gebäuden für Instandsetzungsmaßnahmen an Fachwerken gelegt werden.

Fichten- und Tannenholz

Fichte und Tanne sind zwar zwei verschiedene Baumarten, ihr Holz wird hier jedoch wegen der praktisch gleichen bauphysikalischen Werte zusammen behandelt. Fichten und Tannen werden bis über 40 Meter hoch bei Stammdurchmessern bis zu etwa einem Meter. Fichten erreichen ein Alter von etwa 120 Jahren, Tannen bis über 400 Jahre. Das Holz beider Baumarten ist langfaserig mit langen, nur langsam sich verjüngenden Stämmen, wesentlich leichter als Eiche zu bearbeiten, leichter im Gewicht, aber auch mit geringerer Tragfähigkeit und vor allem kürzerer Haltbarkeit. Fichten- und Tannenholz wird als Nadelschnittholz nach DIN 4070 in Form von Dachlatten von 2,4 × 4,8 cm bis 4,0 × 6,0 cm, Kanthölzern von 6 × 6 cm bis 16 × 18 cm und Balken von 10 × 20 cm bis 20 × 24 cm, als Vorratskantholz bzw. Dachlatten auf Vorrat sowie als Listenware von 6 × 10 cm bis 30 × 30 cm, nach Holzliste eingeschnitten. Bretter und Bohlen werden nach DIN 4071 besäumt oder unbesäumt in Dicken bei Brettern von 8 mm bis 35 mm und Bohlen von 40 mm bis 120 mm eingeschnitten.

Bauphysikalische Werte bei etwa 20 Prozent Holzfeuchte:

	Eiche	Fichte/Tanne
Schwinden in Längsrichtung	0,1%	0,1%–0,4%
Schwinden in Radialrichtung	bis 5%	bis 4%
Spez. Gewicht	ca. 0,78	ca. 0,46
Rechn. Gewicht nach DIN 1055	800 kp/m^3	600 kp/m^3
Druckfestigkeit parallel zur Faser	ca. 520 kp/cm^2	ca. 250–430 kp/cm^2
Zugfestigkeit parallel zur Faser	ca. 900 kp/cm^2	ca. 200–900 kp/cm^2
Biegezugfestigkeit parallel zur Faser	ca. 880 kp/cm^2	ca. 400–620 kp/cm^2
Scherfestigkeit parallel zur Faser	ca. 110 kp/cm^2	über 25–65 kp/cm^2

Nach der DIN 1052 sind für die Berechnung von Holzkonstruktionen aber wesentlich geringere Werte zugrunde zu legen, und zwar bei Holz der Güteklasse II:

Druck parallel zur Faser	100 kp/cm^2	85 kp/cm^2
Druck senkrecht zur Faser	30 kp/cm^2	20 kp/cm^2
Zug parallel zur Faser	100 kp/cm^2	85 kp/cm^2
Biegung	110 kp/cm^2	100 kp/cm^2
Abscheren parallel zur Faser	10 kp/cm^2	9 kp/cm^2
Elastizitätsmaß parallel zur Faser	125 000 kp/cm^2	100 000 kp/cm^2
Elastizitätsmaß senkrecht zur Faser	6 000 kp/cm^2	3 000 kp/cm^2
Wärmeleitzahl	0,18 kcal/mh° C = 0,21 W/mK	0,12 kcal/mh° C = 0,14 W/mK
Wärmespeicherzahl	515 kcal/m$^{3°}$ C	380 kcal/m$^{3°}$ C

(1 kp/cm^2 = 0,1 N/mm^2) (Werte zum Teil nach Ewald König: Holzlexikon, Stuttgart 1977)

Güteklasse und Schnittklasse

Die Gütevorschriften für Bauholz (gemeint ist Nadelholz) sind in der DIN 4074 zusammengefaßt. Nach dieser Norm wird das Holz in die Güteklassen

I Bauschnittholz mit besonders hoher Tragfähigkeit,
II Bauschnittholz mit gewöhnlicher Tragfähigkeit,
III Bauschnittholz mit geringer Tragfähigkeit

eingeteilt, wobei die Güteklasse II dem üblichen, gesunden Bauholz entspricht. Die Einstufung erfolgt aufgrund der allgemeinen Beschaffenheit des Holzes, gewählter Schnittklasse, Maßhaltigkeit, Feuchtigkeitsgehalt, Mindestwichte, Jahrringbreite, Äste, Drehwuchs, Faserabweichung beim Fehlen von Schwindrissen und Krümmung.

Die zulässige Breite der Baumkante richtet sich nach den Schnittklassen:

S = scharfkantig,
A = vollkantig (für Güteklasse I),
B = fehlkantig (für Güteklasse II),
C = sägegestreift (für Güteklasse III).

Zimmererhandwerk

Die frühen, einfachen Behausungen, wie Firstpfostenhäuser, sind innerhalb der Hauswirtschaft entstanden, in der die Familie oder Sippe alle Arbeiten selbst ausführte. Denkbar ist, daß die Holzbauten des 3. und 2. Jahrtausends v.Chr. schon von Zimmerleuten, die sich als Handwerker mit entsprechendem Können und Handfertigkeiten entwickelt hatten, verzimmert wurden. Wann sich der Beruf des Zimmermanns als eigenständiges Handwerk ausbildete, ist nicht genau festgelegt. Die verwendeten Techniken sprechen jedoch dafür, daß sich spätestens in der Bronzezeit ein Beruf für den Hausbau aus Holz, der Zimmermann, spezialisiert hatte, um 350 n. Chr. ist er als eigener Berufsstand bekannt.

Das Gewerbe wurde zumeist als Wandergewerbe – die Zimmerleute zogen dorthin, wo es Arbeit für sie gab – und als Lohnwerk, bei welchem der Auftraggeber das Material stellte und der Handwerker im Tagelohn arbeitete, ausgeübt.

Zünfte

Im 11. Jahrhundert begannen die Handwerker, und zwar zuerst die Steinmetze und Zimmerleute, sich in zunächst religiösen Brüderschaften zu organisieren. Aus diesen Organisationen bildeten sich mit dem Aufblühen der Städte im 12. und 13. Jahrhundert die Handwerkerzünfte als Gewerbegenossenschaften. Bis auf wenige herausragende Steingebäude wurden in jener Zeit und bis in das 18. Jahrhundert hinein alle Häuser als Fachwerke errichtet. Entsprechend groß war das Aufgabengebiet der Zimmerleute. Da die Zimmermeister nicht nur die Fachwerke erstellten, sondern auch entwarfen und damit sowohl für die Standfestigkeit als auch für das ästhetische Bild, für die Architektur, verantwortlich waren, genossen die Zimmererzünfte als »Geschworenes Handwerk« höchstes Ansehen. Die Gestaltung der Städte lag praktisch in den Händen der Zimmermeister. Dies wird auch deutlich in der Wurzel des Begriffes Architekt: Das griechische »architekton« bedeutet Oberzimmermann.

Die Zünfte waren streng geordnet, innerhalb ihres Bereichs – meist waren die Stadtmauern die Grenzen – einer Zimmererzunft hatte diese das Monopol zur Ausführung aller Zimmererarbeiten mit dem gleichen Zwang, daß alle Meister in der Stadt der Zunft angehören mußten.

In den Zunftbriefen, Zunftordnungen, Gildebriefen oder von den Magistraten oder Landesherren gegebenen Privilegien, die zwischen dem 14. und 18. Jahrhundert schriftlich fixiert wurden, sind die umfangreichen Rechte und Pflichten der Zunftmitglieder als Zunftverfassungen festgelegt. Die Zunftordnungen der Zimmerleute umfaßten Vorschriften zum allgemeinen Benehmen, über Ausbildung, Wanderjahre, Meisterprüfung, Arbeitszeit, Qualität der Zimmerarbeiten, Mängelhaftung, Vermeidung unlauteren Wettbewerbs, Gebühren sowie die Zunftgerichtsbarkeit und Abgrenzung zu anderen Zünften. Für die Zimmerer war die Abgrenzung zu den Schreinern wichtig, sie war meist derart festgelegt, daß Zimmerleute keine Arbeiten ausführen durften, bei denen Leim verwendet wurde. Für die zahlreichen Zusammenkünfte der Zünfte wurden eigens Zunfthäuser, zumindest Zunftstuben, eingerichtet. Das Vermögen einer Zunft sowie wichtige Dokumente wurden in der Zunftlade vom Alt- oder Zunftmeister bewahrt und verwaltet. Mit dem schnellen Aufschwung der Handwerkszünfte in den Städten wurden die Zünfte ab dem 14. Jahrhundert zunehmend politisch tätig und übernahmen schließlich vielfach die Stadtherrschaft.

Im 19. Jahrhundert wurden die Zünfte in

5 Drei wandernde Zimmerergesellen auf dem Willkommensschild einer Zimmererherberge.
6 bis 8 Geschnitzte Brüstungstafeln in Fachwerken, auf denen Zimmerleute ihr Bundwerkzeug dargestellt haben.
9 Runenzeichen im Fachwerk, von den Zimmerleuten des Mittelalters mehr oder weniger bewußt verwendet; mit Deutungen von Hanftmann.
10 Kupferstich eines Zimmermanns um 1700. An Werkzeugen sind Zimmereraxt, Stemmeisen und Klopfholz sowie ein Fuchsschwanz zu sehen.

Deutschland aufgelöst, die Handwerksberufe organisierten sich danach in Innungen. Die bis heute bestehenden Innungen sind eine wesentlich schwächere Organisationsform, als dies die Zünfte waren. Die Zimmermeister sind über die Innungen hinaus überörtlich im Bund Deutscher Zimmermeister im Zentralverband des deutschen Baugewerbes organisiert.

Lehrknechte und Fremdgeschriebene

Bis zum 14. Jahrhundert mußten die Zimmererlehrlinge sechs bis acht Jahre Lehrzeit absolvieren, wobei in der Lehrzeit Lehrgeld an den Meister zu zahlen war. Vorbedingung für die Lehre war, daß der Junge schreiben, lesen und rechnen konnte. Oft mußte er auch die Hauptstücke des Katechismus auswendig können. Auch die eheliche Geburt und deutsche Abstammung des Jungen gehörten zu den Voraussetzungen für ein Lehrverhältnis. Die Geburtsurkunde des Lehrlings wurde während der Lehrzeit in der Zunftlade aufbewahrt. Nach 1400 pendelte sich die Lehrzeit auf fünf Jahre ein und wurde zunehmend kürzer. Heute ist das Zimmererhandwerk in drei Jahren zu erlernen.
Nach Beendigung der Lehrzeit wurde der Lehrjunge oder Lehrknecht nach Prüfung durch den Zunftmeister »losgesprochen« oder »losgezahlt« und als Geselle eingeschrieben. Der Junggeselle hatte eine mindestens zweijährige, meist dreijährige Wanderzeit abzuleisten, während der er in seiner heimatlichen Zunft »fremdgeschrieben« wurde. Die Vorschriften für die Wanderjahre waren besonders hart, nach den Regeln verschiedener Zimmererzünfte durfte der Geselle in dieser Zeit keine Verbindung mit der Heimat unterhalten, kein Fahrzeug zum Reisen benutzen und auch im kältesten Winter keinen Schal und keine Handschuhe tragen. Die Regeln umfaßten auch den Gruß untereinander sowie gegenüber Meistern, das mitzuführende Gepäck, besonders das Werkzeug und die Kleidung: schwarze ausgestellte Manchesterhosen, schwarze Weste mit acht Perlmuttknöpfen, weißes Hemd, schwarzer breitrandiger Schlapphut, je nach Zunft

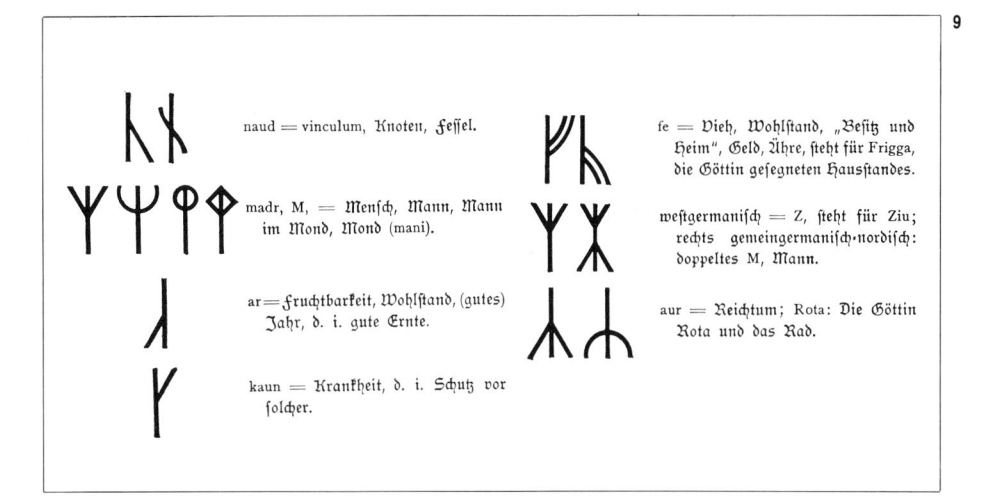

11 Ein Rundholzstamm wird mittels einer eingerußten Schnur zum Beilen markiert. Links ein frisch gebeilter Stamm.
12 Mit der Zimmereraxt wird der Stamm roh behauen.
13 Das rechte Kantholz wird mit dem Breitbeil »geputzt«, beim linken Balken wird mit dem Schälmesser die Waldkante von Rinde gesäubert. Gebeiltes Holz ist widerstandsfähiger und tragfähiger als gesägtes Holz, da beim Beilen weniger Fasern durchtrennt werden und der Beilhieb dem Faserverlauf folgt.
14 Fachwerk wird auf dem Reiß- oder Schnürboden (Zulage) angelegt – hier als Rekonstruktion eines alten Fachwerkgebäudes mit dem Originalholz.

verschiedenfarbige Krawatte und den gewachsenen, gedrehten Wanderstab.

In allen größeren Städten wurden für die wandernden Zimmerleute eigene Herbergen unterhalten, in denen die Gesellen lebten, bis sie bei einem Meister Arbeit fanden. Wenn der Meister keinen Platz in der Wohnung hatte, schliefen die Gesellen ständig in der Herberge. In der Regel sollte die Arbeitszeit in einer Stadt nicht länger als ein halbes Jahr dauern, dann mußte der Geselle weiterwandern.

Die Zunftgebräuche uferten teilweise aus, die Zusammenkünfte wurden zu Trinkgelagen, und bei den wandernden Gesellen gab es viele Mut- und Kraftproben. Die späteren Zunftordnungen beinhalteten deshalb alle besondere Lebensregeln für die Gesellen, wie »... daß er Gott vor Augen haben und in seinem Gesellenstande sich christlich und ehrbar aufführen, vor liederlicher Gesellschaft, Spielen, Sauffen, Huren, Stehlen und andern Lastern sich hüten und seinen künftigen Meistern treu und fleißig dienen und denenselben den gebührenden Respect erweisen solle«, laut Gildebrief der Zimmerleute-Innung (Zunft) zu Gerbstedt aus dem Jahre 1737, der von König Friedrich Wilhelm von Preußen als Generalprivilegium gegeben war. Auch die ausschweifenden Zunftgebräuche und verschiedene Gewohnheiten in den Herbergen sowie das Traktieren der Lehrlinge wurden in den Zunftbriefen untersagt.

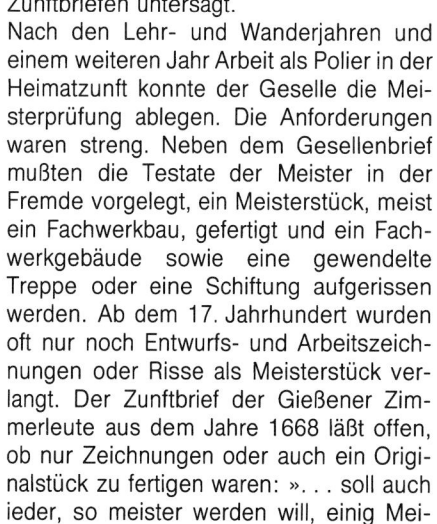

Nach den Lehr- und Wanderjahren und einem weiteren Jahr Arbeit als Polier in der Heimatzunft konnte der Geselle die Meisterprüfung ablegen. Die Anforderungen waren streng. Neben dem Gesellenbrief mußten die Testate der Meister in der Fremde vorgelegt, ein Meisterstück, meist ein Fachwerkbau, gefertigt und ein Fachwerkgebäude sowie eine gewendelte Treppe oder eine Schiftung aufgerissen werden. Ab dem 17. Jahrhundert wurden oft nur noch Entwurfs- und Arbeitszeichnungen oder Risse als Meisterstück verlangt. Der Zunftbrief der Gießener Zimmerleute aus dem Jahre 1668 läßt offen, ob nur Zeichnungen oder auch ein Originalstück zu fertigen waren: »... soll auch ieder, so meister werden will, einig Meisterstück, so ihm nach des Handwercks Brauch entweder aufs Papier zureißen oder in der That zumachen, aufgeben wird, machen«. Meist wurde bereits bei der Gesellenprüfung verlangt, daß der Prüfling Bürgerrechte besaß, mindestens mußten die Bürgerrechte vor der Meisterprüfung erworben werden. Der jüngste Meister hatte in der Zunft jeweils eine Reihe von Sonderaufgaben, so mußte er die Zunftmitglieder nach Aufforderung durch den Altmeister zu den Zusammenkünften rufen. Für die Söhne und Töchter der Meister sahen die Zunftordnungen Sonderregelungen – auch bei Einheirat – vor, und das Ritual des Begräbnisses eines Meisters war exakt vorgeschrieben.

Nur beim Zimmererhandwerk haben sich Zunftgebräuche teilweise bis in unsere Zeit erhalten. So gibt es in Deutschland heute noch einige Fremdgeschriebene, also wandernde Zimmerleute.

Schnurschlagen, Anlegen und Richten

Bis ins 18. Jahrhundert führten die Zimmermeister mit ihren Gesellen alle Arbeiten im Tagelohn aus, die Bauherren lieferten das Material. Erst danach bildeten sich Angebot und Herstellung eines kompletten Werkstücks oder Werkes, einschließlich Material, als Lieferform aus. Auch wenn der Bauherr das Holz lieferte, so begann die Arbeit der Zimmermeister im Wald mit dem Aussuchen langer, gerader und gesunder Holzstämme, die möglichst in der Zeit der Saftruhe, von Dezember bis Februar, gefällt und mindestens bis zum darauffolgenden Mai zum Trocknen lagerten. Die ausgesuchten Stämme wurden von Fuhrleuten in gefährlicher Arbeit auf den Zimmerplatz gefahren. Dort wurde mit einer eingekreideten oder eingerußten Schnur das herauszuarbeitende Kantholz durch »Schnurschlagen« markiert. Die Stämme wurden zuerst mit der langstieligen Axt roh und dann mit dem Breitbeil glatt und gerade behauen und geputzt. Mußten die Stämme weiter zu Kanthölzern mit kleinerem Querschnitt, Bohlen oder Brettern aufgetrennt werden, so geschah dies mit der Schrot- oder Spaltsäge. Dazu

15 Zimmerleute und ihr Werkzeug um 1650.
16 Werkzeuge des Zimmermanns:
 1 Schrotsäge
 2 Breitbeil, ältere Form
 3 Löffelbohrer
 4 Queraxt
 5 Spiralbohrer
 6 Breitbeil, neuere Form
 7 Stahlklammer
 8 Stecheisen
 9 Zimmerer- oder Schrotaxt
 10 Stechbeitel
 11 Klopfholz
 12 Dexel (Queraxt)
 13 Kleiner Dexel (Queraxt)
 14 Stemmeisen

wurden die Stämme auf etwa 2 m hohe Holzböcke oder über »Sägekuhlen« von etwa 1 Meter Tiefe und 10 Meter Länge gelegt.

Gesägt wurde mit drei Zimmerleuten, wobei einer oben auf dem Kantholz und zwei weitere in der Sägekuhle oder unter den Holzböcken standen. Die Säge hatte auf der einen Seite einen einzelnen Griff und auf der anderen Seite einen Quergriff, der von zwei Männern bedient werden konnte. Die so vorbereiteten Hölzer wurden dann verzimmert. Für größere Gebäude hatte der Zimmermeister zunächst einen Entwurf im Maßstab 1:10 oder 1:20 gefertigt, der dann auf dem Reiß- oder Schnürboden im Maßstab 1:1 markiert wurde. Kleinere Fachwerke wurden direkt angelegt, d. h. zuerst wurden Schwelle und Rähm aufgelegt, dann die Ständer, Streben und Riegel angelegt, deren Abschnitte, Zapfen und Zapfenlöcher angerissen, danach die Holzverbindungen auf Zimmererböcken mit Schrotsäge, Spannsäge, Quer- oder Kreuzaxt, Stech- oder Bundaxt und Stemmwerkzeug ausgearbeitet. Die Fachwerkwände wurden dann auf dem Reißboden probeweise zusammengefügt und die Löcher für die Holznägel vorgebohrt. Danach wurden die Wände wieder auseinandergenommen, die verzimmerten Hölzer zur Baustelle gefahren und dann das Gebäude »aufgerichtet«, »gerichtet« oder »aufgeschlagen«. Bis auf wenige geschmiedete Nägel für Sparren und Fußböden wurden die Holzteile nur mit natürlichen Holzverbindungen und Holznägeln verbunden und fixiert. Der Abschluß des Aufrichtens wurde mit einem zünftigen Richtfest, dessen Regeln wiederum an die Zünfte gebunden waren, gefeiert. Der Richtspruch der Zimmerleute, ein Dank des Bauherrn und ein großer Festschmaus für alle, die bis dahin am Bau mitgeholfen hatten, gehörten dazu.

Werkzeug

Die wichtigsten Zimmererwerkzeuge hatte der Zimmerergeselle selbst zu stellen und in der Wanderzeit auch immer in tadellosem Zustand mit sich zu führen. Diese

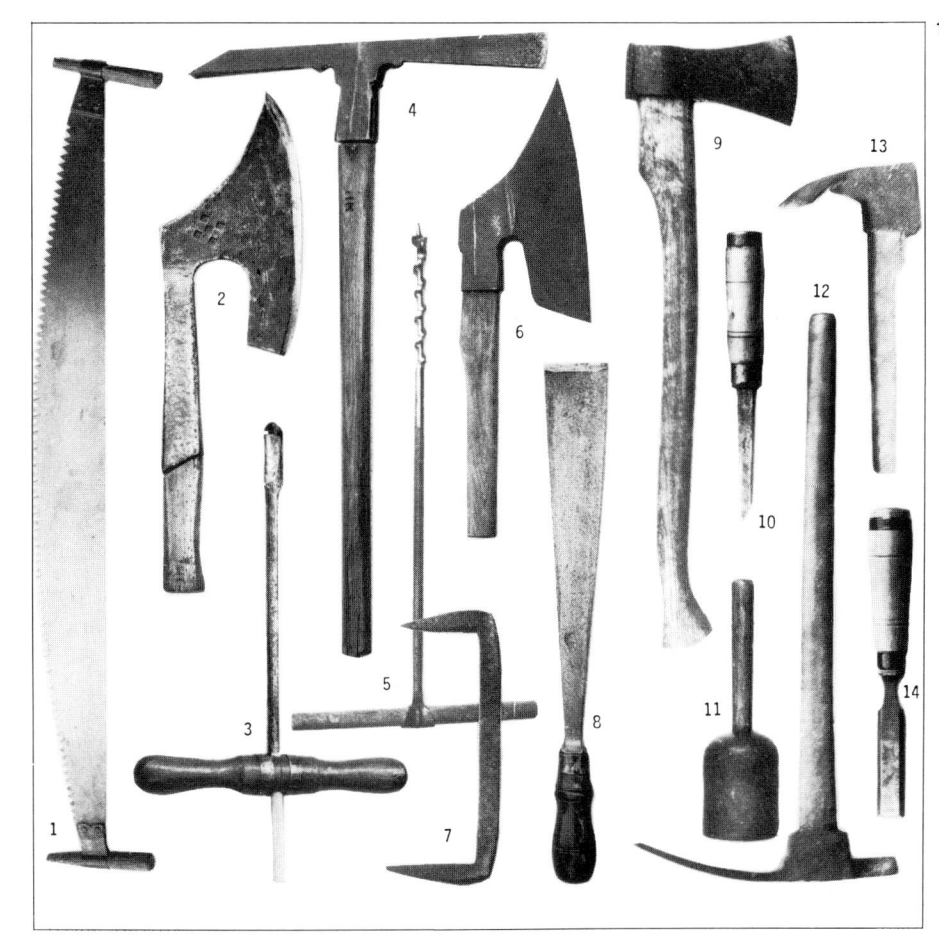

17 und 18 Das System der Bundzeichen, aus den römischen Ziffern entwickelt.

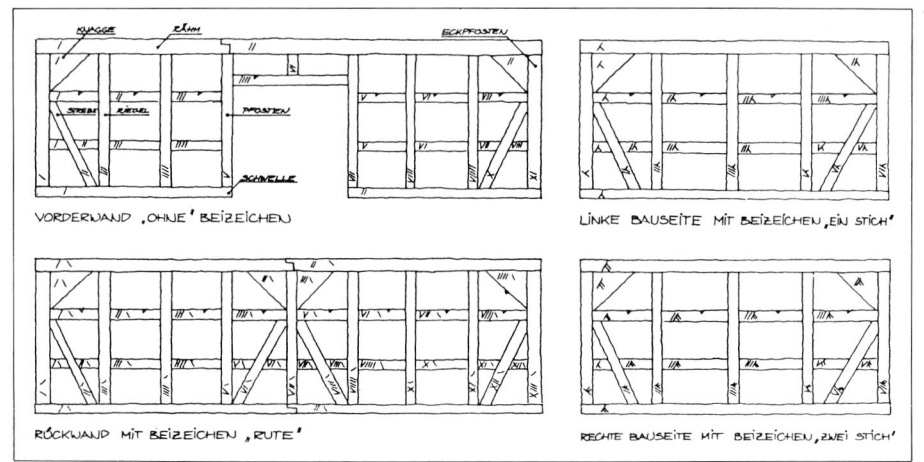

Werkzeuge werden Bundwerkzeug oder Bundgeschirr genannt. Dazu gehören:

Winkeleisen	zum Anreißen der Hölzer,
Bundaxt	zum Schlagen und Putzen von Zapfen, Blättern usw.,
Stemmeisen, Klopfholz	zum Stemmen der Zapfenlöcher,
Quer- oder Kreuzaxt	ebenfalls zum Ausschlagen von Zapfenlöchern,
Spannsäge	kein eigentliches Bundwerkzeug, aber meist dem Gesellen gehörend, wurde während des Wanderns zum besseren Transport zerlegt,
Spitz- oder Latthammer	wurde erst mit dem vermehrten Gebrauch von Nägeln ein wichtiges Werkzeug.

Weiteres Werkzeug war vom Zimmermeister zu stellen:

Spalt- oder Bundsäge	zum Teilen der Stämme,
Rahmensäge	zum Längsaufteilen von Stämmen,
Schrotsäge	zum Ablängen von Stämmen und Kanthölzern,
Zimmereraxt (langstielige Axt)	zum Holzfällen und rohen Behauen der Stämme,
Breitbeil	zum geraden Behauen und Putzen der Stämme, wurde einseitig und ein- oder beidhändig geführt,
Setzwaage	zur Ermittlung der Waagerechten, als Vorgängerin der Wasserwaage,
Lot	zur Ermittlung der Senkrechten,
Schnur mit Schnurhaspel	zum Schnurschlagen,
Stichsäge, Fuchsschwanz	für feinere Arbeiten,
Stechzirkel	zum Anreißen von Treppen usw.,
Handbohrer (Löffelbohrer)	zum Bohren der Holznagellöcher.

Bundzeichen und Fachwerkinschriften

Die Zimmermeister zeichneten alle Holzteile eines Fachwerks während des Anlegens auf dem Zimmerplatz mit sogenannten Bundzeichen, um die Hölzer beim Aufschlagen dann mühelos zu finden und einbauen zu können. Die Kennzeichnung wurde mit dem Reißhaken, meist mit der Bund- oder Stoßaxt – scharf gezeichnet – durchgeführt. Besonders die scharfe, mit der Bundaxt ausgeführte Zeichnung kann auch auf älteren Fachwerken noch gelesen werden und gibt oft wichtige Hinweise für Reparaturen und Änderungen. Die Bundzeichen sind mit größter Sorgfalt ausgeführt.

Das System der Bundzeichen beruht auf den römischen Zahlzeichen. Zur Unterscheidung einzelner Wände wurden dazu Beizeichen gesetzt, die örtlich differieren. Die Hauptfassade, oft die Straßenfront, wurde mit geraden römischen Zahlen ohne Beizeichen gezeichnet und erhielt deshalb auch beim Zeichnen den Namen »Gradwand«. Die Rückseite erhielt das Beizeichen »Rute«, die linke Seitenwand das Beizeichen »Stich« und die rechte Seitenwand das Beizeichen »Zweistich«. Die Innenwände erhielten je nach Richtung Ruten oder Stiche als Beizeichen, bei mehreren Stockwerken traten dazu noch Stockwerkszeichen. Die Zeichen sind immer auf der Bundseite angebracht, d. h. der Seite der Fachwerkwände, die beim Anlegen bündig gelegen hat. Bei den Außenwänden ist dies die nach außen zeigende Seite, bei den Innenwänden die dem Eintretenden entgegengewandte Seite. Die Lage der Bundseite liefert wichtige Hinweise beim Aufmaß sowie bei Umbauten oder Rekonstruktionen.

Die Dachstühle (nicht die Sparren) und die Balkenlagen wurden nach dem gleichen Prinzip gezeichnet.

An vielen Fachwerkgebäuden haben die Zimmerleute Inschriften eingehauen, die im wesentlichen drei Inhalte haben:
Bittsprüche,
Name und Herkunft des Bauherrn,
Name und Herkunft des Zimmermeisters.
Die drei Spruchinhalte kommen auch einzeln oder in anderer Kombination vor.

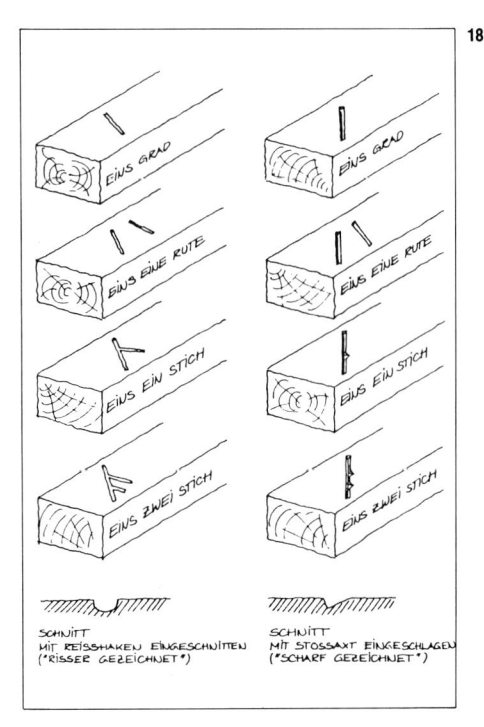

Meist finden sich die Sprüche am Quergesims, bei Traufenhäusern auf dem Rähm des Erdgeschosses oder der Stockschwelle des Obergeschosses, in Einzelfällen auch auf den Eckstielen. Den Hausinschriften kommt größte Bedeutung zu, da sie zahlreiche Aufschlüsse zur Geschichte des Fachwerks, zur Hausgeschichte und den Zimmermeistergenerationen zulassen. Da die Inschriften oft angewittert oder schon teilweise untergegangen sind, ist bereits bei der Bestandsanalyse sorgfältig auf Hausinschriften zu achten, und alle Spuren und Reste sind zu sichern. Einen typischen Spruch trägt das Haus Nr. 26 in Diedenshausen:
»Dieser Bau ist erbaut durch den Johann Weiand Schmidt und sein Eheweib Anna Im Jahr Christi 1839 den 14ten Junius Der Zimmer Meister ist gewesen Johannes Werner von Kombach mit seinen Gesellen Wer Gott vertraut hat wohlgebaut im Himmel und auf Erden / wer sich verläßt auf Jesum Christ dem wird der Himmel werden«

Instandsetzung

Bestandsaufnahme, Wertung und Planung

Bestandsaufnahme

Fachwerke sind seit dem Mittelalter handwerkliche Schöpfungen von Zimmermeistern. Die Konstruktionen wurden nicht am Reißbrett entworfen, sondern allenfalls skizziert. Bereits dann wurden Originalbauhölzer auf dem Reißboden (Schnürboden) angelegt und zur Verzimmerung vorgerissen. Dementsprechend gibt es in den seltensten Fällen Entwurfs- oder Ausführungspläne; günstigenfalls liegen bei kunsthistorisch bedeutenden Bauten Bestandspläne, die anläßlich früherer Sanierungen gefertigt wurden, oder Aufmaße vor. Mehr als bei den konstruktiv weniger differenzierten Steinbauten ist bei Fachwerken die genaue Kenntnis der Konstruktion, vor allem des inneren Traggerüstes und des ursprünglichen Wandgefüges, unbedingte Voraussetzung für alle Sanierungsmaßnahmen.

Sind Aufmaße oder Bestandspläne vorhanden, so ist deren Richtigkeit und Vollständigkeit zu überprüfen, sind keine Unterlagen aufzufinden, so sind nach Untersuchung und genauem Aufmaß detaillierte Bestandspläne anzufertigen.

Für die Anfertigung von Bestandsplänen sind zu untersuchen und zu überprüfen:
Konstruktion und Dimensionierung der Außenwände sowie der tragenden und nichttragenden Innenwände,
Spannrichtung und Dimensionierung der Unterzüge und Deckenbalkenlagen einschließlich Stich- und Gratstichbalken,
Konstruktion und Dimensionierung des Dachtragegerüstes,
Lage und Dimensionierung der Dachbalken und/oder Kehlbalkenlagen.
Hinweise zum inneren Traggerüst und den Balkenlagen sind an den Außenwänden abzulesen: Stellung der Bundständer, sichtbare Stirnhölzer von Unterzügen, sichtbare Balkenköpfe und Anordnung der Quergesimse.

»Schiefe Winkel« oder Verschiebungen ganzer Fassadenteile sind genau einzumessen, ebenso müssen schrägliegende Hölzer – ob ursprünglich schräg eingebaut oder durch Kräfteeinwirkungen, z. B. Setzungen, schräg bzw. schief geworden – exakt eingemessen werden.

1 Detailliertes Aufmaß der Holzschnitzereien des rechten Hauses aus der Zeile Kornmarkt (Aufmaß: TH Darmstadt unter Reinhard Reuter).
2 Aufmaß einer Straßenzeile: Kornmarkt in Herborn (Dillkreis) (Aufmaß: TH Darmstadt unter Reinhard Reuter).
3 Detailliertes Aufmaß im Maßstab 1:20 der stark gestörten Außenwand eines endmittelalterlichen Fachwerks. Alle Fehlstellen, Brüche, Holzverbindungen usw. sind eingemessen. Die Ziffern in den Kreisen bezeichnen zusätzliche fotografische Aufnahmen (Aufmaß: Werner Beuermann und Gerd Dettmar, Gießen).

Beim Aufmaß sind die Besonderheiten des Bundsystems zu beachten. Die von Hand gebeilten oder gesägten Hölzer sind ungleich dick und nicht axial verarbeitet, sondern auf einer Seite – der Bundseite – bündig angerissen und verzimmert worden. Es werden deshalb weder die lichten Raummaße noch die Holzachsen, sondern die Bundseiten eingemessen. Die Bundseiten sind durch die grundsätzliche Anordnung erkennbar: Alle Außenwände haben die Bundseite außen, die Innenwände sind auf den dem Eintretenden zugewandten Seiten bündig. Darüber hinaus erkennt man die Bundseiten an den meist gut sichtbaren Bundzeichen.

Werden beim Aufmaß Labilität, Brüche, in größerem Umfang fehlende Konstruktionshölzer oder starke Holzzerstörungen festgestellt, so ist sofort ein Standsicherheitsnachweis erforderlich. Bei nicht ausreichender Standsicherheit einzelner Konstruktionsteile oder des ganzen Gebäudes sind entsprechende Hilfs- und Abstützkonstruktionen, bei großen Gebäuden oder schwierigen Konstruktionen auf jeden Fall gemäß rechnerischem Nachweis, zu erstellen. Wurden bei früheren Umbauten in größerem Umfang Holzstäbe entfernt oder anders angeordnet, so soll neben dem Bestandsplan ein weiterer Plan, in welchem der Ursprungszustand rekonstruiert wird, erarbeitet werden. Hilfen hierzu bieten Fachwerke und Dachkonstruktionen gleicher Zeit und gleicher Gegend.

Infrarotuntersuchung

Bei unter Putz oder unter Verkleidungen liegendem Fachwerk sind die Untersuchungen komplizierter, da das Fachwerk erst sichtbar gemacht werden muß. Dazu wird der Putz oder die Verkleidung ganz oder partiell, jeweils im Bereich von Schwelle und Rähm, abgeschlagen oder abgenommen. Dann werden die Holzstäbe untersucht, und das Aufmaß wird erstellt.

Wesentlich besser und wirtschaftlicher ist die in den letzten Jahren entwickelte Methode zerstörungsfreier Untersuchung mit

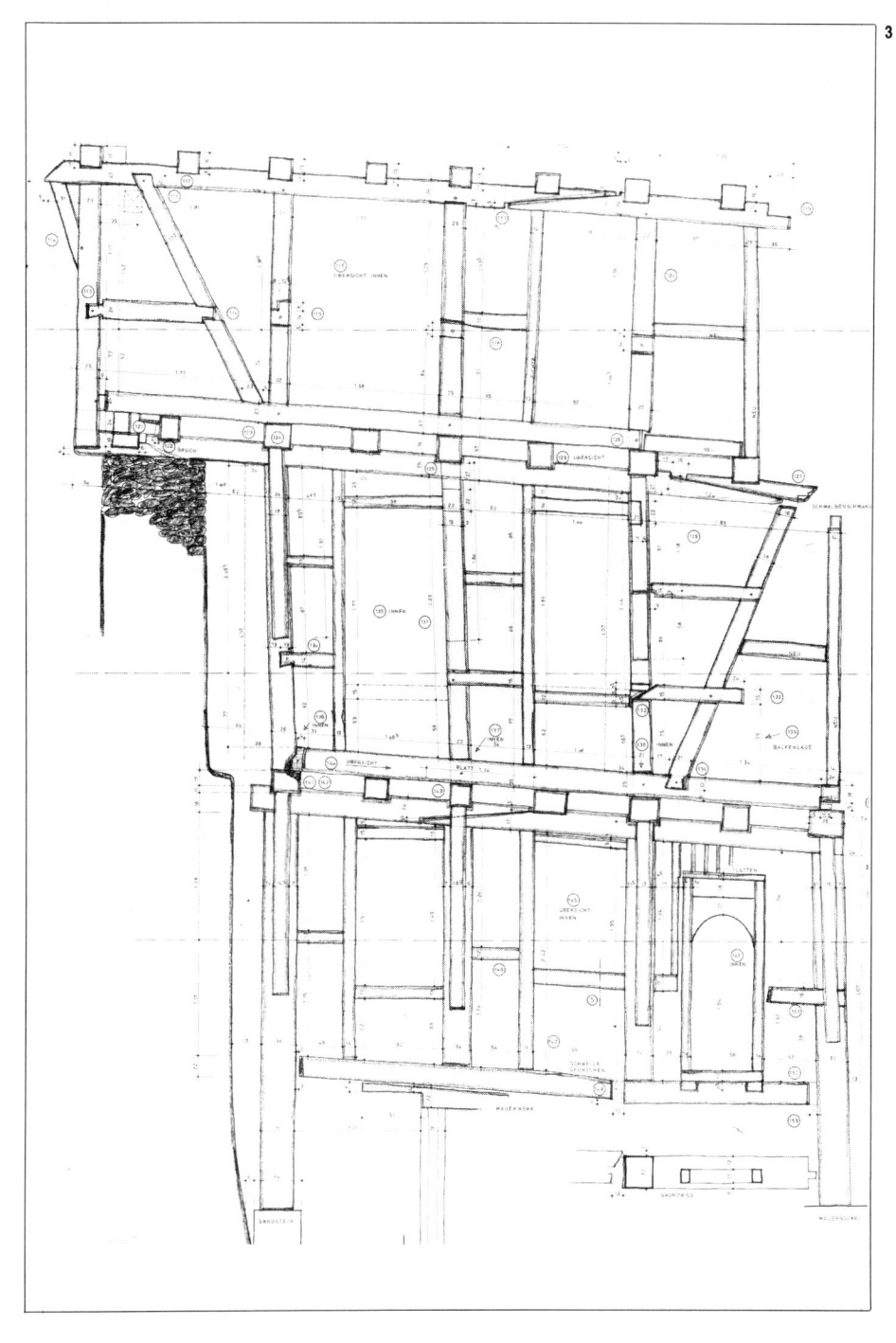

4 Zerstörungsfreie Infrarotuntersuchung von unter Putz liegendem Fachwerk.
5 Spätbarockes Wohnhaus in Frankfurt am Main-Höchst in verputztem Zustand.
6 Die Thermografie der linken Hälfte zeigt konstruktives Fachwerk mit starken Hölzern, nur geschmückt durch die symmetrische Anordnung der geschoßhohen Streben und der kurzen Streben unter den Fensterbrüstungen. Trotz Störungen im Fachwerk ist es freilegungswürdig.
7 Dasselbe Gebäude nach der Freilegung.

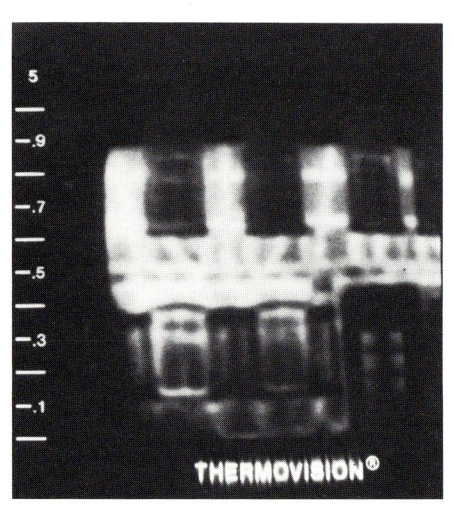

Infrarotgeräten. Dabei wird die durch die unterschiedliche Wärmeleitfähigkeit von Holzstäben und ausfachendem Material bedingte unterschiedliche Wärmestrahlung als Bild auf einem Monitor oder Foto sichtbar gemacht. Die Ausfachungen zeichnen sich dunkel zwischen den hell sichtbaren Holzstäben ab oder umgekehrt. Man benutzt dafür ein zu diesem Zweck entwickeltes Spezialinstrument, Thermovisionsgerät genannt, das aus zwei Teileinheiten – einer Kamera und einem Wiedergabegerät – besteht. Von der Kamera wird die Infrarotstrahlung eines Untersuchungsobjektes punktweise durch rotierende Prismen (horizontal und vertikal) abgetastet und einem mit flüssigem Stickstoff auf – 196° C gekühlten Indiumantimonid-Detektor zugeleitet, der diese in elektrische Signale umwandelt. Im Wiedergabegerät werden die übernommenen Signale verstärkt und umgeformt zur Modulation eines Elektronenstrahles benutzt. Dieser gleitet ähnlich einem Fernsehbild über einen Bildschirm und bildet darauf wiederum punktweise die aufgenommene Wärmeenergie ab, so daß in abgestuften Grautönen ein Wärmebild des abgetasteten Objekts entsteht, bei dem dunkle Zonen kältere Objektteile und hellere Zonen dagegen entsprechend wärmere wiedergeben.

Durch eine nachgeschaltete Sofortbildkamera können die auf dem Bildschirm erscheinenden Wärmebilder auch als Foto (Thermografie) festgehalten werden und stehen dann zur Auswertung oder Dokumentation zur Verfügung.

Die Untersuchung von unter Putz liegendem Fachwerk wird durch Abtasten der Fassade durchgeführt, wobei für die Qualität des Untersuchungsergebnisses eine Reihe von Voraussetzungen sowie die Witterung während der Messung entscheidenden Einfluß ausüben. Es empfiehlt sich, verputzte Fachwerkbauten möglichst in der warmen Jahreszeit thermografisch aufzunehmen, da infolge der stark unterschiedlichen Reflexionen atmosphärischer Wärmestrahlung und durch unterschiedliche Wärmeleitwerte von Holz und Ausfachungsmaterial sich zu dieser Zeit besonders scharfe Thermogramme ergeben,

8 Infrarotaufnahme-Ergebnis (alle Infrarotaufnahmen und -zeichnungen: Falk Kynast, Idstein).
9 Verputzte Fachwerkbauten in einer Fachwerkhauszeile in Butzbach. Die Gebäude haben im Erdgeschoß durch die Ladeneinbauten stark gelitten (siehe hierzu Kapitel »Ladeneinbauten«).
10 Zeichnerische Darstellung des Fachwerks der beiden Gebäude nach einer Infrarotaufnahme.

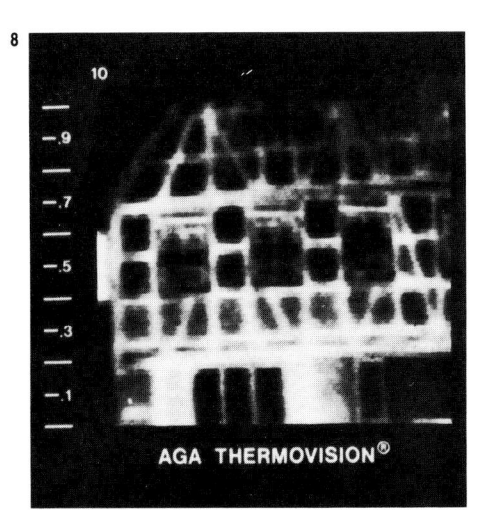

wogegen die zumeist unterschiedliche Raumbeheizung während der kalten Jahreszeit auch eine unterschiedliche Wärmeabgabe der einzelnen Fachwerkteile bedingt, so daß oft unscharfe und ungleichmäßige Fassadenbilder entstehen. Darum sollten auch unbewohnte Fachwerkhäuser, speziell Dachgiebel, in den Sommermonaten thermografiert werden. Auf der Thermografie sind die Holzkonstruktionen mit Lage der einzelnen Stäbe, Fachwerkfiguren sowie ausschmückende Holzteile, die Störungen im Fachwerk (wie fehlende Stäbe), Veränderungen (zum Beispiel Vergrößerung von Fenstern) und annähernd die Holzstärken abzulesen. Fachwerke mit übermäßig starkem Putzauftrag, Holzschindelverkleidung und Verkleidung aus Kunststoffen oder Asbestzement lassen sich nicht thermografieren.

Schadensfeststellung

Innerhalb der Untersuchungen zum Bestand sind auch alle Schäden zu untersuchen und in Mängellisten zusammenzustellen. Zu beachten sind: Fäulnis, Schwamm, tierische Schädlinge, fehlende Hölzer, Schiefstellungen, Brüche, Risse und Fehlstellen in den Ausfachungen oder nicht mehr fest und dicht sitzende Ausfachungen, Zustand von Verkleidungen, Einbauten und der Innenausbau. Je de-

11 Dendrochronologisch untersuchter Eichenstammquerschnitt. Der Baum begann sein Wachstum um 1380 und wurde im Herbst 1481 gefällt. Das Präparat mit drei Waldkanten war günstig zu untersuchen (dendrochronologische Untersuchung: Ernst Holstein, Trier).

taillierter die Mängelliste erarbeitet ist, desto genauer lassen sich in der Planungsphase die Sanierungsmaßnahmen und -kosten einschätzen.

Altersnachweis

Genügt eine annähernde Altersbestimmung, so wird die Ermittlung durch Vergleich der Konstruktion und Formen, Vorsprünge, Knaggen, durchgehende Hölzer, Verstrebungsformen, Fachwerkbilder, Schmuckformen, Ausbildung der Holzverbindungen und Holzstärken, durchgeführt. Die Ungenauigkeit solcher Vergleichsermittlungen liegt im Bereich bis zu fünf Jahrzehnten, da oft noch über eine Generation, selbst am gleichen Ort, tradierte Fachwerkkonstruktionen ausgeführt wurden, während bereits neuere Ausführungen bekannt waren und gebaut wurden.
Genaue Bestimmungen des Alters von Fachwerkgebäuden werden durch dendrochronologische Untersuchungen erzielt. Dabei wird durch Vergleich der Jahrringstärken das Fälljahr des Baumes ermittelt und durch die Spuren der Axthiebe Sommer- oder Wintereinschlag bzw. saftfrische oder trockene Verzimmerung festgestellt. Im günstigsten Fall kann die Zeit der Verzimmerung auf ein halbes Jahr genau ermittelt werden. Die dendrochronologische Untersuchung wird in Instituten vorgenommen, die für einzelne Wachstumsregionen Standardkurven der Jahresringbreiten als Vergleichsbasis erarbeitet haben.

Wichtig ist die richtige Auswahl der für die Untersuchung bereitgestellten Präparate: Abschnitte von (wegen Bruch oder Holzzerstörungen) ausgebauten Hölzern mit etwa 5 cm Länge oder Bohrkerne, die mindestens auf einer Ecke alle Splintjahresringe, möglichst noch Bast- oder Rindenreste aufweisen. Es ist darauf zu achten, daß es sich nicht um schon zum zweiten Mal verbaute Holzteile handelt – Zimmerleute haben früher noch tragfähiges Holz abgetragener Bauten bei Neubauten mitverwendet – oder um Hölzer, die schon einmal ausgewechselt wurden. Beide Fälle lassen sich an den Holzverbindungen ablesen: in der Konstruktion nicht benötigte Zapfenlöcher bzw. Blattauskerbungen oder einseitig »stumpfe« Verbindungen. Mit Präparaten von zwei Originalholzstäben, die vollständige Jahresringbilder aufweisen, lassen sich Datierungen mit praktisch hundertprozentiger Genauigkeit ermitteln.

Dokumentation

Zur lückenlosen oder annähernden Rekonstruktion eines Fachwerks im Rahmen der Bestandsaufnahme sind alle Arten von Dokumenten des Originalzustandes oder von Zwischenzuständen wie Fotos, Handzeichnungen und Literatur wertvolle Hilfsmittel. Bei kunsthistorisch oder bautechnisch wertvollen, eventuell denkmalgeschützten Fachwerken ist eine exakte Dokumentation unerläßlich. Dazu gehören das Sammeln und Auswerten von älteren fotografischen Aufnahmen, Urkunden, Handzeichnungen und Gemälden, Aufmaßen und Bestandsaufnahmen, historischen Quellen in der Literatur, Kunstinventaren, Denkmalinventaren, Fotografien des Ist-Zustandes von Ensemble, Einzelgebäude, allen Details und Schäden, Zeichnungen des Ist-Zustandes, Beschreibungen des Ist-Zustandes, Zeichnungen, Fotos und Beschreibungen nach durchgeführten

Maßnahmen oder auch von den Maßnahmen selbst.

Statische Untersuchung

Bei geplanter Umnutzung, Veränderungen am tragenden Gerüst, umfassender Sanierung oder stark angegriffenem Bestand ist zur Sicherheit, zur Erfüllung der Forderungen des Baurechts, aber auch zur Wertung und Entscheidungshilfe für alle weiteren Maßnahmen neben der Bestandsaufnahme eine statische Untersuchung mit Standsicherheitsnachweis, rechnerischer Überprüfung der vorhandenen Spannungen und Ermittlung der maximalen Belastbarkeit notwendig. Es ist davon auszugehen, daß kaum ein Fachwerk in allen Details den Bestimmungen der Landesbauordnungen nachkommt und in einzelnen Holzstäben die zulässigen Maximalspannungen nicht überschreitet. Die Bauordnungen sehen dafür in bestimmten Grenzen, welche die Sicherheit gebietet, Befreiungen, bei denkmalgeschützten Gebäuden »Befreiungen im öffentlichen Interesse« vor, die beim statischen Nachweis und möglichen Vorschlägen zur Erzielung ausreichender Standfestigkeit und zulässiger Spannung zu beachten sind.

Wertung

Der Bewertung nach Bestandsaufnahme und konstruktiver Untersuchung liegen eine Reihe von Kriterien zugrunde, die sich in materielle und immaterielle, zumindest schwer meßbare Werte teilen lassen. Lagebedingte Kriterien und Werte spielen zwar im Einzelfall eine große Rolle, müssen hier jedoch außer acht gelassen werden. Zur ersten Gruppe gehören der Substanzwert des Gebäudes mit den Faktoren: vorhandener Ausbaustand, Modernisierungsmöglichkeiten und Nutzungsmöglichkeiten; Sanierungskosten; Kosten-Nutzen-Verhältnis.
Zur zweiten Gruppe sind zu zählen: Denkmalwert und städtebaulicher Wert.
Der Substanzwert ist nach Bestandsaufnahme, Mängelliste und statischem Nachweis unter Einbeziehung der obengenannten Faktoren zu errechnen. Da bei Holzfachwerk nur die Holzkonstruktion statisch wirksam ist, ist der Zustand der Holzteile eine entscheidende Einflußgröße. Schäden und Mängel an Fachwerken treten ursächlich meist nicht am Baustoff Holz auf, sondern durch konstruktive Mängel oder durch Mängel der umgebenden Bauteile: Undichtigkeiten im Dachbereich, Durchfeuchtung von Mauern und Sockeln sowie nicht atmungsfähige holzumschließende Putze. Die häufigste Schadensursache ist feuchtes Mauerwerk. Die Art der Mängel spielt eine große Rolle bei der Beurteilung. Als Vergleichszahlen für die Substanzwertfeststellung dienen die Kubik- und Quadratmeterkosten neu zu erstellender Rohbauten und das Verhältnis von Rohbau- und Ausbaukosten.
Zukünftige Nutzungsmöglichkeiten, unter Berücksichtigung von Gebäudegefüge, Stockwerkshöhen, Raumaufteilung, in Verbindung mit den Sanierungs- und Modernisierungskosten und damit auch der Gebäudewert nach der Sanierung (Ertragsrechnung) ergänzen die zur Beurteilung und Bewertung notwendigen Zahlen.
Der Denkmalwert und die Eintragung als Kulturdenkmal sind an Kriterien gebunden, die in den einzelnen Bundesländern annähernd gleichermaßen auf künstlerischen, wissenschaftlichen, technischen, geschichtlichen oder städtebaulichen Gründen basieren, unabhängig vom Ist-Zustand. Die Ergebnisse der Bestandsaufnahme können den Denkmalwert beeinflussen. Die Festlegung als Denkmal beinhaltet Mindestaufwendungen zur Erhaltung und kann bei der Sanierung zu Auflagen wie Rekonstruktion eines ursprünglichen Zustandes oder Einsatz bestimmter Materialien führen. Neben den angestrebten Zielen des Schutzes von Kulturdenkmälern für die Allgemeinheit ergeben sich Vorteile für den Eigentümer durch Finanzierungshilfen in Form von Steuererleichterungen und Zuschüssen.
Der städtebauliche Wert ergibt sich aus der Lage im Stadtgrundriß und Stadtbild und kann durch Festlegung im Bebauungsplan oder in Ortssatzungen ebenfalls mit Auflagen verbunden sein.

Ein weiterer, nicht meßbarer Wert ist das optische Erscheinungsbild von Fachwerken, das bei bestimmten Nutzungsarten wie Gaststätten und Restaurants eine große Rolle spielt.

Nutzung

Großen Einfluß auf Sanierungskonzept und Planung hat die angestrebte und künftige Nutzung. Viele Fachwerkgebäude, etwa Scheunen und Mühlen, haben ihre ursprünglichen Funktionen verloren und müssen durch Umnutzungsmaßnahmen revitalisiert werden.
Wird die Nutzung nicht geändert und werden nur Sanierungsarbeiten ohne statische oder konstruktive Eingriffe und ohne Veränderung der Außenfassade vorgenommen, so sind weder Bauanzeige noch Bauantrag erforderlich. Umnutzungen und durchgreifende Sanierungen erfordern in jedem Fall einen Bauantrag bzw. eine Bauanzeige.
Die Nutzung kann durch bauaufsichtliche, bei Kulturdenkmälern auch durch denkmalpflegerische Bestimmungen und Gesetze eingeschränkt sein. Bauaufsichtliche (feuerpolizeiliche) Auflagen können sein: feuerbeständige Decken bei mehr als zwei Geschossen, Brandabschnitte und besondere Anforderungen an die Feuerbeständigkeit verschiedener weiterer Bauteile.
Sind keine Befreiungen möglich, so muß nach Abwägung die Nutzung eingeschränkt bleiben oder müssen besondere bauliche Sicherheitsmaßnahmen getroffen werden wie Deckenverkleidungen aus feuerbeständigem Material, feuerbeständige Abschottungen oder Sprinkleranlagen. Bei denkmalgeschützten Gebäuden soll die Nutzungsart möglichst nahe der ursprünglichen Nutzung liegen.
Gewerbliche Nutzungsarten können unter Umständen durch sehr niedrige Raumhöhen ausgeschlossen sein. Lösungsmöglichkeiten sind in solchen Fällen das Absenken des Erdgeschoßfußbodens oder die Zusammenfassung von zwei Geschossen zu einem Geschoß mit Galerie. Eine solche Maßnahme bedeutet jedoch schon weitgehende Eingriffe in das Gefü-

ge. Mit der Nutzung verbundene Forderungen nach dem Grad der Öffnung von Fachwerkgebäuden nach außen bei Erhaltung der Holzstäbe lassen sich weitgehend erfüllen. Bei kunsthistorisch wertvollen Gebäuden ist zumindest im Äußeren das ursprüngliche Bild möglichst weitgehend wiederherzustellen.
Weitreichende Umnutzungen, zum Beispiel von ehemaligen Scheunen und Ställen in Wohnungen, ehemaligen Wohnungen in öffentliche Gebäude, Läden, Restaurants usw., erfordern, bedingt durch mehr konstruktive Änderungen, höhere Aufwendungen in der Sanierungsphase als gleiche oder ähnliche Nutzung von Gebäuden.
Wichtig bei den Überlegungen für eine Neunutzung ist, daß die Struktur des Gebäudes sowie seine Größe und Konstruktion annähernd den sich aus den zukünftigen Funktionen ergebenden Forderungen entsprechen. Dies bedeutet, daß die Deckenbelastbarkeit, das vorhandene statische System und die sich daraus ergebende innere Teilung, Stockwerkshöhen, Belichtung und Belüftungsmöglichkeiten möglichst nicht grundlegend geändert werden müssen. Je näher die neue Nutzung der alten Gebäudestruktur – unter Einbeziehung neuer Bauvorschriften und Befreiungsmöglichkeiten – liegt, desto weniger Umbau und Ergänzungen sind notwendig und desto kostengünstiger wird die Umnutzungsmaßnahme.

Festlegung von Sanierungsmaßnahmen und Schutzbehandlung

Diese Maßnahmen können im Minimalfall in der Konservierung und dem Schutz der erhaltenen Substanz, weitergehend in Instandsetzungsarbeiten an Fachwerk oder Ausfachungen, Auswechslung von Fachwerkstäben oder Ausfachung, anstrichmäßiger Renovierung von Holz und Ausfachungen bestehen. Maximal kann es die komplette Restaurierung des gesamten Gebäudes einschließlich des Ausbaus nach Befund und Rekonstruktion des ursprünglichen Zustandes mit historisch vertretbaren Materialien sein. Alle Zwischenstufen sind möglich, dabei spielen die veränderte Technik und neue Materialien eine erhebliche Rolle. Je wertvoller das Objekt, desto mehr sollten Material, Ausführung, Form und Farben dem Ursprünglichen folgen. Das heißt, daß für jedes Gebäude ein individueller Maßnahmenkatalog aufgestellt werden muß. Die in diesem Kapitel aufgelisteten Arbeitsgänge sehen in jedem Fall eine fachmännische und auf Dauer gezielte Außensanierung sowie den Schutz der historischen Bauteile vor.

Planung

Kleinere Instandsetzungsarbeiten oder anstrichmäßige Renovierungen und ähnliche Arbeiten an Fachwerken benötigen keine Architektenplanung, sondern werden vom Zimmermann oder Maler direkt durchgeführt. Stärker in die Konstruktion eingreifende Instandsetzungen bedürfen der Einschaltung von Architekt und Ingenieur.
Die Effektivität gründlicher Sanierungsmaßnahmen hängt entscheidend von der umfassenden detaillierten Planung ab. Sanierungsplanungen für Fachwerke bedürfen besonderen Einfühlungsvermögens und ausreichender technischer Kenntnisse des Werkstoffes Holz sowie des Fachwerkgefüges. So ist für Veränderungen am konstruktiven Holzgefüge in Form der Rekonstruktion von früher veränderten oder entfernten Konstruktionsteilen oder im Zusammenhang mit der Sanierung erforderliche Änderungen die genaue Kenntnis der Entwicklung des Fachwerkgefüges unbedingte Voraussetzung.
Nach Bestandsaufnahme und Wertung wird zunächst ein Nutzungskonzept entworfen, die Räume werden dann in das vorgegebene Gefüge eingepaßt. Zur Erhaltung weitgehender Originalität, die bei Kulturdenkmälern zwingend ist, sind möglichst große Teile der Roh- und Ausbausubstanz sowie der Ausstattung zu belassen oder wieder am ursprünglichen Standort anzuordnen. Um mögliche Auflagen der Bauaufsichtsbehörde frühzeitig in die Planung einarbeiten zu können, sind durch Voranfragen oder Ortsbesichtigung die entsprechenden Behörden im frühesten Planungsstadium einzuschalten.
Fachwerke reagieren besonders negativ auf Installationsfehler. Eine der häufigsten Schadensursachen im Decken- und Wandbereich sind fehlerhafte, undichte Be- oder Entwässerungs-Installationen; das Faulen von großen Partien des Holzes – in Einzelfällen Schwammbildung – ist das Ergebnis. Dementsprechend sind die Planungen für die Be- und Entwässerungs- sowie die Starkstrom- und Schwachstrom-Installationen besonders sorgfältig durchzuführen. Rohrleitungen können in Fachwerkwänden und senkrecht zur Spannrichtung von Balkendecken nicht »eingelassen« werden. Die Leitungen sind möglichst nicht einzeln auf der Wand, sondern gebündelt in Schächten oder in Form verkleideter Rohrpakete zu führen.
Den erhöhten Forderungen des Schall- und Wärmeschutzes muß bei Sanierungsmaßnahmen Rechnung getragen werden.

Beseitigung der Ursachen von Feuchtigkeitsschäden, Trockenlegungsverfahren von Fundament- oder Kellermauerwerk

Da die Ursachen schadhafter Holzteile und Ausfachungen in Fachwerkgebäuden außer von Dachundichtigkeiten im wesentlichen von durchfeuchteten Sockeln, Mauern und nicht feuchtigkeitsabgesperrten Auflagern rühren, müssen diese Schadensursachen vor der Fachwerksanierung beseitigt werden.

Die Holzauflager, wie Schwellen, Balken und Ständer auf Fundamenten oder Mauerwerk, sind durch Unterlegen von Bitumenpappen oder Dichtungsbahnen gegen Feuchtigkeit abzusperren; eingemauerte Balkenköpfe sind zu ummanteln.

Zwischen Sockelmauerwerk und Schwellen ist keine Mörtelaufkantung anzubringen, da Wasser hinter diese dringt und die Schwelle fault. Das Sockelmauerwerk oder der aufgebrachte Glattstrich ist unterhalb der Schwelle nach außen hin abzuschrägen, damit Regenwasser ungehindert ablaufen kann.

Holz ist möglichst weder durch Einmauern noch durch Einputzen zu verschließen, da einmal die Gefahr besteht, daß es dadurch Feuchtigkeit aufnimmt, zum anderen die Feuchtigkeit nicht schnell genug oder gar nicht aus dem Holz verdampfen kann.

Die ersten Fugen unter- und oberhalb der Geländeoberkante sind oft durch Niederschlagswasser (Oberflächenwasser) stark ausgeschwemmt. Diese Fugen müssen auf jeden Fall, also auch bei chemischen Trockenlegungsverfahren, sorgfältig gereinigt und mehrlagig verfugt werden, da hier überproportional viel Feuchtigkeit eindringen kann.

Zerstörte Mauerwerksteile müssen vor Trockenlegung auf ihre Trag- und Standfestigkeit untersucht werden. Fehlendes Steinmaterial ist zu ersetzen.

Die nachfolgend geschilderten Trockenlegungsmaßnahmen sind ausschließlich für Schadensfälle außerhalb des Grundwasserbereichs und bei nicht drückendem Wasser geeignet. Feuchtigkeitsschäden durch Einbrüche von Grundwasser oder drückendem Wasser bedürfen besonderer, meist komplizierter Behandlung, die in diesem Rahmen nicht darzustellen ist.

Ausblühungen im Mauerwerk brauchen meist nicht gesondert behandelt zu werden (Ausnahme: Salpeter); mit der Trockenlegung des Mauerwerks verschwinden auch die Ausblühungen.

Horizontalsperre bei Fundamenten und Sockeln nicht unterkellerter Fachwerkgebäude

Kleinere Fachwerkbauten sind häufig nicht unterkellert. Fundamente und Sockel wurden in einem Arbeitsgang aus gleichem Material hergestellt: Mauerwerk aus Findlingen, Ziegeln oder Bruchsteinen. Ist das Gefüge, besonders die Fugen des Mauerwerks, auch im Fundamentbereich, intakt und der Mörtel genügend hydraulisch, um dauernder Feuchte zu widerstehen, so genügt eine durchgehende Horizontalsperre direkt unter den Schwell- und Lagerhölzern gegen aufsteigende Feuchtigkeit. Die Sperre muß alle innerhalb des Gebäudes vorhandenen Schwellen und Lager einbeziehen. Als Sperrmaterial dienen Bitumen- oder Teerpappen und Dichtungsbahnen aus Kunststoff, die mit 15 cm Überlappung verklebt werden oder mit etwa 50 cm Länge an den Stößen lose überlappt werden. (Die Verklebung ist oft technisch und handwerklich schwer durchzuführen.) Die Sperrschicht ist abschnittsweise, in Längen von etwa einem Meter, durch Entfernen der obersten Steinschicht, Einfügen der Dichtungsbahnen und Untermauerung (nicht nur mit Mörtel ausgießen!) einzubringen.

Wichtig ist bei diesen Einfachstkonstruktionen, daß die Durchlüftung des Hohlraums zwischen Geländeoberkante und Erdgeschoßboden ausreichend gewährleistet ist, da sonst die Gefahr der Fäulnis für Schwellen und Balken besteht.

Das Sockelmauerwerk soll möglichst unverputzt bleiben, um die kapillar aufsteigende Feuchtigkeit schnell wieder abgeben zu können. Bei wasserabweisenden (nicht sichtbaren) Anstrichen des Sockelmauerwerks gegen eindringendes Regenwasser ist darauf zu achten, daß die Feuchtigkeit nicht im Mauerwerk eingeschlossen wird, das heißt, daß der Anstrich wasserdampfdurchlässig ist. Soll das Sockelmauerwerk verputzt werden, so ist bei Natursteinen möglichst steinsichtig zu verputzen, andernfalls ein nicht zu dichter und nicht zu dicker Kellenwurf aufzubringen.

Die Horizontalsperre kann durch eine zweite Sperrschicht in geringer Höhe über Erdniveau verbessert werden.

Feuchtigkeitssperre bei unterkellerten Gebäuden

Zur Sanierung von durchfeuchtetem Kellermauerwerk und Gewölben gibt es verschiedene Methoden.

Konventionelle Methode

Da in der Regel der größte Teil der anfallenden Feuchtigkeit Oberflächenwasser ist, kann in vielen Fällen auf die hier aus arbeitstechnischen Gründen zuerst genannte kostspielige Horizontalsperre über dem Kellerboden verzichtet werden.

Zum Einbringen einer Horizontalsperre wird das Gebäude außen bis mindestens auf Niveau des Kellerbodens, besser bis zur Fundamentsohle, freigegraben. In einer Höhe von etwa 15 bis 20 cm über dem Kellerboden wird abschnittsweise die Sperre in folgenden Arbeitsgängen eingebracht: In Abschnitten von etwa einem Meter und in einer Höhe von 25 bis 40 cm (die Längen der Abschnitte richten sich nach statischer Belastung, Mauerdicke und Arbeitsraum) wird das Mauerwerk aufgestemmt, danach ein Glattstrich für die Auflage der Sperrschicht aufgetragen und die Sperrschicht aus Teer- oder Bitumenpappe oder aus Kunststoffdichtungsbahnen eingebaut. Die Stöße sind mit etwa 15 cm Überlappung zu verkleben. Es ist darauf zu achten, daß die Sperrschicht beim Einbau nicht beschädigt wird. Das Mauerwerk ist wieder zu ergänzen und dabei die obere Steinschicht so zu verkeilen und mit Mörtel zu verstopfen, daß mind. die frühere Tragfähigkeit erreicht wird. Eine Variante dieser Methode ist das Einschneiden je eines Schlitzes von etwa 10 cm Höhe innen und außen, Einbau von Stahlträgern von 3 bis 4 Meter Länge zur Abtragung der Lasten während der Baumaßnahmen; danach Herausstemmen des Mauerwerks in einer Höhe von 25 bis 40 cm und über 2 bis 3 Meter Länge, Einbau der Sperre, Schließen der Mauerwerkslücke, Herausnehmen der Stahlträger und Ausmauern des Schlitzes. Die Methode hat den Vorteil, daß größere Mauerlängen in einem Stück abgesperrt werden können, und ist rationeller.

Nach Fertigstellung der Horizontalsperre wird das Gebäude in folgender Weise außen vertikal abgesperrt: Alte Putzreste sind abzuschlagen, das Mauerwerk ist von Schmutz, Humusresten und Wurzelwerk mit scharfem Wasserstrahl und Stahlbürste zu reinigen, beschädigte Mauerwerksteile sind auszubessern. Nach diesen Vorbereitungen ist ein glatter Zementputz bis mindestens 15 cm über Oberkante Gelände aufzutragen. Auf den trockenen Putz wird ein Heißbitumen- oder Teerpechanstrich aufgetragen. Bei noch feuchten Putzen werden Bitumen- oder Teerpechemulsionen verwendet. Nach dem Trocknen der Schutzschicht ist der Arbeitsraum mit Sand zu verfüllen. Auch hier ist darauf zu achten, daß die Sperrschicht nicht durch scharfkantiges Füllmaterial oder Werkzeug beschädigt wird.

Unter den Holzschwellen und Balkenauflagern ist eine weitere waagerechte Sperrschicht einzubauen.

Chemische Verfahren mittels Bohrlöchern

Der Baumarkt bietet dazu zahlreiche patentierte Verfahren an, die, abgesehen von den verwendeten Chemikalien, technisch weitgehend ähnlich durchgeführt werden. Über Oberkante Gelände werden von außen Löcher von etwa 25 mm Tiefe in einem Abstand von 15 bis 20 cm mit Gefälle nach innen bis auf einige Zentimeter Abstand zur Wandinnenkante gebohrt. Die Bohrkanäle werden nach Reinigung mehrmals mit flüssiger Lösung, die eine nachträgliche Dichtung des Mauerwerks, zum Beispiel durch Verkieselung, bewirkt, gefüllt, bis eine Sättigung des Mauerwerks und damit eine durchgehende Sperrschicht erreicht ist. Anschließend werden die Bohrlöcher mit Mörtel verschlossen.

Unter den Holzschwellen und Balkenauflagern ist eine weitere waagerechte Sperrschicht, wie bei den nicht unterkellerten Gebäuden beschrieben, einzubauen.

Die Nachteile dieser Methode liegen darin, daß das unter der Sperrschicht liegende Mauerwerk, also Teile des Kellers, feucht bleiben und nicht immer die garantierte Sperrwirkung erzielt wird.

Da nicht alle Verfahren dieser Art den versprochenen Erfolg erzielen, empfiehlt es sich, bei diesen Arbeiten eine Gewährleistungspflicht nach BGB von mindestens fünf Jahren zu vereinbaren.

Chemische Putz- und Anstrichverfahren

Die Industrie hat eine Reihe von Verfahren entwickelt, bei denen in chemischen oder physikalischen Prozessen die Feuchtigkeit aus der Wand entfernt wird. Von den verschiedenen patentierten Verfahren wird hier die Ausführung nach »Isolith 01-02« beschrieben: Schadhafte alte Putzreste sind zu entfernen, das Mauerwerk ist zu reinigen und ein Zementputz etwa 1:5 mit Zusatz von »Isolith-01-Schaum« in etwa 2 cm Dicke aufzubringen. Der Putz wirkt nicht als Sperrputz. Die im Putz eingebrachten Chemikalien bewirken eine Austrocknung und Trockenhaltung des Mauerwerks. Bei Sichtmauerwerk wird der gleiche Erfolg durch Aufbringen einer Emulsion erzielt.

Unter den Holzschwellen und Balkenauflagern ist eine weitere waagerechte Sperrschicht, wie bei den nicht unterkellerten Gebäuden beschrieben, einzubauen.

Der Vorteil der Methode liegt darin, daß besonders bei nicht zu dicken Wänden die Arbeiten von innen durchgeführt werden können.

Elektrophysikalische Methoden (Elektro-Osmose/Elektro-Kinese, geschildert wird das PU-10-Verfahren)

Bei dieser in der CSSR entwickelten Methode wird ebenfalls der alte Putz abgeschlagen und das Mauerwerk gereinigt. Danach wird eine Plus-Elektrode (Streifen-Elektrode) in Form eines 10 mm starken Leiters und der Kontaktmasse ein- oder beidseitig nach Dicke des Mauerwerks 10 bis 20 cm über Kellerboden in einer gering ausgenommenen Fuge ein- oder aufgebracht und eine Minus-Elektrode in Form eines Erdungsstabes im Erdreich installiert. Zwischen Plus- und Minus-Elektrode wird eine Gleichstromquelle in Form eines Speisegerätes angeschlossen. Die Anlage arbeitet mit wenigen Volt im Dauerbetrieb. Gegen Oberflächenkondensation wird ein Spezialputz mit niedriger Wärmeleitzahl aufgebracht.

Unter den Holzschwellen und Balkenauflagern ist eine weitere waagerechte Sperrschicht, wie bei den nicht unterkellerten Gebäuden beschrieben, einzubauen.

Von der Industrie werden weitere, mehr oder weniger erprobte chemische wie auch physikalische Methoden angeboten. Ihre Wirksamkeit ist zum Teil umstritten, zumindest ist festzustellen, daß nicht alle Methoden für alle Anwendungsfälle geeignet sind. Der Gewährleistungspflicht des ausführenden Unternehmens ist deshalb besondere Bedeutung beizumessen.

Aufgehendes Mauerwerk und Oberflächen von Mauern in Fachwerkbauten

Im Fachwerkbau werden oft Erdgeschosse oder einzelne Wände der Erdgeschosse – auch nachträglich – massiv gemauert. Dieses Mauerwerk dient dem Fachwerk als Auflager oder steht mit diesem in unmittelbarer Berührung und muß deshalb ebenfalls sorgfältig trockengehalten werden.

Sichtmauerwerk ist durch hydrophobierende, nicht sichtbare Anstriche, zum Beispiel Silikonisierung, gegen Schlagregendurchfeuchtung zu schützen. Die Dampfdiffusion darf durch den Anstrich nicht gestört werden.

Sind bei verputztem Mauerwerk Schutzanstriche notwendig, so sollen mit dem Putz verkieselnde, voll wasserdampfdurchlässige Anstrichmittel verwendet werden.

Bei Mauerwerksvorsprüngen ist beson-

Zimmerarbeiten

ders auf die obere Abdeckung zu achten. Wasserdichte, nach außen fallende Glattstriche oder Verwahrungen aus Zink- oder Kupferblechen sind geeignete Lösungen. Sockel werden in Mittel- und Süddeutschland aus Feld- oder Bruchsteinmauerwerk, konkav oder bündig verfugt oder mit einem groben Bewurf, der möglichst die Steinstruktur noch erkennen läßt, hergestellt. Sockel aus Ziegelmauerwerk sind mit glattem, abgescheibtem Putz oder mit einem mit der Kelle abgezogenen Putz zu versehen. Die in Norddeutschland viel verwendeten Klinkersockel sollten unverputzt bleiben.

Aufgehendes Mauerwerk wird behandelt wie die Sockel. Die Putzstruktur kann dabei feiner sein, zum Beispiel glatt abgescheibter Putz.

Verkleidungen von Sockeln oder Mauerwerk mit glasierten Fliesen und Mauerriemchen, geschliffenen Natur- oder Kunststeinplatten, Krampffugen und Zyklopenmauerwerk sind für Fachwerkgebäude keinesfalls geeignet!

Wie mehrfach erläutert, sind allein die Holzstäbe eines Fachwerks statisch wirksam und stellen optisch, substantiell und wertmäßig das Fachwerk dar. Deshalb müssen alle Fachwerkuntersuchungen und -instandsetzungsarbeiten mit den statisch und konstruktiv wirksamen Holzteilen beginnen. Weitere Bauelemente, wie Ausbauten und Verkleidungen, spielen eine untergeordnete Rolle und sind leichter ersetzbar. Ihre Instandsetzung soll praktisch erst beginnen, wenn die Holzkonstruktion voll intakt ist.

Neuerstellung und Instandsetzung von Fachwerken gehören zum Berufsfeld des Zimmermanns. Auch bei Fachwerkfreilegung ist die Sicherung und Wiederherstellung der Holzkonstruktion nicht als Nebenleistung, zum Beispiel mit den Malerarbeiten, durchzuführen, sondern bedarf in jedem Fall des mit Fachwerk vertrauten Zimmermanns. Die allgemeinen Vorschriften richten sich nach:

- VOB Verdingungsordnung für Bauleistungen, Teil C, Allgemeine technische Vorschriften für Bauleistungen, Zimmerarbeiten- und Holzbau (DIN 18334),
- DIN 68365 – Bauholz für Zimmerarbeiten,
- DIN 1052 – Holzbauwerke, Berechnung und Ausführung,
- DIN 68800 – Holzschutzmittel.

Die in den Bestimmungen festgelegten Ausführungsanforderungen müssen als Mindestanforderung angesehen werden. Dabei ist zu berücksichtigen, daß die Normen für zeitgemäße Holzkonstruktionen entwickelt wurden und vielfach historischem Fachwerk nicht gerecht werden. Um so wichtiger ist der Einsatz handwerklichen Könnens aus der Tradition des Fachwerkbaues.

Instandsetzung der Fachwerkhölzer

Untersuchung der Holzteile

Bis zum Beginn dieses Jahrhunderts werden weitgehend Vollhölzer und nur in geringerem Umfang Halb- und Viertelhölzer verwendet. Bei Vollhölzern ist der harte, tragfähigere Kern von weniger tragfähigem Splintholz geschützt. Holzschäden treten zum größeren Teil nur im Splintholz auf. Da der härtere Kern weniger von pflanzlichen und tierischen Schädlingen angegriffen wird, nimmt in der Mehrzahl der Fälle der Schaden an Fachwerkhölzern zum Kern hin ab. Nur wenn Feuchtigkeit in großem Umfang von der Stirnseite in Holzstäbe eindringen kann, zum Beispiel bei Balkenköpfen, mehr noch bei Ständern, die ohne Sperrmaßnahmen direkt auf Mauerwerk oder Fundament aufsitzen, kommt Kernfäule vor. Holzschäden können, wenn sie noch nicht sichtbar sind, durch Anschlagen mit Hammer oder Beil oder durch Anbohren festgestellt werden. Der Fachmann kann größere, nicht sichtbare Holzschäden nach dem Klang des Holzes beim Anschlagen mit dem Hammer lokalisieren.

Hilfskonstruktionen zur Standsicherheit

Zeigt sich optisch oder nach dem Anbeilen der ersten Hölzer starker Zerfall, so ist es notwendig, nach statischer Untersuchung den beschädigten Bereich oder die Gesamtkonstruktion durch eine Hilfskonstruktion abzufangen. Sind einzelne Wandteile abzustützen, so reichen meist Hilfsständer in Form von außen zum Gebäude geneigten Streben, die unter die Saumschwellen der Obergeschosse greifen, zur Sicherung. Balkendecken werden durch Bohlen oder Balken mit untergestellten Sprießen, die wiederum auf Lastverteilungshölzern stehen und verschwertet sein sollen, unterstützt. Steht die Unterstützung auf einer weiteren Decke, so ist diese ebenfalls mit einer Hilfskonstruktion zu unterfangen. Hilfsständer aus Stahl haben Gewinde zur Höhenjustierung; Holzsprießen müssen unterkeilt werden. Weist das gesamte Fachwerk einschließ-

12 Für Auswechslungsarbeiten im Erdgeschoß reicht die Abfangung unter dem Rähm des Erdgeschosses mit Rundhölzern, die am oberen Ende »angeklaut« sind.
13 Die Schadensstellen – hier Hausbockbefall – werden bis auf das gesunde Holz abgebeilt.
14 Die Fraßgänge und die vermulmten Holzteile müssen nach dem Abbeilen mit der Stahlbürste sauber abgebürstet werden, danach wird der verbliebene Restquerschnitt auf seine Tragfähigkeit hin untersucht.
15 An der Oberfläche vermorschte Holzstäbe: Mit der Bundaxt oder dem Stemmzeug werden die vermorschten Teile in einer Stärke von möglichst 3,5 bis 5 cm, jedenfalls bis auf das gesunde Holz, abgenommen.
16 In Bohlendicke wird mit trockenem Holz der gleichen Holzart wie die übrigen Fachwerkstäbe aufgefüttert. Die Bohlen werden kraftschlüssig genagelt oder geschraubt.
17 Vielfach wurden bei Eichenfachwerk, weil nicht genügend gerades, langes Eichenholz zur Verfügung stand, die Rähme und Schwellen aus Nadelholz hergestellt, die dann anfälliger gegen Holzschädlinge waren. Bei dem Schwellriegelbau wurde die Stockschwelle 4 cm dick aufgedoppelt, nachdem diese 4 cm vorher aus der angegriffenen Schwelle ausgestemmt wurden.

lich der tragenden Innenwände starke Schäden auf, so hilft wirksam nur eine in sich ausgesteifte Hilfskonstruktion unter Balkendecken und Wänden.

Alle Schäden, ob durch pflanzliche oder tierische Schädlinge verursacht, werden bis auf das gesunde Holz abgebeilt. Bei Weichholzfachwerken ist das Holz vielfach flächig über ganze oder große Teile der Fachwerkwände außenseitig 2 bis 5 cm tief angegriffen oder vermorscht. Zum zügigen und rationellen Arbeiten wird in solchen Fällen je nach Schadensstärke etwa alle 10 bis 15 cm quer zur Stabrichtung 3,5 bis 5 cm tief mit der Handkreissäge in die Fachwerkstäbe eingeschnitten. Danach werden dann mit Stemmeisen und Bundaxt die angegriffenen Holzteile leicht in gleicher Tiefe abgenommen.

Nach Entfernung des schadhaften Holzes ist der verbliebene Restquerschnitt festzustellen und – im Zweifelsfall mittels statischem Nachweis – zu überprüfen, ob dieser zur Abtragung der Drücke und Lasten ausreicht.

Reicht der Restquerschnitt für die auftretenden Kräfte aus, kann der Stab entweder im abgebeilten Zustand bleiben (wenn zum Beispiel nur die Ecken fehlen), oder der frühere Querschnitt muß mittels Holzersatz widerhergestellt werden. Die Ersatzholzteile sollen in nicht zu kleinen Abmessungen ausgeführt werden. Wegen der Gefahr des Werfens sind möglichst keine dünnen Leisten oder Bretter zu verwenden, sondern Hölzer in Bohlendicke. Wenn, wie oben beschrieben, flächig über größere Teile schadhaftes Holz abgearbeitet wird, werden Bohlen in Dicke des abgearbeiteten Holzes auf die Breite der Originalstäbe geschnitten und gut aufgenagelt, besser geschraubt. Die Bohlen nehmen dann auch einen Teil der auftretenden Kräfte auf. Sind unter den so behandelten Hölzern Quergesimse oder profilierte Stäbe, so ist das Ursprungsprofil mit Hobel oder Fräse in die Bohlen einzuarbeiten. Wichtig ist, wie bei allem Holzersatz, daß trockenes Holz der gleichen Holzart verwendet wird.

18 Typischer Fachwerkschaden: Unter einer dicken Putzschicht sind die Schwelle und die Fußenden der Ständer verfault.
19 Der Schaden wird durch Anschuhen eines neuen Schwellenteils saniert. Die Schwelle wurde dabei um etwa 5 cm angehoben, damit die Ständer, um diese 5 cm kürzer geschnitten, nicht alle verlängert werden mußten. Unter der Schwelle ist die waagerechte Sperrschicht zu sehen.
20 Einarbeitung einer neuen Strebe in den Ständer unter Verwendung der vorhandenen Ausnehmungen.
21 Durch einen Wasserschaden unter dem Waschbecken waren größere Partien dieser Decke verfault. Der Schaden wurde durch Einlegen neuer Balken zwischen den angegriffenen Hölzern saniert.

Strikt abzulehnen ist die häufig anzutreffende Unsitte, Fachwerke mit geringen Holzschäden ganz mit Brettern aufzudoppeln und die Ausfachungen in Dicke der aufgebrachten Bretter zu verputzen. Bei dieser Methode wird keine Substanzverbesserung, sondern nur eine momentane optische Hilfe erzielt. Die aufgedoppelten Bretter neigen auch bei guter Befestigung unter Witterungseinfluß zum Werfen, Krümmen und starkem Arbeiten. Die Aufdoppelung wird dadurch schnell sichtbar; zwischen Brettern und Verputz der Ausfachungen entstehen große Fugen, und letztlich wird das verdeckte Originalholz mehr der Gefahr von Fäulnis ausgesetzt, da die eindringende Feuchtigkeit schlechter oder gar nicht ausdünsten kann.

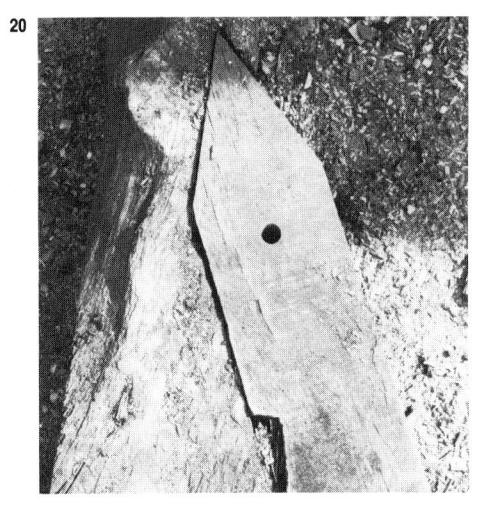

Auswechseln/Anschuhen

Reicht der Restquerschnitt des abgebeilten Stabes statisch nicht mehr aus, so muß der beschädigte Stab ausgewechselt oder angeschuht werden. Bei Eckständern, Bundständern und sonstigen mit Druck- und Biegezuglasten in Richtung der Faser beanspruchten Stäben sollte der Stab in jedem Fall ausgewechselt werden. Hierzu wird die auf dem Stab ruhende Last mittels Winden um 1 bis 2 mm angehoben, unterstützt und das schadhafte Holz an den Zapfen herausgeschnitten. Mit dem Holz müssen meist auch die angrenzenden Ausfachungen entfernt werden. Das neue Holz erhält einen oberen Zapfen und wird unten mit nur einem etwa 3 cm langen Zapfen versehen, der seitlich durch eine auf Null auslaufende Verlängerung des Zapfenlochs eingefügt wird. Läßt sich der Stab aus Platzmangel nicht seitlich einschieben, so wird auf den unteren Zapfen verzichtet – das alte Zapfenloch ist dabei mit einem Holzstück auszufüllen – und der Stab vernagelt, besser mit Holz oder Nagelblech innen kraftschlüssig verlascht.
Weniger oder nicht parallel zur Faserrichtung beanspruchte Holzteile wie Riegel, Rähm und Schwellen können angeschuht werden. Der Stab muß dabei ebenfalls entlastet werden, das schadhafte Stück wird abgeschnitten, herausgeschnitten oder -gestemmt und das neue Holz eingesetzt. Stumpfe Verbindungen sind zu vermeiden, günstig sind einfache gerade oder schräge Blätter, die vernagelt oder verklammert werden. Bei Ersatz oder Anschuhen von Schwellen oder Rähmhölzern ist es besonders wichtig, altes, gut abgelagertes Holz zu verwenden. Wird neues Holz verarbeitet, so muß dieses auf eine Holzfeuchte unter 16% getrocknet sein, da anderenfalls durch Schwinden Setzungsschäden, am ungünstigsten in den Gefachen, auftreten.

Schäden an Deckenbalken

Komplizierter ist das Auswechseln von Deckenbalken. Wegen der starken Beschädigung von angrenzenden Ausbauteilen sollte auf das Auswechseln von Deckenbalken weitgehend verzichtet werden und der Schaden oder Mangel durch ein- oder zweiseitige hölzerne Verstärkungslaschen, Stahllaschen oder Zusatzbalken, die zwischen die vorhandenen Balken gelegt werden, behoben werden. Müssen nur einzelne Balken ausgewechselt oder verstärkt werden, so können bei vorsichtigem Arbeiten größere Teile der Unterdecke und des Fußbodens erhalten bleiben.

Gebrochene Holzteile

Gebrochene Holzteile deuten auf Überlastung. Entweder war der Stab beim Bau schon zu gering bemessen, oder nach Umbauten traten zu hohe Lastdrücke auf. Hier ist in jedem Fall eine statische Untersuchung erforderlich. Holzteile, die auf Druck parallel zur Faser beansprucht werden, sollen immer ausgewechselt werden (eventuell mit größerem Querschnitt). Reicht bei Hölzern, die senkrecht zur Faser beansprucht werden, der vorhandene Querschnitt aus, so kann das gebrochene Holzteil durch Laschen oder Anschuhen saniert werden. Hölzer, die nach Schwächung des Querschnitts durch Holzschädlinge zerbrachen, sind in gleicher Weise auszuwechseln, zu verstärken oder anzuschuhen.

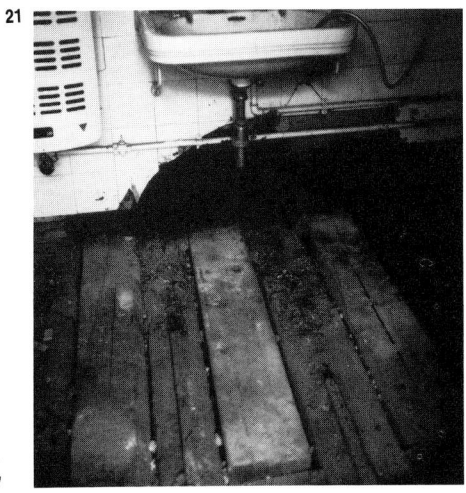

22 Häuser am Butzbacher Markt, rechts das Rathaus, im Jahr 1827 auf einem Gemälde. Der Verputz mit starken, geglätteten Faschen und Eckverquaderung aus Stuck zeigen das Bemühen, Fachwerke als Steinbauten darzustellen.
23 Dieselbe Hauszeile freigelegt. Die Erdgeschosse bedürfen teilweise noch der Änderung, um die Maßstäblichkeit wiederherzustellen.

Entfernte Holzteile

Bei Um- oder Anbauten entfernte Holzteile sind nach Rekonstruktionsplan wieder einzubauen. Sind Streben, Knaggen, Eck- oder Fußwinkel, Kopf- oder Fußbänder, zum Beispiel für den Einbau von Fenstern, ausgebaut worden, so ist auf ausreichende Steifigkeit zu achten.

Vor- und Nachteile der Freilegung von Fachwerk

Bei der Frage, in welchem Maße Fachwerk, das verputzt ist, freigelegt werden soll, ergeben sich vielfach Diskussionen zum Für und Wider. Zu den Vorteilen gehört:
- Das Fachwerk ist als solches sichtbar und trägt mit der Wirkung seiner feingliedrigen Maßstäblichkeit zur Gestaltung von Dorf-, Stadt- oder Landschaftsbild bei.
- Die große Gefahr des Faulens von Holzteilen unter der meist dichten Putzhaut ist beseitigt.
- Eventuell auftretende Schäden sind kontrollierbar, im Frühstadium zu erkennen und abzuwehren oder leicht zu beseitigen.
- Vorhandene Schäden, die durch das Verputzen bereits eingetreten sind, werden gestoppt und lassen sich beseitigen.

Als Nachteile werden angeführt:
- Verminderung der Wärmedämmung durch Entfernung der Putzschicht. – Diese Verminderung ist gering und beträgt bei normaler Putzschicht und Lehmausfachung zwischen maximal 5 und 10 Prozent.
- Zugerscheinungen durch Fugen zwischen Holz und Ausfachungen. – Wo solche Fugen oder Risse tatsächlich vorhanden sind, können sie mit handwerklichen Methoden ohne Schwierigkeiten geschlossen werden.
- Erhöhung der Bauunterhaltungskosten. – Der Mehraufwand, der durch das Beschneiden von Hölzern und Gefachen bei Wiederholungsanstrichen entsteht,

24 Fachwerkbilder (Wandbilder) aus verschiedenen Strebenanordnungen:
a) *»Schwäbisches Männle«. Wandhohe Verstrebung mittels aufgeblatteter Streben aus dem Bereich alemannischen Fachwerks.*
b) *»Schwäbisches Weible«. Je zwei weitreichende, aber nicht übereinandergreifende angeblattete Kopf- und Fußbänder. Beim sogenannten »Schwäbischen Kindle« sind nur Fußbänder angeordnet.*
c) *Typisches spätgotisches Bild im fränkischen Fachwerk: Streben, Gegenstreben und Viertelkreise an allen Bund- und Eckständern.*
d) *Das selten vorkommende Bild des »Klammerbugs«.*
e) *K-Rune aus Streben- und Gegenstrebenpaar. Dieses Bild kommt häufig im späten fränkischen Fachwerk, aber auch als Vorform vor dem »Wilden Mann« vor.*
f) *Stehendes »Andreaskreuz«.*
g) *»Wilder Mann« aus je einem Paar Streben und einem Paar Kopfwinkelhölzern. Bei Eckständern und Bundständern, an die einseitig ein Fenster anschließt, heißt die Figur »Halber Wilder Mann«. Oft wird die Figur auch als »Mann« bezeichnet und die Vorform, wie e) als »Wilder Mann«.*

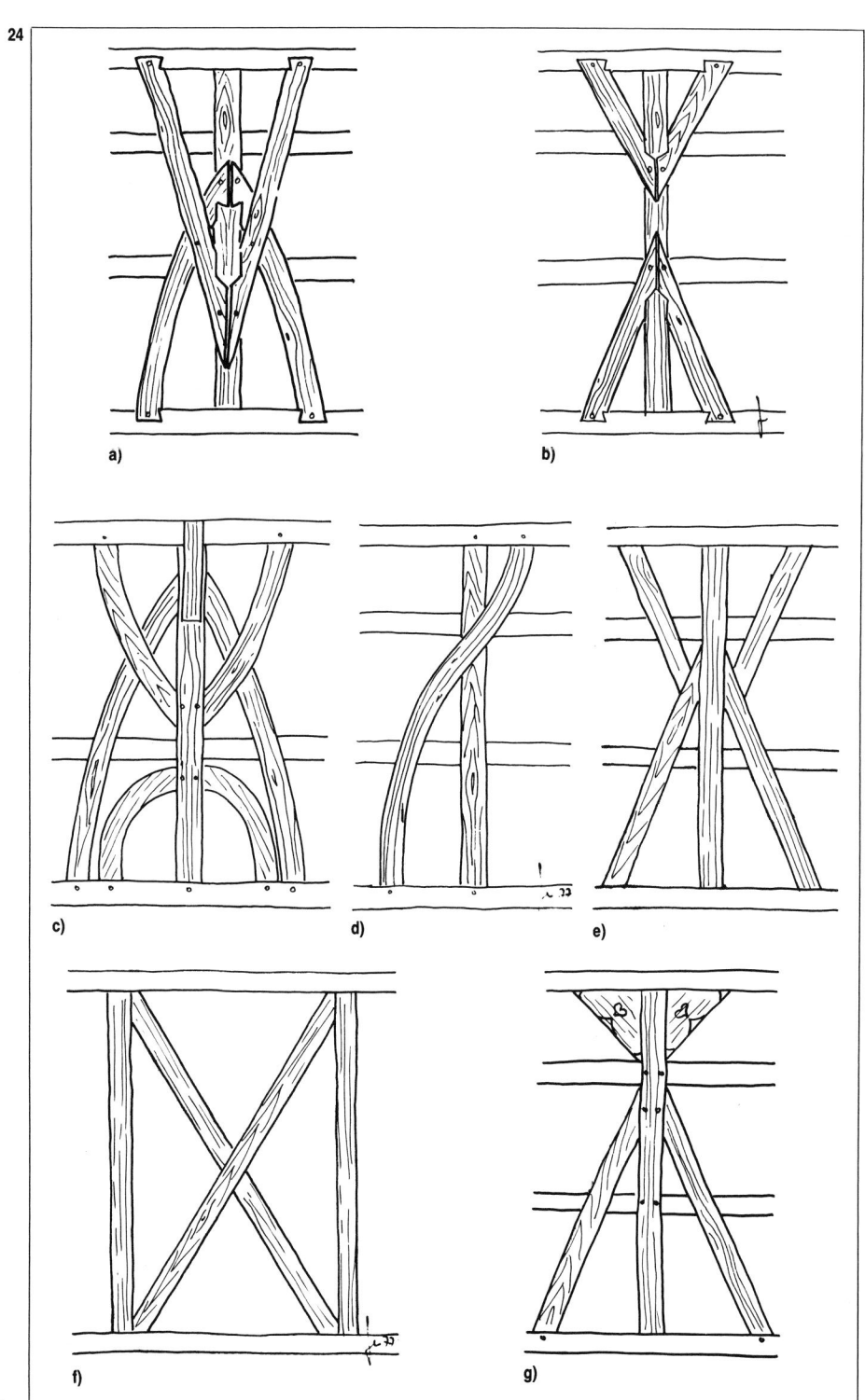

ist gering. Welcher Mehraufwand bei den Anstrichmaterialien notwendig ist, hängt von der Auswahl dieser Materialien ab.

Die Auflistung zeigt, daß im Normfall die großen Vorteile der Freilegung bei geringen Nachteilen überwiegen, besonders durch das »Sichtbarmachen« sowie die Abwendung der Substanzbedrohung durch nicht kontrollierbare Fäulnis.

Fachwerkfreilegung

Bei der Freilegung verputzter Fachwerke ist das Holz nach vollständigem Abschlagen des Putzes und Entfernen aller Draht- oder Rohrmattenreste zu säubern und zu entnageln. Die Nägel sind meist eingerostet und sitzen sehr fest. Um spätere Rostflecke in der Fassade zu vermeiden, sind möglichst alle Nägel zu entfernen. Zum leichteren Herausziehen werden die Nägel erst etwa 1 mm weiter in das Holz geschlagen, um sie so zu lösen.

Je nach Dichte, Dicke und Alter des Putzes zeigt das Fachwerk darunter kleinere oder größere Schäden. Bei Weichholzfachwerken wird häufig der schon geschilderte Zustand angetroffen, daß flächig große Teile des Fachwerks 2 bis 3 cm tief angegriffen sind. Die Schäden sehen nach Freilegung schlimmer aus, als sie tatsächlich sind. Es wird, wie oben beschrieben, vorgegangen: Einschneiden mit der Kreissäge und Ergänzen mit Bohlen, Mindestdicke 3 cm, besser 4 cm.

Verwendung alter Hölzer

Für alle Auswechslungs- und Instandsetzungsarbeiten sind nach Möglichkeit alte Holzstäbe zu verarbeiten. Es wird deshalb empfohlen, alles bei Abbrüchen, auch von Scheunen, anfallende gesunde Holz zu reinigen und trocken zu lagern, damit im Bedarfsfall ausreichend und kostengünstig altes Holz in den benötigten Abmessungen zur Verfügung steht. Der Vorteil liegt im gleichen Aussehen dieser Hölzer wie das zu sanierende Fachwerk, mehr aber noch im geringstmöglichen Schwinden

25 Chemischer Holzersatz;
1a–1d) Reparatur eines Balkenauflagers;
2a–2b) kraftschlüssige Verbindung von Strebe und Balken; 3a–3b) Ausbesserung eines Eckstoßes von Schwellen; 4–5) kraftschlüssige Verbindung komplizierter Konstruktionen;
6) Balkenverstärkung.

26 Chemischer Holzersatz (Modellfall): In das gesunde Holz wurden Löcher gebohrt, in diese Bohrlöcher wurden Polyesterstäbe eingebracht, welche die Verbindung mit dem Holzersatz aus Epoxydharzmörtel herstellen. Polyesterstab und Holz werden mit reinem Epoxydharz verbunden.

oder Quellen, dem »Arbeiten«, des Altholzes. Die Festigkeit und Tragfähigkeit, besonders von Eichenholz, wird nach dem Fällen mit zunehmender Trocknung größer und bleibt dann über viele Jahrhunderte unverändert.

Chemischer Holzersatz

Nicht sichtbare Fachwerkteile, Balkendekken und Dachkonstruktionshölzer können bei lokal eingegrenzten Schäden mittels patentierter Verfahren mit chemischem Holzersatz repariert werden. Die zerstörten Holzpartien werden entfernt, und in Größe und Lage des ursprünglichen Holzquerschnitts wird eine Schalung aus Brettern hergestellt, die als verlorene Schalung stehenbleiben kann oder später entfernt wird. In die gesunden Holzteile werden Löcher zur Aufnahme von Polyesterarmierungsstäben gebohrt. Diese Stäbe reichen bis in den Schalkasten hinein. Die Schalung wird mit gefülltem Epoxydharzmörtel ausgegossen und der Restquerschnitt um die Polyesterstäbe im gesunden Holz mit reinem Epoxydharz gefüllt. Gebrochene Holzteile werden saniert, indem Bohrungen und Polyesterstäbe über die Bruchstelle hinweg angeordnet werden. Tragfähigkeit und Festigkeit von Holz-Kunststoffverbindungen übertreffen diejenigen von gesundem Holz. Da das Verfahren jedoch erst wenige Jahre alt ist, gibt es keine Erfahrungen zum Langzeitverhalten. Für sichtbare Holzteile erscheint das Verfahren aus optischen Gründen weniger geeignet, da auch bei Einfärbung des Harzes die Prothese sichtbar bleibt. Bei der Sanierung schwer zugänglicher Knotenpunkte, zum Beispiel im Dachstuhl oder bei Balkenauflagern, wo bei traditioneller zimmermannsmäßiger Instandsetzung große Auswechslungsarbeiten notwendig wären, wird bevorzugt chemischer Holzersatz angewendet.

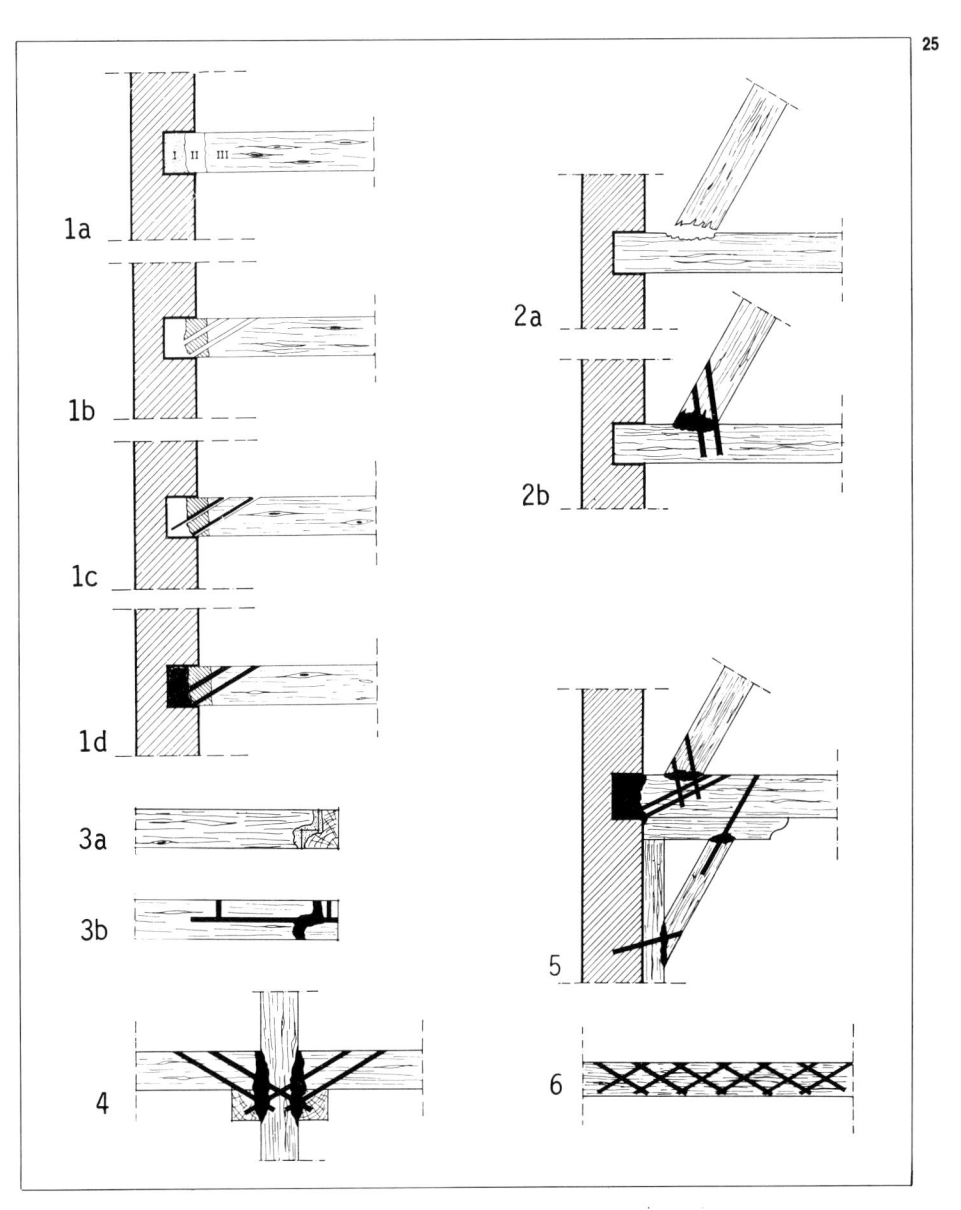

27 Gefüge und Holzverbindungen eines niedersächsischen Fachwerkhauses:
a) Eckständer mit Einhalsung für den Ankerbalken, Giebel links
b) Ankerbalken, eingezapft
c) Ankerbalken, eingehalst
d) Hochrähm im Längsverband
e) Hochrähm im Querverband
f) Balkenkopf, eingezapft, als Auflager für das Hochrähm
g) Kopfband im Längsverband
h) Kopfband im Querverband
i) Riegel im Längsverband
j) Riegel im Querverband

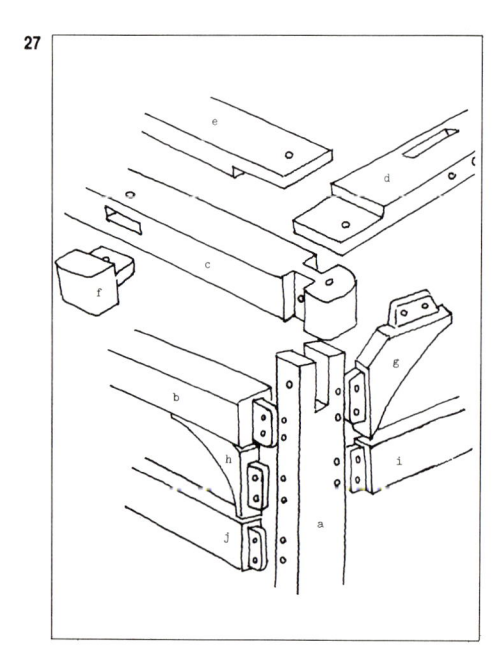

Holzverbindungen

Alle Instandsetzungsarbeiten an Fachwerken sollen in erster Linie in zimmermannsmäßiger Ausführung erfolgen, das heißt, im Normfall sind die tradierten Techniken und originalen Holzverbindungen zu verwenden. Mehr zur Fixierung der Holzteile als zur Kraftübertragung werden Holznägel benutzt. Dicke und Länge sind landschaftlich verschieden. In den letzten Jahrzehnten haben sich runde Holznägel zwischen 10 und 20 mm Durchmesser und ein starker Eichenholznagel, der aus Rohlingen von 26 × 26 mm Dicke und etwa 12 bis 15 cm Länge mit der Bundaxt hergestellt wird, bewährt. Die Bohrung für den letztgenannten Nagel beträgt 25 mm. Allgemein ist darauf zu achten, daß die Holznägel eine nicht zu stark keilende Wirkung haben und das Holz nicht zum Platzen bringen.

Von den ursprünglich zahlreichen Holzverbindungen sind viele bereits in Vergessenheit geraten. Fast alle Holzverbindungen bedürfen zusätzlicher Sicherungen mittels Holznägeln, Nägeln oder Holzklammern (Flachklammern).

Längsverbindungen

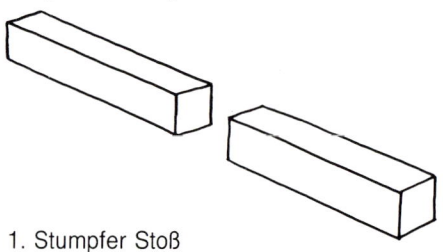

1. Stumpfer Stoß
Primitive Holzverbindung, möglichst wenig anwenden, da deren Sicherung auch mit Holzverbindungsmitteln wie Nägeln, Dübeln und Klammern meist unzureichend ist.

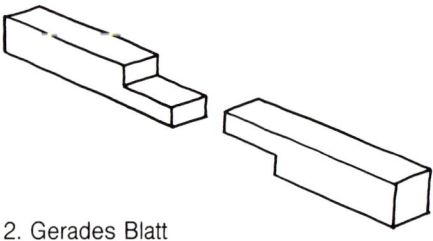

2. Gerades Blatt
Einfache, heute häufig für Schwellen verwendete Verbindung, die mittels Nägeln, Holznägeln oder Holzklammern gesichert wird. Wurde auch als schräg eingeschnittenes Blatt verwendet.

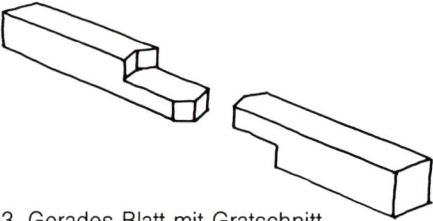

3. Gerades Blatt mit Gratschnitt
Durch den doppelten Gratschnitt vor seitlichem Verschieben gesichert. Sonst Sicherung wie bei 2.

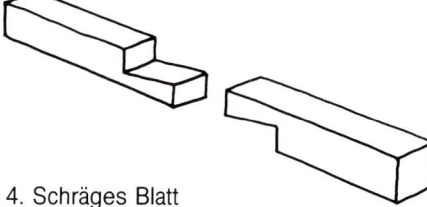

4. Schräges Blatt
Bei Belastung (Ausmauerung oder Ständer) auch für Zug leicht gesichertes Blatt. Wird auch als schräges Blatt mit Gratschnitten, wie bei 3. beschrieben, ausgeführt. Sicherung wie bei 2.

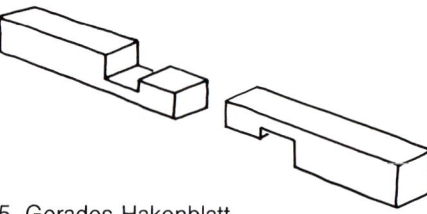

5. Gerades Hakenblatt
Gute Sicherung gegen Klaffen oder Auseinanderziehen. Wird auch als schräg eingeschnittenes Hakenblatt verwendet. Sicherung gegen seitliche Verschiebung wie bei 2. Bessere Ausführung: gerade oder schräg eingeschnittene Hakenblätter verkeilt.

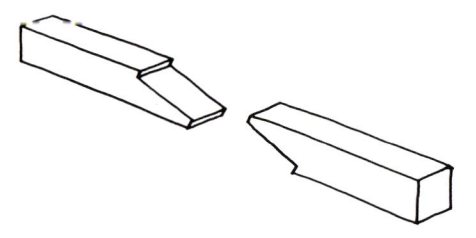

6. Schräges Blatt
Wurde meist mit festem Keil ausgeführt.

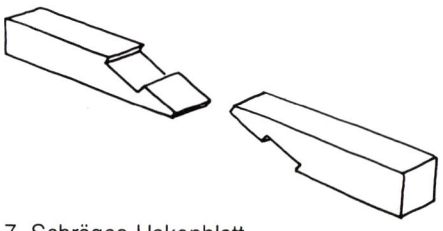

7. Schräges Hakenblatt
Gute Verbindung – besonders unter Zuhilfenahme von Schrauben – für Pfettenstöße. Wird meist mit seitlich eingetriebenen Keilen, früher auch mit Gratschnitt, hergestellt.

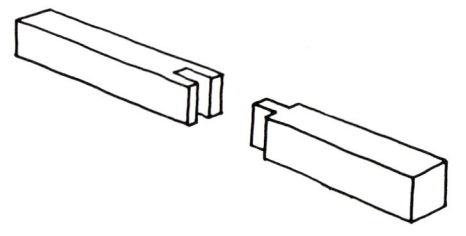

8. Zapfenstoß
Gute, leicht zu sichernde Längsverbindung. Bei frühen Konstruktionen waren die Zapfen bis zu 40 cm lang.

28 Weichschwanzblatt einer aufgeblatteten Verschwertung, um 1500.

Eckverbindungen

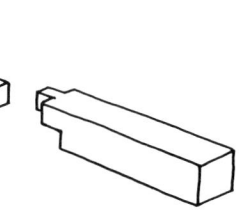

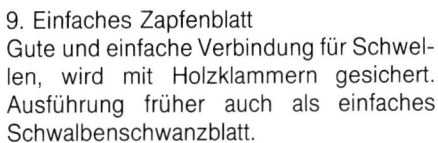

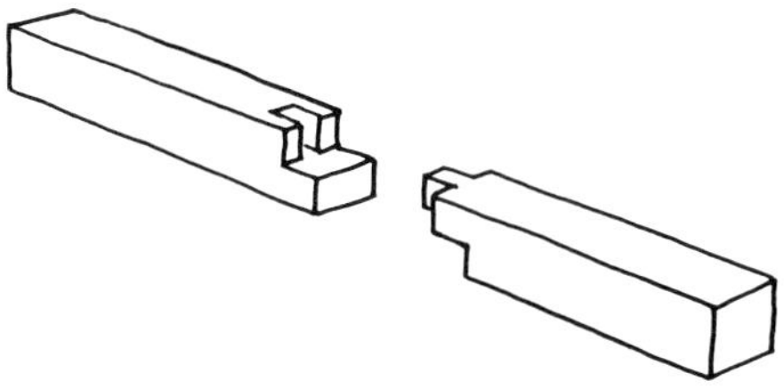

9. Einfaches Zapfenblatt
Gute und einfache Verbindung für Schwellen, wird mit Holzklammern gesichert. Ausführung früher auch als einfaches Schwalbenschwanzblatt.

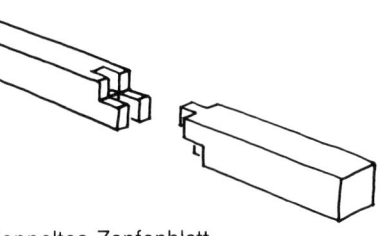

10. Doppeltes Zapfenblatt
Bessere Längsführung als bei einfachem Zapfenblatt, wurde früher auch als doppeltes Schwalbenschwanzblatt ausgeführt und bedurfte dann bei Belastung der Hölzer von oben keiner zusätzlichen Sicherung.

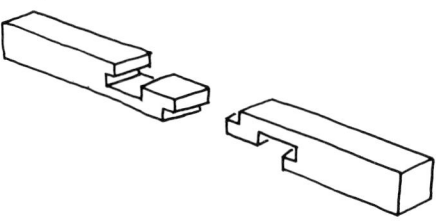

11. Bogenschloß
Nach dem Zusammensetzen des Schlosses wurden mittig von beiden Seiten Keile eingetrieben, die auch bei Austrocknen des Holzes nachgeschlagen werden konnten. Bei festem Sitz der Keile bedurfte die Verbindung keinerlei zusätzlicher Sicherung, auch nicht nach oben.
Ähnliche Verbindungen waren das komplizierte »Französische Schloß« mit zwei Zapfen, die seitliches Verschieben ganz ausschlossen, und das Einsatzschloß.

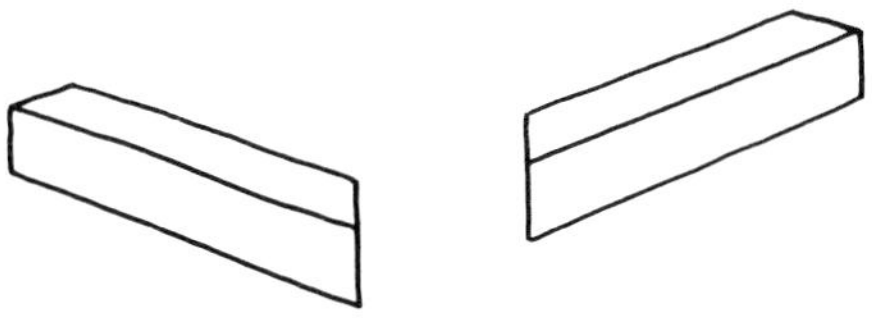

12. Stumpfer Eckstoß auf Gehrung
Neben dem geraden Eckstoß sehr einfache Eckverbindung, die auch mit Nägeln oder Klammern nur schwer zu sichern ist.

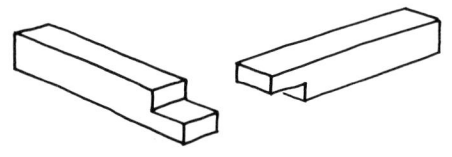

13. Einfaches Eckblatt
Häufig gebrauchte Verbindung für Eckschwellenstöße, einfach mit Holznägeln, Nägeln oder Holzklammern zu sichern.

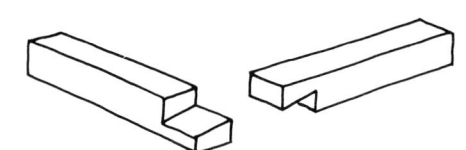

14. Schräges Eckblatt
Wie 13, Blatt wurde oft auch in zwei Richtungen schräg ausgeführt.

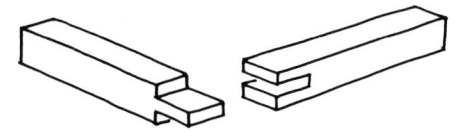

15. Schereckblatt
Gute, leicht zu sichernde Eckverbindung.

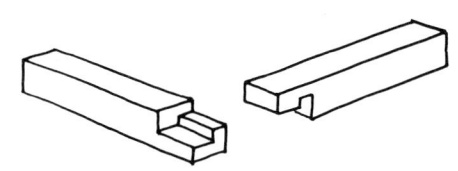

16. Gerades Hakeneckblatt
Eckverbindung, die das Klaffen in einer Richtung bereits ausschließt. Zusätzliche Sicherung für die zweite Richtung notwendig.

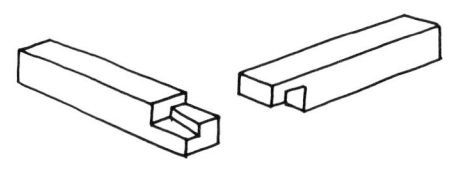

17. Weichschwanzeckblatt
Verschiebung in horizontaler Richtung ausgeschlossen. Bei Belastung (z. B. Eckstiel) keine zusätzliche Sicherung erforderlich.

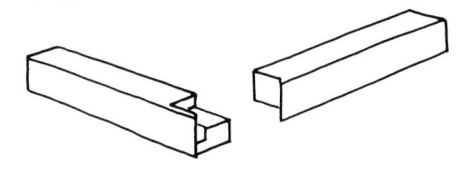

18. Verdecktes Weichschwanzeckblatt
Sehr elegante Eckverbindung, da von außen nur die Linie des Gratschnittes sichtbar ist; sonst wie 17.

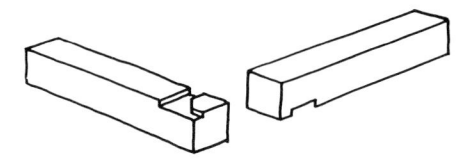

19. Hakeneckkamm
Hölzer liegen nicht in einer Ebene. Bei Belastung von oben keine Sicherung notwendig. Ähnliche Ausführung auch als Weichschwanzeckkamm.

Querverbindungen

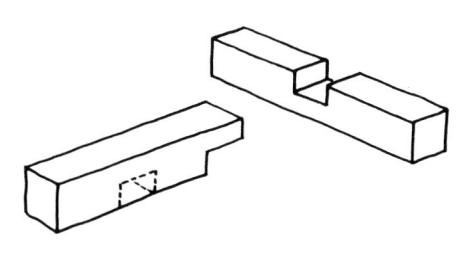

20. Einfache Überblattung
Verbindung von Innenschwellen und Saumschwelle, wird auch bei Kreuzung von Schwellen der Zwischenwände verwendet.

29 Fußbänder mit reich profilierten Konturen der Weichschwanzblätter, um 1430.
30 Gerades Hakeneckblatt einer Schwellenverbindung, um 1700.

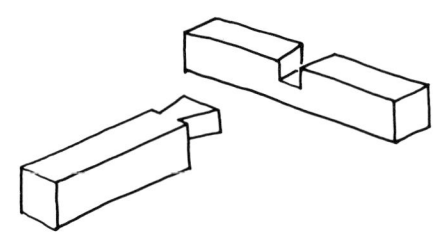

21. Schwalbenschwanzüberblattung
Konstruktive Sicherung, auch bei Zugbeanspruchung. Wird ebenso als Weichschwanzblatt ausgeführt.

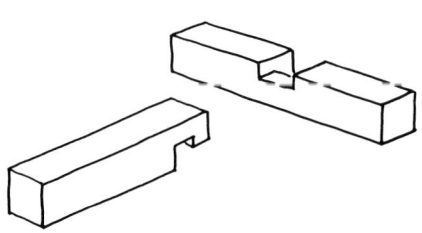

22. Hakenüberblattung
Gleiche Merkmale wie 21.

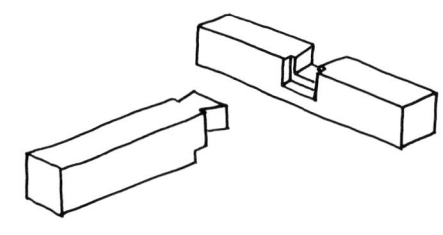

23. Schwalbenschwanzüberblattung mit Brüstung
Zur besseren Übertragung senkrechter Lasten.
Weitere, kaum noch ausgeführte, komplizierte Überblattungen bis zum verschränkten Blatt.

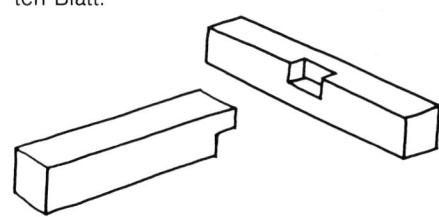

24. Einfaches Blatt mit gerader Stirn
Einfache Verbindung, z. B. für leichte Kehlbalken zwischen Pfetten sowie Wechsel- und Füllhölzer, erfordert zusätzliche Sicherung gegen Auseinanderklaffen.

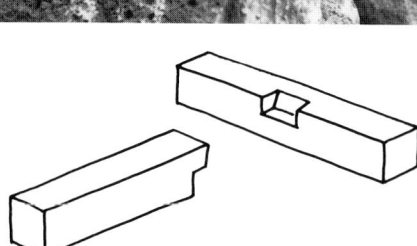

25. Gerades Blatt mit schräger Stirn
Wie 24.

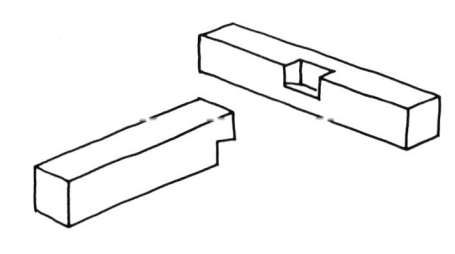

26. Schräges Blatt
Wie 24. Ausführung auch als Schwalbenschwanzblatt. Diese Verbindung ist dann auch für leichten Zug gesichert.

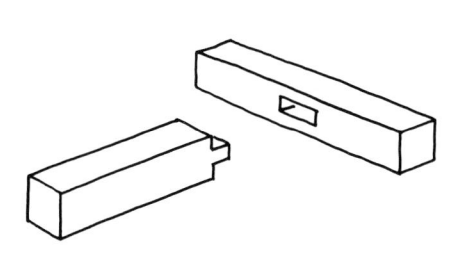

27. Einfacher Zapfen
Gute Balkenverbindung, die jedoch nur geringe senkrechte Lastdrücke übertragen kann. Sicherung mit Holzklammer (früher Holznagel).

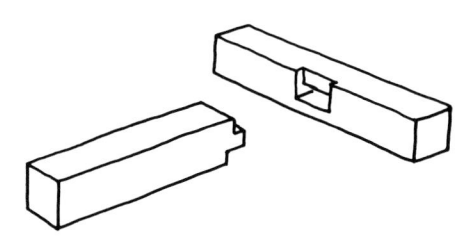

28. Brustzapfen
Gute Übertragung höherer vertikaler Lasten. Sicherung wie bei 27.

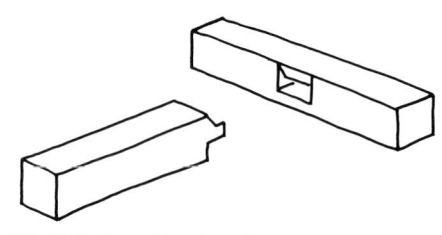

29. Schräger Brustzapfen
Gute Übertragung höherer vertikaler Lasten bei geringerer Schwächung des querlaufenden Holzes. Sicherung wie bei 27.

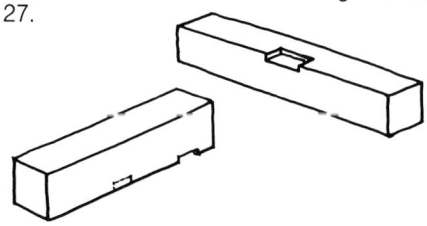

30. Einfacher Kamm
Einfache Querverbindung nicht in einer Ebene liegender Hölzer wie Balken und Rähm, auch bei sich kreuzenden Hölzern.

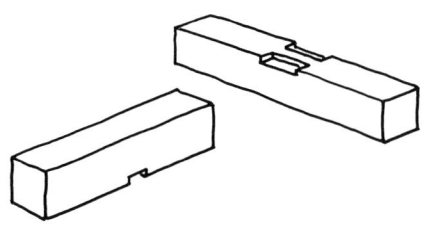

31. Doppelkamm
Gleiche Verwendung wie bei 30. Wird auch derart ausgeführt, daß der auf dem unteren Balken stehenbleibende Teil schwalbenschwanzförmig ausgebildet ist.

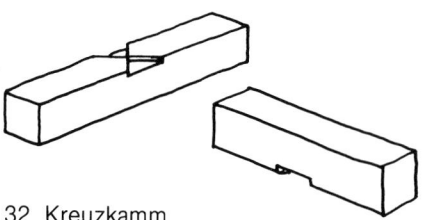

32. Kreuzkamm
Fand als Ersatz für die Knaggenverriegelung, besonders häufig bei überstehenden Balken auf den Saumschwellen, Mauerlatten und Rähmbalken Verwendung. Auch schwalbenschwanzförmige Ausführungen. Statt Verkämmung kann auch mittels Holznägeln aufgedollt werden.

31 Zapfenschloß eines Schwelleneckstoßes, 1578.

Zapfenverbindungen

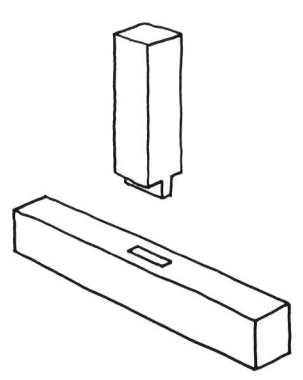

33. Einfacher Zapfen
Bei Sicherung mittels Holznagel soll der Zapfen mindestens 6 cm lang sein, sonst Sicherung durch Holzklammer.

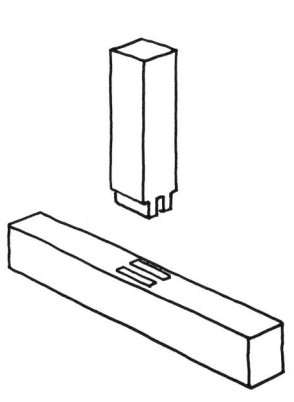

34. Doppelzapfen
Wird bei besonders breiten Hölzern verwendet.

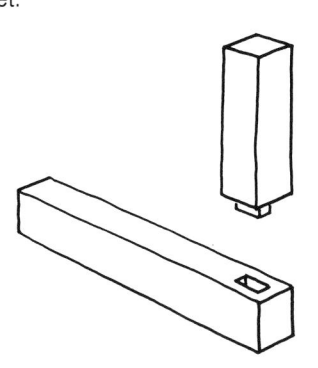

35. Abgesteckter oder geächselter Zapfen
Wird für Endstiele in Schwellen und Rähm verwendet.

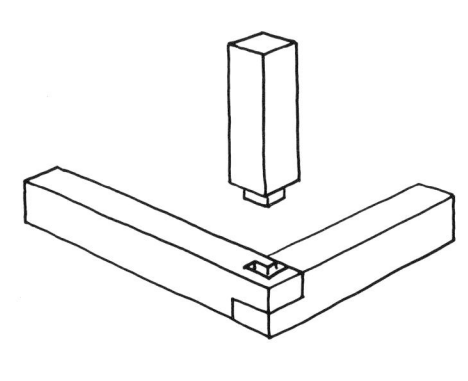

36. Eck- oder Winkelzapfen
Wird für Eckstiele verwendet. Starke Schwächung von Schwelle und Rähm.

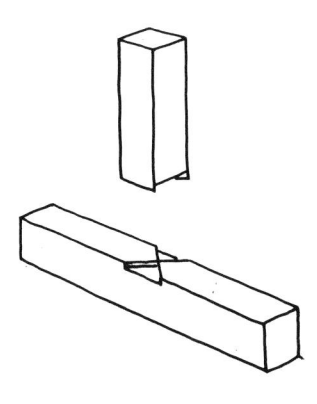

37. Kreuzzapfen
Besonders günstig zur Übertragung starker senkrechter Drücke.

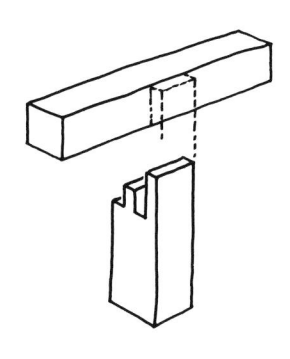

38. Blattzapfen
Verbindung der Vorteile von Zapfen und Blatt, besonders dann angewendet, wenn der Stiel stärker als der daraufliegende Balken ist.

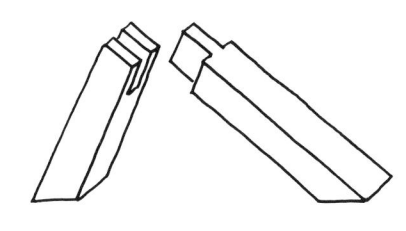

39. Scherzapfen
Verbindung der Sparren am First, besonders bei Sparren- und Kehlbalkendächern ohne Firstpfette.

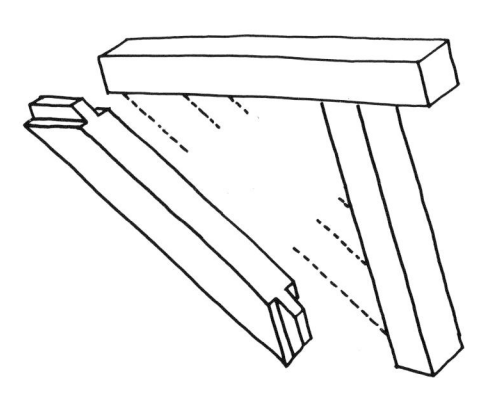

40. Abgestirnter Zapfen und Jagdzapfen
Oben am Kopfband abgestirnter Zapfen, wird bei normalem Zusammenfügen der Hölzer für Kopfbänder und Streben verwendet. Sollen solche schrägliegenden Hölzer nachträglich eingefügt werden, so wird oben ein abgestirnter Zapfen, unten, wie am Kopfband unten dargestellt, ein Jagdzapfen verwendet.

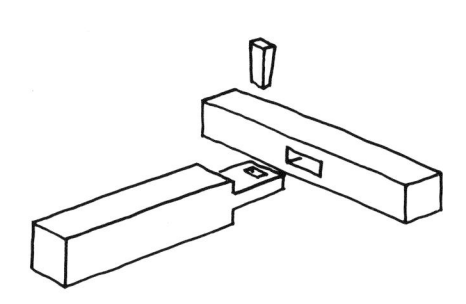

41. Zapfenschloß
Wurde im frühen Fachwerkbau verwendet. Der sehr lange Zapfen wird durch ein durchgehendes Zapfenloch gesteckt und durch einen Keil gesichert.

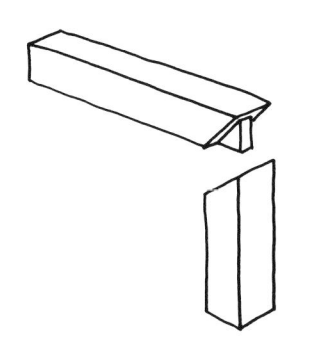

42. Zapfen auf Gehrung
Heute selten verwendete Verbindung.

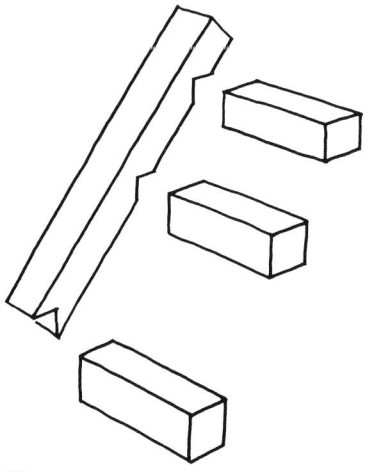

43. Klauen
Dienen zur Auflage von Sparren auf Pfetten, die untere Klaue dient zur Aufklauung auf Balken oder Fußpfette.

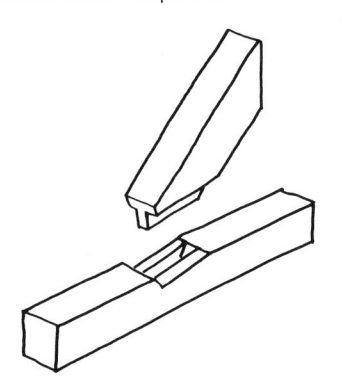

44. Versatz mit Zapfen
Bei Konstruktionen, in denen starke Kräfte über Streben abgeleitet werden, häufig bei Balkenbinderkonstruktionen.

Nagelbleche

Bei der Auswechslung von Hölzern können oftmals mit vertretbarem Aufwand nicht die Originalverbindungen, wie Zapfen oder Blätter, hergestellt werden. In solchen Fällen kann Abhilfe geschaffen werden durch die Anwendung stumpfer Holzverbindungen, die im nicht sichtbaren Bereich mit Nagelblechen und Schraubnägeln kraftschlüssig verbunden werden. Die Bleche werden in verschiedenen Formaten, auch abgewinkelt, und als Versteifungsdreiecke zur Befestigung von Balken auf Schwellen und Rähmhölzern geliefert. Als Beispiele sind hier BMF-Bleche dargestellt. Bei der Verwendung von Blechen als Verbindungsmittel ist darauf zu achten, daß diese eng gelocht und verzinkt sind, weil die Gefahr besteht, daß zwischen Blech und Holz Wasserdampf kondensiert und derart neuerlich eine Fäulnisgefahr für das Holz entsteht.

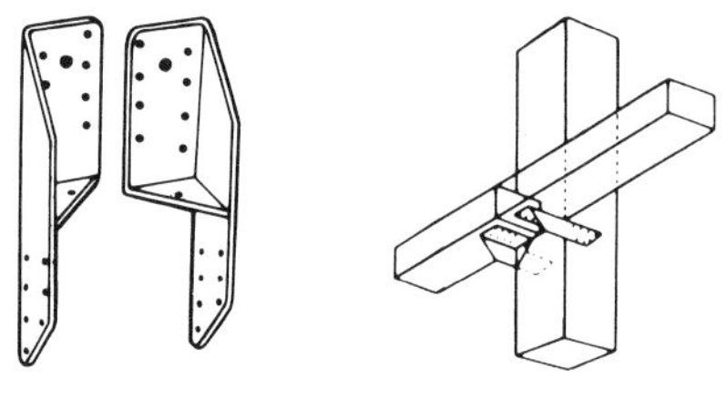

45. Universalbeschlag
Verbundstück für verschiedene Arten von Kreuzverbindungen.

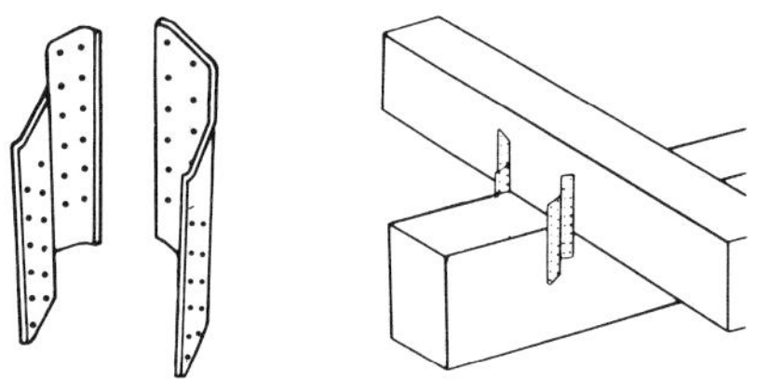

46. Pfettenanker
In sechs Standardgrößen.

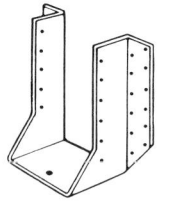

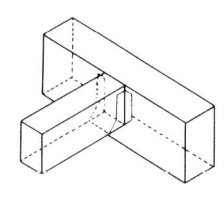

47. Balkenschuh
In verschiedenen Größen. Er wird anstelle herkömmlicher Zapfen- oder Kammverbindungen gebraucht. Die Konstruktion wird so nicht mehr geschwächt.

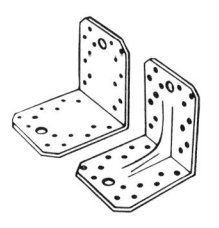

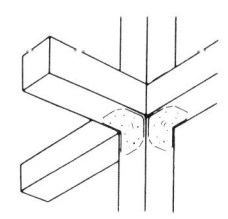

48. Winkelbeschlag
Mit und ohne Wulstverstärkung in zwei verschiedenen Größen. Die Verwendung erhält den Hölzern volle Tragfähigkeit.

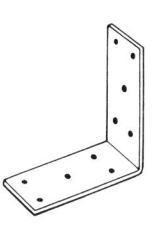

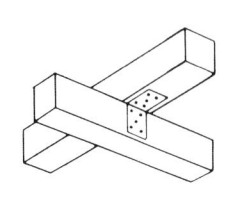

49. Winkelbeschlag 40390
Für verschiedene Anwendungsmöglichkeiten, z. B. für Konstruktionen mit kleinerer Belastung.

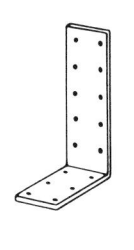

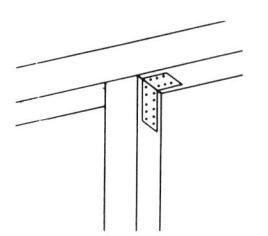

50. Winkelbeschläge 40312 und 40412
Beide sind kräftige und ungleichschenklige Beschläge in Stärken von 3 und 4 mm.

32 Ein neuer Riegel zwischen vorhandenen Ständern. Links erhielt der Riegel einen normalen Zapfen, rechts wurde eine kraftschlüssige Verbindung mit einem Nagelblech geschaffen.

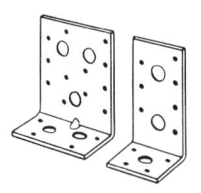

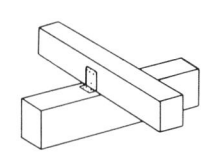

51. Winkelbeschläge
90 × 48 × 3,0 × drei Breiten.

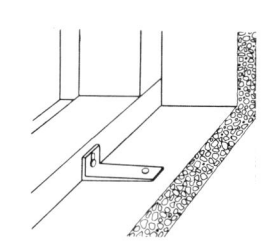

52. Betonwinkel
In verschiedenen Größen sind sie z. B. verwendbar zum Befestigen von Holzelementen an Beton oder ähnlichen Baumaterialien.

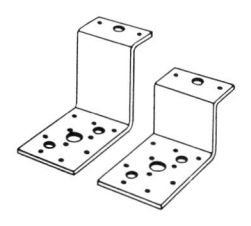

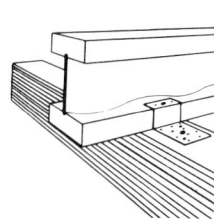

53. Z-Beschläge
In folgenden Größen: 40, 45, 50, 55, 60 und 65 mm.

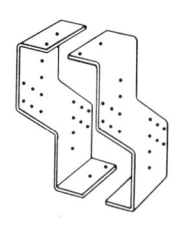

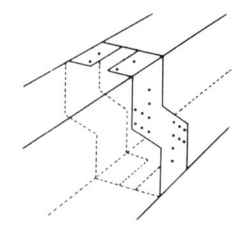

54. Gerberbeschlag
Ist für die Gelenkverbindung in den Moment-Nullpunkten der Gerberpfetten entwickelt worden.

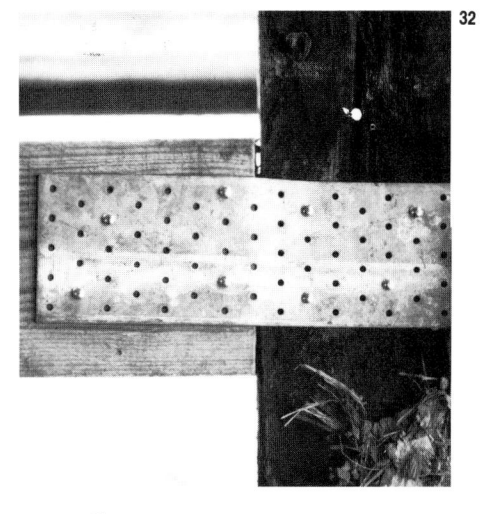

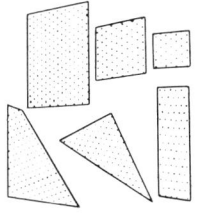

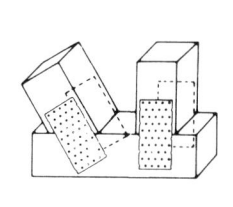

55. Lochplatten
In 1,5 mm, 2 mm, 2,5 mm und 3 mm Dicke. Sind hauptsächlich als Laschen gedacht und können in vielen Abmessungen zugeschnitten werden.

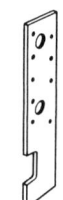

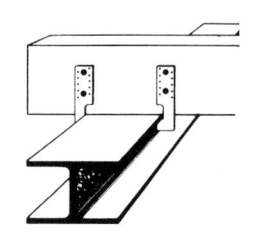

56. HE-Anker
Dienen, wie die Skizze zeigt, zur Befestigung von Holz an Stahlträgern.

Ausrichten der Konstruktion

33 Ausrichten einer Fachwerkwand mittels Zimmermannswinden.
34 Wenn Fachwerk – wie dieses – von allen Ausfachungen befreit wird, sollte auf das Ausrichten nicht verzichtet werden.

Grundsätzlich sind Fachwerke, auch bei Schiefstellungen und krummen Hölzern, nicht waage- und lotrecht auszurichten. Sind alle Holzteile untersucht und – wenn notwendig – instandgesetzt oder ausgewechselt, ist dennoch zu prüfen, ob ein Ausrichten der Konstruktion notwendig bzw. möglich ist.

Das Material Holz sowie die angewandten Holzverbindungen sind der Grund für die außerordentliche Elastizität und die damit verbundene Bruch- und Standsicherheit der Fachwerke. Darüber hinaus wurden bei der Errichtung von Fachwerkbauten oft, und zwar mit mehr oder weniger Absicht, krumme, gebogene oder drehwüchsige Holzteile eingebaut. Beide Faktoren, Elastizität und Verwendung ursprünglich gebogener Hölzer, ergeben, daß Fachwerkbauten, die schief, schiefwinklig, mit krummen Hölzern oder schlechten Verbindungen versehen sind, nur in seltenen Fällen ihre Standsicherheit eingebüßt haben. Geringe Schiefstellungen und krumme Hölzer sind unwesentlich für die Standsicherheit, gewissermaßen fachwerktypisch und werden auf jeden Fall belassen, dies auch zur Wahrung des historisch gewachsenen, lebhaften Bildes und zur Vermeidung von Schäden an den Ausfachungen.

Bei Fachwerken, deren Gefache vollständig ausgebaut wurden, ist eine weitgehende Ausrichtung jedoch zu empfehlen, sowohl aus bautechnischen als auch aus funktionstechnischen Gründen. Fachwerke, deren Standsicherheit nicht mehr gewährleistet ist oder die sich an Nachbargebäude »lehnen«, müssen, wenn eine Aussteifung mittels Flachstahlwinkel nicht die notwendige Sicherheit bringt, ausgerichtet werden.

Das Ausrichten darf auf keinen Fall mittels Vorschlaghammer oder Axt erfolgen, sondern ist vorsichtig mit Seilen und Zimmererwinden durchzuführen. Besonders ist darauf zu achten, daß keine zusätzlichen Spannungen in den Stäben entstehen. Treten solche Spannungen auf, so sind die Holzverbindungen nachzuarbeiten. Ist der gewünschte Ausrichtungszustand erreicht, so darf zur Fixierung der Stäbe keinesfalls die Ausfachung herangezogen werden, vielmehr ist die Konstruktion durch Auskeilen in den Zapfenlöchern oder Blättern von Kopfbändern, Fußbändern, Schwertern, Streben und Knaggen, Nachbohren von Holznägeln und im Zweifelsfall Anbringen von Stahlbändern in sich zu festigen. Gezogene Stahlstifte sind zur Fixierung nur in nicht sichtbaren Bereichen zu verwenden. Sichtbar kann allenfalls mit geschmiedeten Nägeln gearbeitet werden, im Normfall mit Holznägeln.

Holzschädlinge, Holzschutz

Eingebautes Holz ist von zwei Schädigungsarten bedroht: von tierischen und von pflanzlichen Schädlingen. Beide brauchen bestimmte Lebensbedingungen im Holz. Bei fast allen pflanzlichen Schädlingen zählt dazu eine überdurchschnittliche Feuchtigkeit. Baut man das Holz richtig ein und pflegt es, so daß die Lebensbedingungen für Schädlinge nicht vorgegeben sind, so sind die Gefahren für Schäden am Holz gering. Erhebliche Bedeutung kommt deshalb dem »konstruktiven Holzschutz« zu. Alle Holzschutzmaßnahmen sind verbindlich in der DIN 68800 geregelt. Die chemischen Holzschutzmittel sind im »Verzeichnis der Prüfzeichen für Holzschutzmittel« aufgeführt.

Tierische Schädlinge

Hausbock (Hylotrupes bajulus)
Der weitaus am häufigsten anzutreffende tierische Schädling ist der dunkelbraune bis schwarze, 1 bis 3 cm große Hausbock, das heißt dessen Larve. Die Weibchen des Hausbocks legen in den Sommermonaten bis zu 300 Eier in Holzspalten oder Risse. Nach etwa drei Wochen schlüpfen die Larven aus und leben dann drei bis sechs Jahre im Holz, wobei sie dieses durch Fraßgänge in den Außenschichten zerstören. Der Hausbock greift nur das weiche Splintholz in Nadelhölzern an. Die günstigsten Entwicklungsbedingungen für die Larven liegen bei 25 bis 29° C und 27 bis 28 Prozent Holzfeuchte. In Hölzern unter 10 Prozent Holzfeuchte kann der Hausbock nicht leben, ebenso nicht in harten oder harzreichen Hölzern.
Hausbockbefall ist äußerlich nur an 5 bis 10 mm großen, ovalen Fluglöchern zu erkennen, da die Larven eine papierdünne Außenschicht des Holzes stehen lassen. Unter dieser Schicht befinden sich die mit Bohrmehl gefüllten Fraßgänge. Im fortgeschrittenen Befallstadium findet man unter der unversehrten Außenschicht einige Zentimeter tief völlig vermulmtes Holz.

Poch- oder Klopfkäfer, Nagekäfer, Totenuhr (Anobium punctatum)
Anobien sind ebenfalls dunkelbraune bis schwarze Käfer, aber nur 3 bis 5 mm lang. Die Larven entwickeln sich in zwei bis drei Jahren und zerstören dabei erhebliche Holzmengen durch das Verdauen von Zellulose. Anobien befallen die Splintholzteile von Nadel- und Laubholz. In feuchtem Nadelholz wird auch der Kern befallen, und im fortgeschrittenen Befallszustand bleiben lediglich die zarten Zellwände im Inneren des Holzstabes stehen. Die günstigen Temperaturen für Anobien liegen bei 23° C. Feuchtigkeit fördert die Gefahr des Anobienbefalls.
Der Befall von Anobien ist an zahlreichen kreisrunden Löchern von 1 bis 2 mm Durchmesser, im Einzelfall bis zu 4 mm, sowie herausrieselndem Bohrmehl leicht zu erkennen.

Brauner Splintholzkäfer (Lyctus brunneus) und Parkettkäfer (Lyctus linearis)
Der braune Splintholzkäfer wurde erst vor einigen Jahrzehnten mit Tropenhölzern eingeschleppt. Splintholzkäfer und Parkettkäfer werden etwa 3 bis 6 mm groß und befallen den Splint von Laubhölzern wie Eiche, Buche, Esche und Rüster.
Das Schadensbild ist ähnlich dem bei Anobienbefall: kreisrunde Fluglöcher von 1 bis 1,5 mm Durchmesser und von puderfeinem Fraßmehl gefüllte Fraßgänge. Die Fraßgänge verlaufen meist parallel zur Faserrichtung.

Holzwespen (Siriciden) und Werftkäfer (Lymexylon navale)
Gelegentlich auftretende Holzwespen in Nadelhölzern, die sich im verbauten Holz nicht vermehren, oder Werftkäfer in Laubholz sind weniger gefährliche Holzschädlinge.

Holzameisen und gewöhnliche Ameisen
Ameisen fressen kein Holz, gelegentlich bauen sie aber ihre Nester in bereits von pflanzlichen Schädlingen angegriffenes Holz. Die Ameisen zernagen dabei weiche Holzteile, die sie dann nach draußen befördern. Sie sind deshalb ebenfalls zu bekämpfen.

Holzschutzvorbereitung

Die Schäden der verschiedenen Käfer wie Hausbock und Klopfkäfer bzw. deren Larven beschränken sich, besonders bei Hartholz, meist auf den weicheren Splintbereich, die äußeren Jahresringe. Bei älterem Fachwerk sind selten lebende Schädlinge anzutreffen. Die Feststellung des Befalls erfolgt, wenn er nicht schon sichtbar ist, durch Abklopfen mit dem Hammer und Anschlagen mit dem Beil.
Bei Befall werden die zerstörten oder vermulmten Holzpartien abgebeilt. Beim Abbeilen ist sehr vorsichtig vorzugehen, damit einmal die nicht mehr tragenden Holzteile entfernt werden und so das aufzubringende Holzschutzmittel die noch gesunden Holzteile erreichen kann, zum anderen die Holzstäbe nicht unnötig geschwächt werden. Zur Entfernung aller Bohrmehlreste sind die abgebeilten Teile gründlich mit der Stahlbürste abzubürsten. Sind Hölzer sehr stark angegriffen, so muß, wie im Abschnitt »Auswechseln/Anschuhen« beschrieben, ausgewechselt werden. Werden Holzteile mit noch frischem Befall tierischer Schädlinge angetroffen, so sind die abgebeilten Reste sorgfältig zusammenzufegen und einschließlich eventuell ausgewechselter Hölzer zu verbrennen.

Pflanzliche Schädlinge

Echter Hausschwamm (Merulius domesticus, Serpula lacrymans)
Der Echte Hausschwamm ist der gefährlichste Holzschädling für alle Weichholzarten und fast alle Laubhölzer. Eiche wird jedoch vom Echten Hausschwamm nicht angegriffen. Der Fruchtkörper des Echten Hausschwamms wird, kuchen- oder konsolförmig, in der Mitte rotbraun (durch aufliegende Sporen), außen weiß, bis zu einem Meter groß. Die Myzelstränge stellen sich als graue, papierähnliche Häute oder als weißes, watteartiges Pilzgeflecht dar. Im trockenen Zustand werden die Stränge brüchig.
Weiches Splintholz und bereits von anderen Schädlingen angegriffenes Holz wird

Insektenart	Larve	Vollinsekt	Befallsbild	Bemerkungen
Hausbock				Befällt keine Eiche, sondern nur Nadelholz. Befall ist an ovalen Fluglöchern, 5 bis 10 mm lang, zu erkennen
Poch- oder Klopfkäfer, auch als Nagekäfer oder Totenuhr bekannt				Befällt Laub- und Nadelholz. Befall ist an kreisrunden Fluglöchern, 1 bis 2 mm Durchmesser, und Bohrmehlhäufchen zu erkennen.
Brauner Splintholzkäfer				Befällt den Splint von Eiche, Esche und Rüster. Befall ist an kreisrunden Fluglöchern, 1 bis 2 mm Durchmesser, zu erkennen.
Holzwespe				Befällt Nadelholz, vermehrt sich aber nicht im trockenen Holz. Befall ist an kreisrunden Fluglöchern, 4 bis 7 mm Durchmesser, zu erkennen.

Befallsbilder von:

Echtem Hausschwamm 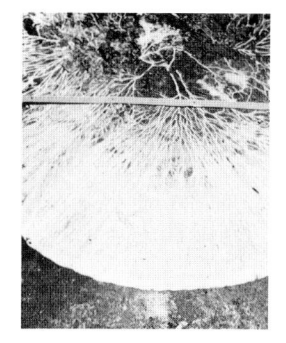   Porenschwamm

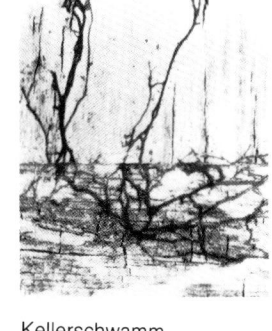

Kellerschwamm 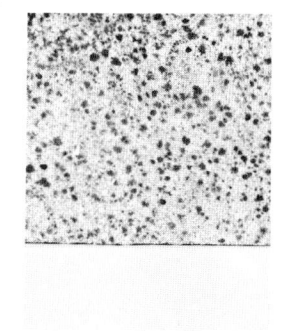   Schimmelpilz    Moderfäule

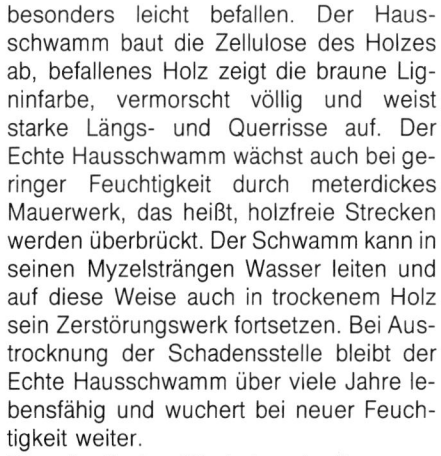

besonders leicht befallen. Der Hausschwamm baut die Zellulose des Holzes ab, befallenes Holz zeigt die braune Ligninfarbe, vermorscht völlig und weist starke Längs- und Querrisse auf. Der Echte Hausschwamm wächst auch bei geringer Feuchtigkeit durch meterdickes Mauerwerk, das heißt, holzfreie Strecken werden überbrückt. Der Schwamm kann in seinen Myzelsträngen Wasser leiten und auf diese Weise auch in trockenem Holz sein Zerstörungswerk fortsetzen. Bei Austrocknung der Schadensstelle bleibt der Echte Hausschwamm über viele Jahre lebensfähig und wuchert bei neuer Feuchtigkeit weiter.

Die günstigsten Wachstumsbedingungen hat der Echte Hausschwamm bei 18 bis 20° C, 20 bis 28 Prozent Holzfeuchte und einem leicht sauren PH-Wert des Holzes zwischen 3 und 4. Bei guten Bedingungen kann der Schwamm in zehn Tagen 6 cm wachsen. Das Holz wird vollständig zerstört.

Kleiner Hausschwamm (Merulius minor), Wilder Hausschwamm (Merulius sylvester) und Gelbrandiger Hausschwamm (Merulius pinastri)
Diese weniger gefährlichen Hausschwammarten befallen fast alle nur bereits vorher von anderen Schädlingen angegriffenes Holz und haben schlechtere Wachstumsvoraussetzungen: Temperaturen zwischen 22 und 27° C und Holzfeuchten zwischen 20 bis 40 Prozent. Die Holzzerstörung ist meist gering.

Weißer Porenschwamm (Polyporus vaporarius) und Brauner Warzen- oder Kellerschwamm (Coniophora cerebella)
Diese beiden Naßfäulepilze sind gefährlich, weil sie das Holz ähnlich wie der Echte Hausschwamm fast vollständig zerstören können. Sie kommen jedoch wegen der hohen Holzfeuchte, die sie zum Entwickeln und Wachsen benötigen – Porenschwamm 40 Prozent, Kellerschwamm 55 Prozent –, seltener vor. Beide Schwämme greifen vorwiegend Nadelhölzer an. Der Fruchtkörper des Porenschwamms ist oft nur millimeterdick und wie die Myzelstränge weiß bis grau. Auch nach völligem Austrocknen wächst der Porenschwamm bei Auftreten neuer Feuchtigkeit weiter. Mauerwerk kann der Weiße Porenschwamm durchwachsen.
Der Braune Warzen- oder Kellerschwamm bildet kuchenförmige, verkrustete Fruchtkörper mit gelben, im fortgeschrittenen Wachstumsstadium braunen Myzelsträngen. Der Schwamm lebt nach Austrocknung nicht mehr auf.

Schimmelpilze
Schimmelpilze greifen nur den Zellinhalt des Holzes an und sind deshalb für die Festigkeit der Hölzer ungefährlich. Eine gewisse Bedeutung hat der »Bläuepilz«, der zur Verblauung, besonders von Kiefernholz, führt. Schimmelpilze unterstützen die Moderfäule bei ständig großer Holzfeuchte, wie sie zum Beispiel bei ins Erdreich eingeschlagenen Pfählen vorkommt. Als Wachstumsbedingungen braucht der Bläuepilz eine Holzfeuchte von 28 bis 35 Prozent. Fällt die Feuchtigkeit unter 28 Prozent, erstarrt der Pilz, lebt aber auch nach Jahren wieder auf, wenn die Feuchte zunimmt.

Vorbereitung für Holzschutzmaßnahmen

Die Ursache jeder Rot-, Braun- oder Weißfäule, entstanden durch Schwämme, Naßfäulepilze oder Bläuepilze, ist Feuchtigkeit. Unter 20 Prozent Holzfeuchte kann sich kein Schwamm oder Pilz entwickeln. Als erste Schutzmaßnahme muß deshalb die Feuchtigkeit beseitigt und dafür gesorgt werden, daß keine neue Feuchtigkeit auftritt. Nach Beseitigung der Feuchtigkeit »fault« das Holz nicht mehr weiter.
Bei Schwämmen mit geringerer Zerstörungskraft oder »Ansteckungsgefahr«, wie dem Gelbrandigen Hausschwamm und dem Blätterschwamm, genügt das Abbeilen oder das Auswechseln der befallenen Hölzer.
Handelt es sich dagegen um Schwammarten mit großer Resistenz, wie Porenschwämme oder Echten Hausschwamm, die schwerwiegende und schwer zu beseitigende Schäden am Fachwerk hervorrufen, so sind alle befallenen Holzstäbe einschließlich der angrenzenden Gefache auszuwechseln. Bei Echtem Hausschwamm, der Eichenholz glücklicherweise nicht befällt, müssen darüber hinaus auch angrenzende Nachbarhölzer, wenn sie nicht mindestens einen Meter von den letzten Sporen oder Myzeln der Schadensstelle entfernt sind, ausgewechselt werden. Da das Myzel des Echten Hausschwamms Mauerwerk durchwächst und auch im trockenen Zustand jahrelang lebensfähig bleibt, sind alle Myzelstränge und Sporen besonders gründlich zu entfernen. Mauerwerk kann mit der Lötlampe abgebrannt werden, sonst hilft nur das vollständige Auswechseln aller befallenen Partien: Holzausfachungen, Ausbaumaterial und Mauerwerk mit einem Sicherheitszuschlag von einem Meter um die Schadensstelle. Alle schwammbefallenen Holzteile sind nach dem Ausbau sofort zu verbrennen.

Konstruktiver Holzschutz

Chemische Holzschutzbehandlung

Tierische und pflanzliche Schädlinge greifen eingebautes Holz vielfach oder überhaupt erst an, wenn, durch konstruktive Fehler bedingt, die Holzfeuchte den Normalwert von 16 Prozent übersteigt. Dies gilt besonders für pflanzliche Holzschädlinge, im weitesten Sinne aber auch für die holzzerstörenden Käferlarven, die durch Feuchtigkeit weicher gewordenes Holz eher angreifen. Die Grundlage jeden Holzschutzes ist deshalb die Abstellung konstruktiver Mängel, die das Eindringen von Feuchtigkeit fördern oder nicht verhindern bzw. eine schnelle Austrocknung eingedrungener Feuchte absperren. Hierzu gehören so elementare Forderungen wie das grundsätzliche Absperren von Stielen, Schwellen oder anderen Holzteilen gegen Erdreich, Fundamente, Mauerwerk und Materialien, die Feuchtigkeit tragen oder speichern. Weiter gehört zum konstruktiven Holzschutz die Anordnung aller Hölzer derart, daß kein Wasser (und auch kein Regenwasser) in die offenen Poren der Stirnseite eines Holzes eindringen und auf Holzteilen »stehenbleiben« kann. Die sorgfältige Dichtung aller Dächer ist ebenso selbstverständlich. Grundsätzlich sind alle Holzbauteile so zu konstruieren, daß lang anhaltende Durchfeuchtung vermieden wird.

Die Holzschutzpräparate sind Kombinationsmittel, vorbeugend oder bekämpfend, und müssen nach den Erfordernissen der Holzschäden abgestimmt und ausgewählt werden. Nach dem chemischen Aufbau sind zwei Schutzmittelarten zu unterscheiden:
- Holzschutzmittel auf Salzbasis,
- Holzschutzmittel auf Ölbasis.

Ölige Schutzmittel eignen sich nur zur Behandlung trockenen Holzes (unter 20 Prozent Holzfeuchte). Bei nassem Holz ist die Eindringtiefe zu gering, außerdem wird die Verdunstung der Holzfeuchtigkeit behindert. Bei ölhaltigen Mitteln ist darauf zu achten, daß es sich um Holzschutzmittel im Sinne der DIN 68800 handelt und nicht um Anstrichstoffe mit holzschützenden Zusätzen. Alle öligen Mittel werden in flüssiger Form geliefert.

Salzgelöste Präparate haben den Vorteil, daß sie sich für feuchtes und trockenes Holz gleich gut eignen. Bei feuchtem Holz dringt das Mittel unter Umständen sogar besser ein, weil die wassergelösten Präparate sich mit der Feuchtigkeit im Holz verbinden und so nach innen wandern. Nachteilig ist bei diesen Mitteln, daß sie zum einen unverträglich für anschließende Anstrichaufbauten, zum anderen leichter durch Regenwasser auswaschbar sind. Hier sind die Herstellerangaben genau zu beachten. Die Präparate werden meist in fester Konsistenz geliefert und vor der Verarbeitung in Wasser gelöst.

Zum Auf- bzw. Einbringen der Schutzmittel sind folgende Verfahren möglich:
- Anstreichen,
- Spritzen oder Nebeln,
- Bohrlochtränkung oder -injektion,
- Kurztauchen,
- Trogtränkung,
- Kesseldruckimprägnierung (unter Umständen im Unterdruckverfahren).

Die letzten drei Verfahren eignen sich nur für neues oder ausgebautes Holz und können nicht bei eingebautem Holz verwendet werden.

Bis vor wenigen Jahren waren sogenannte Dreifachschutzmittel im Handel: gegen Fäulnis und Schwämme, Insekten sowie zum Schwerentflammbarmachen des Holzes. Diese Präparate sind aus dem Handel gezogen, und es gibt praktisch kein Universalholzschutzmittel. Vielmehr ist nach Bekämpfungserfordernis, Einbauart des Holzes, bewohnten oder nicht bewohnten Räumen, Bewitterung, Giftklasse, Verträglichkeit des Präparates mit anderen Baustoffen und Anstrichaufbauten, Trocknungszeit und Einbringmöglichkeit das Bekämpfungsmittel mit der richtigen Wirksamkeitskombination auszuwählen. Die Wirksamkeitskombination ist in der Form von Kurzzeichen auf den Gebinden vermerkt. Die Abkürzungen haben folgende Bedeutung:

P   wirksam gegen Pilze (Fäulnisschutz),

Iv   vorbeugend wirksam gegen Insekten,

(Iv)   nur bei Tiefschutz vorbeugend wirksam gegen Insekten,

Ib   bekämpfend wirksam gegen Insekten,

S   auch zum Spritzen, Streichen oder Tauchen geeignet,

(S)   nicht zum Streichen, jedoch zum Tauchen sowie zum Spritzen von Bauhölzern in stationären Anlagen zugelassen,

W   geeignet für Holz, das der Witterung ausgesetzt ist,

(W)   bei Tiefschutz wird eine begrenzte Wetterbeständigkeit erreicht,

F   geeignet zum Schwerentflammbarmachen des Holzes (Feuerschutz).

Bei Fachwerk werden nach dem Abbeilen, Abbürsten, Säubern und im Extremfall Entfernen der von tierischen oder pflanzlichen Schädlingen zerstörten Holzteile die verbliebenen alten Holzteile mehrmals nach Herstellervorschrift mit Holzschutzmitteln auf Salz-, Öl- oder Lösungsmittelbasis, wie nach DIN 68800 und im Verzeichnis der Prüfzeichen für Holzschutzmittel deklariert, in der erforderlichen Mindestaufbringmenge behandelt. Die Holzschutzmittel sollen bei frischem Schadensbefall bekämpfend wirken und die Mindesteigenschaften P, Ib, S und W haben. Zur vorbeugenden Wirkung sollen die Präparate die Eigenschaften P, Iv, S und W aufweisen.

Die Mittel werden aufgestrichen oder aufgespritzt. Müssen in Ausnahmefällen die

35a–d) Besondere Verfahren zum Einbringen von Holzschutzmitteln.
Bohrlochtränkung: Im Abstand von etwa 25 cm werden schräg oder gerade etwa 12 mm starke Löcher bis zu etwa drei Virteln durch die Holzstäbe gebohrt. Diese Löcher werden mehrmals mit Schutzmittel gefüllt und dann mit einem mit Schutzmittel durchtränkten Dübel geschlossen.
Druckinjektion: Holzstiel während einer Injektionsimprägnierung.

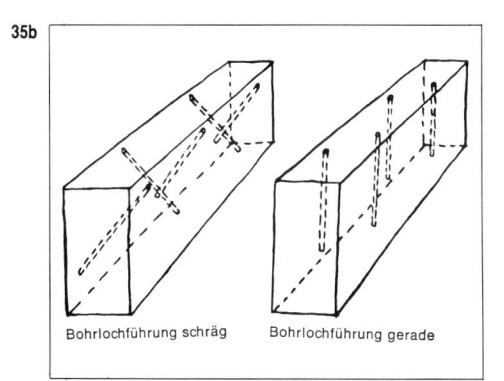

Holzstäbe in eingebautem Zustand bis tief in das Innere oder vollständig mit Holzschutzmittel durchtränkt werden, zum Beispiel bei noch lebendem Insektenbefall auch im Holzkern, so muß mit den arbeitsaufwendigen Bohrloch- oder Injektionsverfahren gearbeitet werden. Diese Verfahren sind ebenso bei starken Holzdimensionen und bei Hölzern, die nicht allseitig freiliegen, zu verwenden.

Bei der Bohrlochtränkung werden im Abstand von 25 cm versetzt Bohrlöcher mit einem Durchmesser von etwa 12 mm, bei senkrechten Hölzern schräg nach unten, bei waagerechten Hölzern senkrecht, angelegt. Diese Löcher sollen eine Tiefe von etwa drei Vierteln der Holzdicke erreichen, sie werden mehrfach mit Holzschutzmittel gefüllt und mit imprägnierten Hartholzdübeln verschlossen.

Für das Injektionsverfahren werden gleichartige Löcher gebohrt. In die Löcher werden die an ein Druckgerät angeschlossenen Enden der Injektionsstäbe eingeschlagen. Dann wird mit Druck so lange Holzschutzmittel in den Holzstab gepreßt, bis dieses an den Außenflächen austritt.

Ställe und Scheunen können mit Karbolineen behandelt werden. Dabei ist ein Karbolineum zu verwenden, das auch mit Schwammschutz ausgerüstet ist. Bei Karbolineen ist sorgfältig darauf zu achten, daß die Ausfachungen nicht durch auslaufende Schutzpräparate in Mitleidenschaft gezogen werden. Holzschutzmittel, die Pentachlorphenol (PCP) enthalten, dürfen nicht für Holz in Räumen, die zum dauernden Aufenthalt für Menschen bestimmt sind, verwendet werden.

Schutzbehandlung neuer Hölzer

Neu einzubauende Hölzer sind vor Einbau im Kesseldruckverfahren, mindestens jedoch mittels Trogtränkung zu imprägnieren. Kurztauchen reicht im allgemeinen nicht. Es sind die gleichen Schutzmittel wie bei Spritz- oder Streichverfahren zu verwenden.

Arbeitsschutzvorschriften

Die größere Anzahl der im Handel erhältlichen Holzschutzmittel gehört den Giftklassen 2 oder 3 an. Die Giftklassen sind auf den Gebinden mit Warnzeichen markiert:
Giftklasse 1 (hochtoxische Stoffe): schwarzer Totenkopf auf weißem Grund,
Giftklasse 2 (weniger gefährliche Gifte): roter Totenkopf auf weißem Grund,
Giftklasse 3: »Vorsicht«.

Holzschutzmittel können auch gesundheitsschädliche Stoffe beinhalten, die nicht unter die Gifthandelsverordnung fallen und vor denen deshalb auch nicht besonders gewarnt wird. Bei Verarbeitung aller Holzschutzmittel sind die Schutzvorschriften exakt zu beachten, einmal während der Verarbeitung, zum anderen aber auch im Hinblick auf Wartezeiten bis zur Benutzung von behandelten Räumen oder Einschränkungen der Verwendbarkeit hinsichtlich direkter Berührung von Menschen, Tieren oder Lebensmitteln. Zu den Schutzmaßnahmen bei der Verarbeitung können Schutzmasken, Schutzhandschuhe, fetthaltige Hautschutzsalben und der Schutz umgebender Bauteile wie Glas, Fliesen und Stahl vor Ätzungen gehören. Die salzhaltigen Schutzmittel sind meist mit Kontroll- oder Warnfarben ausgestattet. Deshalb ist auf den Schutz angrenzender Bauteile, besonders von Gefachausfüllungen, zu achten, da sonst später leicht Verfärbungen von Putz oder Farbe auftreten. Bei Mitteln auf der Basis brennbarer Lösungsmittel sind besondere Schutzmaßnahmen, zum Beispiel Rauchverbot, erforderlich.

Brandschutz

Fachwerkstäbe haben bei weitem nicht den schnellen Entzündungs- oder Brennbarkeitsgrad, wie im vergangenen Jahrhundert als Vorwand zum Verputzen von Fachwerk oft angenommen wurde. Hölzer von mehr als 2 mm Dicke gehören zur Baustoffklasse B 2, normal entflammbar nach DIN 4102. Holz kann ohne Verkleidung nicht »unbrennbar« oder feuerbeständig ausgerüstet werden. Die Entflammbarkeit kann aber durch entsprechende Schutzmittel vermindert werden. Die Schutzmittel (auch farblos) sind teilweise auslaugbar und benötigen teils selbst wieder Schutzanstriche.

Oberflächenbehandlung der Fachwerkstäbe

Farben der Fachwerkstäbe

Die Oberflächen alter Hölzer sind zunächst nach Farbresten zu untersuchen. Dann ist das Holz zu säubern, eventuell zu entnageln, von Putzresten zu befreien und mit der Stahlbürste abzubürsten. Große Risse im Holz und in Fugen der Holzverbindungen sind sorgfältig auszuspänen oder auszukeilen. Größere Keile sind mit verzinkten Nägeln zu fixieren, nicht zu verleimen. Keinesfalls sollen die Risse verkittet oder zugespachtelt werden, auch mit Sägemehl oder Sand verlängerte Kitte und Spachtelmassen haben sich nicht bewährt. Die Gefahren der Anwendung solcher Präparate liegen weniger in der Haltbarkeit dieser Mittel selbst als in der Verträglichkeit mit einem anschließenden Anstrichaufbau und der geringen Austrocknungsmöglichkeit der Holzstäbe. Strikt abgelehnt werden müssen dauerplastische und dauerelastische Fugenmassen, da sich bei Verwendung solcher Mittel hinter den dichten Fugenvergußmassen regelrechte Wassersäcke bilden, die schon in kürzester Zeit große Fäulnisschäden bewirken können.

Neue Fachwerkstäbe sollen nicht künstlich durch Schruppen, Beilen oder Hobeln gealtert werden, sondern sägerauh bleiben. Bei Fachwerk, das starke Kerben zur besseren Haltbarkeit eines früheren Verputzes aufweist, können zur Angleichung neue Stäbe leicht mit dem Beil bearbeitet werden. Die Einkerbungen sollten jedoch maximal 2 bis 3 mm tief sein, um keine zusätzlichen Angriffspunkte für Fäulnis zu schaffen. Bei Fachwerk, dessen Gefache neu verputzt oder ausgebessert werden, wird empfohlen, einen Anstrich, unter Umständen die Holzschutzgrundierung oder die zum Anstrichsystem gehörende Grundierung, vor dem Verputzen aufzubringen, um zu verhindern, daß zu viel Kalk mit der Feuchtigkeit des Anmachwassers in das Holz dringt und durch austretenden Kalk später ein Grauschleier auf dem Holz entsteht.

Landschaft bzw. Gebiet	Dort verbreitete Bauweise	Häufig vorkommende bzw. übliche Farbigkeit Außenwände	Fenster, Türen u. a.
Landschaften im nördlichen und westlichen Niederdeutschland			
Östliches Schleswig	Ziegelfachwerk	Balken: ungetönt oder schwarz (im Norden auch blau oder grün); Gefache: weiß geschlämmt	Fenster: grün, braun oder weiß; mitunter weißes Flügel- und dunkles Rahmenholz; Türen: grün oder braun. Besonders farbig: die Insel Alsen
Ost-Holstein	Ziegelfachwerk	Balken: schwarz, grün oder ungetönt; Gefache: ungetönt oder weiß geschlämmt	
Wilstermarsch	Ziegelfachwerk (oft mit Giebelverschalung)	Balken: ungetönt oder hellgrau; Backstein: ungetönt; Verschalungen: grün	
Vierlande und Altes Land	Ziegelfachwerk	Eichenbalken: ungetönt; Kiefernbalken: weiß; Gefache: ungetönt	Fenster: Flügel blaugrün mit weißen Kittfugen, Rahmen weiß; Türen: grün
Weser- und Allermarsch	Glattes Fachwerk	Balken: schwarz oder grünblau; Gefache: weiß	Fenster: weiß; Türen: meist grünblau, mitunter braun; Schlagläden: grünblau; geschnitzte Schrift über dem Tor: lebhaft abgesetzt
	Ziegelfachwerk (auch auf der Geest)	Balken: ungetönt, schwarz oder grün; Gefache: ungetönt, mitunter weiß gefugt	
Worpsweder Moorgebiet	Ziegelfachwerk	Balken: grün; Gefache: ungetönt	Fenster: weiß oder grün; Türen: grün mit weißen Absetzungen; Schlagläden: grün; farbige Dachreiter
Friesische Wede	Ziegelfachwerk	Balken: ungetönt oder schwarz; Gefache: ungetönt	Fenster: weiß; Türen: grün
Osnabrücker Land	Ziegelfachwerk	Balken: braun oder schwarz; Gefache: oft weiß	Fenster: weiß; Türen: oft schwarz
Grafschaft Diepholz	Ziegelfachwerk	Balken: ungetönt oder schwarz; Gefache: ungetönt	Fenster: weiß; Türen: grün; Schnitzwerk: abgesetzt
	Glattes Fachwerk	Balken: schwarz; Gefache: unten rot, sonst weiß	

Fachwerk wurde in früheren Jahrhunderten teilweise überhaupt nicht farblich behandelt. Dies beweisen nicht nur Scheunen und Nebengebäude, sondern auch ganze Dörfer in Nordhessen sowie einzelne Fachwerkgebäude in Württemberg seit dem 16. Jahrhundert. Daß andererseits Fachwerke schon in der Spätgotik auch farblich gefaßt wurden, ist durch gesicherte Befunde belegt. Für farbliche Fassungen sind möglichst Farbbefunde auszuwerten. Fast alle – auch verputzte – Fachwerke weisen mindestens Farbreste auf. Um die ältesten und ursprünglichen Farbfassungen festzustellen, sind geschützte Stellen, wie Hölzer direkt unter der Dachtraufe, Holzverbindungen oder Holzrisse, zu untersuchen. Oxydierte oder anderweitig im Erscheinungsbild veränderte Farben können meist durch chemische Analyse ermittelt werden. Auch die Feststellung, daß in einem Dorf, einer Stadt, ja sogar einer Landschaft oft nur eine Farbe oder nur wenige Farbtönungen für Fachwerkhölzer verwendet wurden, hilft bei der Festlegung der farblichen Fassung durch entsprechende Vergleiche am Ort oder in der Umgebung.

Als Bindemittel der Farben dienten schon in früher Zeit Kalk oder Leinöl, die Pigmente waren oft einfachster Natur, zum Beispiel Kienruß. Das vielfach in der Literatur vertretene »Ochsenblut« ist sicher nie als Pigment verwendet worden. Vielmehr ist zu vermuten, daß hier die Beschreibung eines Farbtons, der in manchen Gegenden, wie im Rhein-Main-Gebiet, oft vorkommt, irrtümlich als Farbmaterial deklariert wird.

Bei weniger wertvollem Fachwerk ist unter Beachtung einiger Grundsätze ein Spielraum für eigene Lösungen gegeben. Zu diesen Grundsätzen gehört, daß das Holz, das Fachwerkbild, in der farblichen Gestaltung immer dominiert, Ausfachungen und Ausbauten treten dagegen zurück. Schreiende Farben sind auch für die farbig herausgestellten Holzstäbe nicht und selbstverständlich noch weniger für die Gefache zu verwenden. Braun zur Imitation von Naturholz ist keine historische Holzfarbe und wird in größerem Umfang praktisch erst seit Anfang des 20. Jahrhunderts verwendet. Die nebenstehende Liste, von K. Gatz in der Zeitschrift i-Punkt Farbe, Nr. 83, veröffentlicht, basiert auf der Erfahrung zahlreicher Farbbefunde und kann als Anregung für farbliche Fassungen dienen.

Die Reihenfolge der Liste entspricht nicht der Einteilung in alemannisches, fränkisches und niedersächsisches Fachwerk, sondern beginnt im Norden und geht über den Westen nach dem Süden Deutschlands. Mit »glattem« Fachwerk sind glatt geputzte Ausfachungen gemeint.

Landschaft bzw. Gebiet	Dort verbreitete Bauweise	Häufig vorkommende bzw. übliche Farbigkeit Außenwände	Fenster, Türen u. a.
Ravensberger Land	Ziegelfachwerk (mit Giebelverschalung)	Balken: schwarz oder grün; Gefache: ungetönt; Verschalung: grün mit weiß	Fenster: weiß; Türrahmen: grau; Türen: grün; Schnitzwerk: lebhaft abgesetzt
Heidmark und Allermarsch	Ziegelfachwerk	ungetönt	Fenster: weiß; Türen: grün; Schlagläden: grün
Die Göhrde	Ziegelfachwerk	meist ungetönt	Fenster: weiß oder grün; Türen: grün
Hannoversches Wendland	Ziegelfachwerk, seltener Lehmstak-Fachwerk	Balken: ungetönt, braun oder schwarz, vereinzelt dunkelblau; Gefache: ungetönt oder rot, bei Lehmstak-Fachwerk weiß	Fenster: weiß; Türen: grün; Torpfosten, Türriegel, Hulfs- und Giebelbalken: abgesetzt oder bemalt
Südheide	Ziegelfachwerk	Balken: ungetönt oder braun; Gefache: weiß oder leicht getönt	Fenster: weiß oder ungetönt; Türen: braun (in der Stadt oft grün mit weißem Oberlicht); Schnitzwerk: abgesetzt
Harzvorland (nördlich)	Glattes Fachwerk	Balken: braun; Gefache: hell mit Ocker oder Umbra abgetönt	
	Ziegelfachwerk	ungetönt	
Süd- und Westharz	Glattes Fachwerk	Balken: braun oder grün; Gefache: leicht getönt	Fenster: weiß; Türen: grün oder braun; Schlagläden: dunkle Abtönung der Hausfarbe
Harzvorland (südwestlich)	Glattes und Ziegelfachwerk	Balken: schwarz; Gefache: weiß	Fenster: weiß; Türen: dunkelgrün
Solling	Glattes und Ziegelfachwerk	Balken: schwarz oder ungetönt; Gefache: weiß	Fenster: weiß; Türen: grün, braun oder ungetönt; Schnitzwerk: abgesetzt
Münsterland	Ziegelfachwerk	ungetönt	Fenster: weiß; Türen: blaugrau, grün oder braun; Schlagläden: grün (selten rot/weiß)
	Glattes Fachwerk	Balken: schwarz oder ungetönt; Gefache: weiß	
Sauerland	Glattes Fachwerk	Balken: schwarz; Gefache: weiß	Fenster: weiß; Türen: grün; Schlagläden: grün; Schnitzwerk: abgesetzt

Westdeutsche Landschaften

Landschaft bzw. Gebiet	Dort verbreitete Bauweise	Häufig vorkommende bzw. übliche Farbigkeit Außenwände	Fenster, Türen u. a.
Bergisches Land	Glattes Fachwerk	Balken: schwarz; Gefache: weiß oder hell getönt	Fenster: weiß; Türen: dunkelgrün mit weißem Rahmen und Oberlicht grün oder braunrot; Schlagläden: grün
Kölner Bucht	Glattes oder Ziegelfachwerk	Balken: schwarz; Gefache: weiß	Fenster: weiß; Schlagläden: grün
Eifel	Glattes Fachwerk	Balken: schwarz (im Hohen Venn blauschwarz); Gefache: weiß	Fenster: weiß; Türen: dunkelgrün oder braunrot
Westerwald	Glattes Fachwerk	Balken: schwarz oder braun; Gefache: weiß	Fenster: weiß; Schnitzwerk: farbig abgesetzt
Mosel und Mittelrhein	Glattes Fachwerk	Balken: rot oder rotbraun; Gefache und Putzflächen: weiß	Fenster: weiß
Hunsrück	Glattes Fachwerk	Balken: rot oder rotbraun; Gefache: weiß	Fenster: weiß; Schmuck: Gefache oft umrandet

Farbtechnik

Landschaft bzw. Gebiet	Dort verbreitete Bauweise	Häufig vorkommende bzw. übliche Farbigkeit Außenwände	Fenster, Türen u. a.
Hessische und fränkische Landschaften			
Oberhessen	Glattes Fachwerk	Balken: meist ungetönt; Gefache: weiß mit grauer Einfassung	Fenster: weiß; Türen: öfter rot mit weiß
Odenwald und Ried, Rheinhessen, Wetterau und Vogelsberg	Glattes Fachwerk (mitunter Schindelflächen)	Balken: ungetönt oder grau- bzw. braunschwarz; Gefache: ungestrichen, weiß oder leicht getönt; Schindelflächen: ungetönt oder braunrot	Fenster: weiß; Türen: unterschiedlich, Tore: mitunter braunrot; Schlagläden: blaugrau, dunkelrot oder dunkelgrün (mitunter bemalt); Schmuck: an einzelnen Orten Kratzputzornamente, Schnitzwerk abgesetzt
Spessart	Glattes Fachwerk	Balken: rot; Gefache: weiß oder leicht getönt (grau oder schwarz gefaßt)	Fenster: weiß; Türen: grün und rotbraun (oft weiße Oberlichter); Schlagläden: grün oder rotbraun
Franken	Glattes Fachwerk	Holzwerk: neues Fachwerk mit Ochsenblut bzw. roten Erdfarben, Begleitlinien grau auf Verputz; Putzflächen: weiß	Fenster und Türen: rote oder braune Töne (aus grüner Umbra und Kasseler Braun)
Fränkische Schweiz	Glattes Fachwerk, oft mit Steinunterbau	Balken: rot; Gefache: weiß oder leicht getönt; Sandstein: ungestrichen	Fenster: weiß; Türen: grün; Schlagläden: grün
Badener und schwäbische Landschaften			
Bauland	Glattes Fachwerk	Balken: braun; Gefache: weiß oder leicht getönt	Fenster: weiß
Oberrhein	Glattes Fachwerk	Balken: rotbraun; Gefache: weiß	Fenster: weiß; Türen: grün; Schlagläden: grün
Schwarzwald	Glattes Fachwerk	Balken: ungetönt; Gefache: weiß	Fenster: weiß; Türen: ungetönt
Schwäbische Alb, Oberschwaben	Glattes Fachwerk	Balken: rotbraun; Gefache: weiß	Fenster: weiß; Türen: braun oder grün; Schlagläden: grün oder rot
Bodensee	Glattes Fachwerk	Balken: rotbraun; Gefache: weiß bzw. hell getönt	Fenster: weiß; Schlagläden: grün; Schmuck: Gefache oft mit Linien eingefaßt

Für wetterbeanspruchte, nicht maßhaltige Holzoberflächen, d. h. Hölzer, die Schlagregen, Hagel, Sonneneinstrahlung, Temperaturwechsel und aggressiven Bestandteilen der Luft ausgesetzt sind, gibt es drei verschiedene Anstrichtechniken:
- Standölanstrichsystem,
- pigmentierte Lasuranstrichsysteme,
- Dispersionsfarbsysteme für bewitterte Holzoberflächen.

Die Anstrichsysteme sind teilweise mit holzschützenden Komponenten ausgerüstet, können jedoch nicht als Holzschutzanstriche im Sinne der DIN angesehen werden. Der Holzschutz sollte deshalb dem Anstrich vorausgehen. In jedem Fall ist bei Auswahl des Holzschutzmittels bereits auf die Verträglichkeit mit dem Anstrichsystem zu achten.

Die sorgfältig durchzuführenden Vorbereitungsarbeiten sollen im Normalfall bereits vor der Holzschutzbehandlung durchgeführt sein. Neben dem Reinigen von Putzresten und eventuellem Entnageln müssen alle losen, spröden oder abplatzenden Altanstriche durch Abbeizen mit Abbeizfluiden oder Abbrennen mit der Lötlampe entfernt werden. Bei vorgesehenen Lasuranstrichen müssen alle, auch feste Anstrichreste auf Öl- oder Lackbasis beseitigt werden. Die Holzstäbe von Fachwerk sind nicht zu überspachteln, kleinere Risse sind unschädlich, größere Risse und Fugen sollen, wie oben beschrieben, ausgespänt werden. Bei guter Koordinierung von Holzschutzbehandlung und Malerarbeiten kann der Holzschutzanstrich als Grundierung für den nachfolgenden Anstrichaufbau dienen. Bei Reinigung des Holzes mit alkalischen Abbeizfluiden ist gut nachzuwaschen, damit im Holz verbliebene alkalische Salze nicht später durch den Anstrich wandern und Vergrauungen bilden.

Standölanstrichaufbau

Bereits in der Mitte des 19. Jahrhunderts werden in einigen Gegenden Deutschlands, wie im Harz, Fachwerke ausschließlich in Ölfarbentechnik gestrichen. Bei fortlaufenden Wiederholungsanstrichen dringen die öligen Bestandteile tief in das Holz ein. Das Holz ist auf diese Weise gut geschützt, wegen der Verträglichkeit mit der alten vorhandenen »Grundierung« kommen nur Anstriche auf Ölbasis oder Anstriche, die auf alten Ölanstrichen gut haften, in Frage.

Ölfarbenanstriche bedürfen großer Fachkenntnisse und Erfahrung des Malers, da die Mischung und Pigmentierung der Farbe vom Maler selbst besorgt werden muß. Außerdem muß bei Ölfarbenanstrichen das Holz sehr gut vorbereitet und von spröden und losen Altanstrichteilen befreit sein. Eventuell vorhergehender Holzschutz muß auf Ölbasis aufgebaut sein, unter Umständen als Imprägnierlasur. Nach Grundierung mit verträglichen Holzschutzmitteln erfolgen zwei bis drei Leinölfirnisfarbenanstriche, die unterschiedlich fett eingestellt sein müssen (»unten mager, oben fett«). Beim Schlußanstrich wird der Leinölfirnisfarbe zehn Prozent Standöl zugesetzt.

Standölanstrichaufbauten ergeben deckende, matte bis leicht glänzende Anstrichwirkungen.

Pigmentierte Lasuranstrichsysteme

Bei diesen Systemen ist zu unterscheiden zwischen Imprägnier- und Dünnschichtlasuren, die keine Anstrichfilme auf dem Holz bilden, und den filmbildenden Dickschichtlasuren.

Der Vorteil dieser Anstrichsysteme auf Öl- oder Lösungsmittelbasis, die vielfach aus Holzschutzmitteln entwickelt wurden, liegt darin, daß mit der Ausnahme von Dickschichtlasuren kein Anstrichfilm auf dem Holz gebildet wird und dadurch das Holz in seiner natürlichen Struktur sichtbar bleibt. Weitere Vorteile sind die hohe Wasserdampfdurchlässigkeit, die leichte Verarbeitbarkeit und das Entfallen von Vorarbeiten bei Wiederholungsanstrichen. Der Anstrich blättert nicht ab, sondern verwittert. Das Holz vergraut dabei zunehmend, es entstehen aber keine unschönen Schadensbilder von Abblätterungen. Der Nachteil von nicht filmbildenden Lasuranstrichen liegt in der schnellen Verwitterung, im »Auswaschen« der Farbpigmente, so daß Überholungsanstriche bereits nach zwei bis drei Jahren notwendig werden. Dem kann entgegengewirkt werden, indem der letzte Anstrich mit einer Dickschichtlasur verschnitten oder ganz in Dickschichtlasur ausgeführt wird. Dabei ist zu beachten, daß bei zunehmender Dicke der Schicht die Wasserdampfdurchlässigkeit sinkt und die Holzstruktur mehr und mehr zugestrichen wird. Das Lasuranstrichmittel soll nicht zu schwach pigmentiert, auf keinen Fall farblos sein, da sonst kein Schutz des Holzes gegen UV-Strahlen erreicht wird. Die Holzfeuchte muß unter 20 Prozent liegen. Bei alten, trockenen Fachwerkhölzern, besonders nach Freilegung von unter Putz liegendem Fachwerk, sind drei bis fünf Anstrichgänge notwendig, da die dünnflüssigen Lasuren stark von dem trockenen Holz aufgesaugt werden.

Nicht als Lasuren zu bezeichnen sind Karbolineen; sie gehören jedoch zu den Anstrichmitteln auf Ölbasis. Karbolineen aus dunkelbraunem bis schwarzem Steinkohlenteeröl, meist in Wasser emulgiert, ergeben einen rustikalen, mittelbraunen bis schwarzen, matten und nicht filmbildenden Anstrich. Den an sich bereits holzschützenden Karbolineen sind teilweise weitere Holzschutzzusätze, zum Beispiel spezielle Schwammschutzmittel, zugesetzt. Karbolineen sind kostengünstig, einfach zu verarbeiten und bedürfen nur geringer Vorarbeiten am Holz. Nachteilig sind die Gefahr der Verfärbung angrenzender Gefache bei der Verarbeitung und das relativ schnelle »Ausbleichen«. Dabei wird das ursprüngliche Dunkelbraun immer heller und schließlich zu einem Braungrau. Folgeanstriche können nur mit Steinkohlenteeröl-Produkten durchgeführt werden, da bei anderen Materialien die Gefahr besteht, daß das Steinkohlenteeröl des Erstanstriches durchschlägt. Ein Materialwechsel ist erst nach vollkommener Auswitterung des Steinkohlenteeröls zu empfehlen.

Dispersionsfarben für bewitterte Holzoberflächen

In den letzten Jahrzehnten wurden für wetterbeanspruchte Holzoberflächen spezielle Dispersionsfarben entwickelt. Meist sind die Fabrikate mit holzschützenden Zusätzen versehen. Die in wenigen Jahren gemachten Erfahrungen sind als gut zu bezeichnen. Wichtig sind bei Anstrichaufbauten auf der Basis von Dispersionen auf Holz eine ausreichende Wasserdampfdurchlässigkeit und gute Haftung der Farben, das heißt keine Abblätterungen unter der Voraussetzung, daß alle Fachwerkhölzer kleinere und größere Risse aufweisen. Als Grundierung können wiederum Holzschutzbehandlungen, Imprägniergrundierungen, dienen. Mit zwei Anstrichen wird eine gute Farbdeckung erzielt; ein dickerer Anstrichaufbau ist wegen des Zustreichens der Holzstruktur und der Gefahr zu geringer Wasserdampfdurchlässigkeit nicht zu empfehlen.

Für Fachwerk nicht geeignete Anstrichmittel

Da davon ausgegangen werden muß, daß im Gegensatz zu maßhaltigen Bauteilen aus Holz, wie Fenster, Türen und Klappläden, Fachwerke nicht dicht gestrichen werden können, das heißt, allseitig so gestrichen, daß keine Feuchtigkeit mehr in die Holzstäbe eindringen kann und die Wasserdampfdiffusion unterbunden wird, ist eine Reihe von Anstrichsystemen für Fachwerke ungeeignet. Zu diesen ungeeigneten Materialien, welche die Wasserdampfdiffusion durch die Holzoberfläche zu stark hemmen, gehören farblose Lacke – auch Klarlacke genannt –, dichte Dispersionen und Kunstharze.

Geschnitztes Fachwerk

Bei guten figürlichen oder ornamentalen Schnitzereien sollte ein Restaurator eingeschaltet werden. Die Befunde eventueller früherer farblicher Fassungen müssen vorsichtig gesichert und dokumentiert werden. Es ist davon auszugehen, daß nicht alle Schnitzereien farblich behandelt waren. Aus der Gesamtsicht gilt für ornamentale und figürliche Schnitzereien, daß die Gefache und die nicht mit Schnitzwerk versehenen Holzstäbe zurückhaltend farblich behandelt werden, damit sich die Schnitzereien gut abheben. Das Schnitzwerk soll sich dem Gesamtfachwerkbild jedoch unterordnen, damit nicht durch zu starkes Hervorheben einzelner Stäbe ein unruhiges Bild entsteht.

Die Farbauswahl zur Fassung von Schnitzwerk bei der Entstehung von Fachwerken war eingeschränkt. Kostengünstig waren dunkle Farbtöne, Schwarz aus Ruß, Holzkohlenteer oder Knochenkohle, und hellere Farbtöne des Gelb-Rot-Bereichs und des Braun-Umbra-Bereichs, zum Beispiel aus durch Eisenoxydation gefärbten Tonen. Reine Rot- und Grüntöne oder Ultramarin waren oft schwer zu beschaffen und zur großflächigen Anwendung bei Fachwerk zu kostbar.

Die gestrichenen Holzteile sind möglichst im Trockenverfahren mit Bürste, Pinsel und Spachtel oder Spatel zu reinigen. Danach ist das Holz, soweit erforderlich, mit Holzfestiger chemisch zu behandeln, da die zierlichen Holzteile von Schnitzwerk oft stark angegriffen sind. Weiterhin ist eine Holzschutzbehandlung erforderlich, und abschließend sollte mit einer wenig glänzenden Lasur oder farblichen Fassung auf Öl- oder Dispersionsbasis mit für Holz eingestellter Dispersion nach Befund die Konservierung und Restaurierung beendet werden.

36 Zierlich geschmückter Fachwerkgiebel. Zur Sanierung und farblichen Fassung solchen Schmucks sollte ein Restaurator eingeschaltet werden.

37 Eckständer mit figürlichem Schmuck. Die geschnitzten Teile sind besonders nach Farbresten zu untersuchen.

38 Schlecht gepflegter Scheunengiebel. Der äußere Teil der Lehmausfachung ist vom Regen ausgewaschen, so daß Stakung und Weidengeflecht freiliegen.

Ausfachungen

In der Gotik wurden im Ständerbohlenbau Fachwerke mit Holz ausgefacht, andererseits wurde bereits bei Flechtwerkbauten vor 5000 Jahren Lehm zum Abdichten der Wände verarbeitet. Lehm war über Jahrhunderte der meistgebrauchte Werkstoff zum Ausfachen. Die Gefache wurden in folgender Weise ausgeführt: In die mittig angeordneten Kerben der Fachwerkstäbe wurden gespaltene, bis zu 5 cm dicke Holzstaken eingeschlagen. Diese Stakung wurde mittels Weidengeflecht verdichtet und von beiden Seiten mit Strohlehm beworfen, der holzbündig abgezogen wurde. Beim Trocknen der ersten Lehmschicht verringerte sich das Volumen durch Schwinden erheblich, so daß nach Austrocknung putzartig eine zweite, feinere Lehmschicht aufgetragen werden mußte, die auch die entstandenen Spalten zwischen Holz und dem ersten Lehmbewurf ausfüllte. Das Fachwerk wurde, wie an Befunden erkennbar, noch in der Spätgotik vielfach auch im Gebäudeinneren unverkleidet und unverputzt offen stehengelassen.

Die farbliche Behandlung der Gefache bestand aus einem Kalkanstrich, teilweise mit geringem Pigmentanteil (maximal 10 Prozent), der dünn aufgetragen wurde. Zur Erzielung witterungsbeständiger Anstriche wurden Heringslake zur Verlängerung der Abbindezeit und damit besserer Aushärtung des Kalkes, Leinölfirnis zur zusätzlichen Bindung oder Magermilch zur Erzielung der Kalkkaseintechnik beigemischt. Wegen der außerordentlich guten Wärmedämmung des Strohlehms sollen Lehmausfachungen nach Möglichkeit erhalten werden.

Behandlung von unzerstörten Lehmausfachungen

Nach dem Abbürsten loser Kalk- und Lehmteile wird der Lehm angefeuchtet und ein dünner Kalkmilchanstrich aufgebracht. Der zweite Anstrich ist ebenfalls dünn zu halten, da der Kalk sonst zu leicht abblättert. Zur besseren Haltbarkeit sollte eine Kalkkaseintechnik angewendet werden. Dabei werden zu 100 Liter Kalkmörtel etwa 3 Liter Magermilch zugesetzt. Mineralfarben sollten nicht verwendet werden, da eine Verkieselung nicht stattfinden kann.

Besser, weil widerstandsfähiger gegen Witterungseinflüsse ist ein dünner Kalkputz. Dazu wird der Lehm gut angefeuchtet, dünner Kalkputz aus gelöschtem Kalk mit Feinsand und eventuell beigemischten Farbpigmenten (maximal 10 Prozent) unter Zusatz von Kuhhaaren aufgetragen und bündig mit den Holzteilen mittels Kelle oder Reibebrett abgerieben. Wenn der Putz keinen farblichen Zusatz erhält, kann anschließend mit mineralischen Farben bei zweimaligem Farbauftrag gestrichen werden.

Neue Lehmausfachungen

Neue Lehmausfachungen werden nur in Einzelfällen von Handwerkern ausgeführt, allenfalls von Restauratoren, sonst in Selbsthilfe. In die Fachwerkstäbe werden in einer Richtung 1,5 bis 2 cm tiefe Kerben mittig eingehauen und in diese Stakhölzer aus rohen, trockenen Eichenscheiten bis etwa 5 cm Dicke und in Abständen bis 20 cm eingeschlagen. Mit Weidenruten bis zu 2 cm Durchmesser werden die Stakhölzer, bis an die Fachwerkstäbe reichend, ausgeflochten. Der Lehmmörtel wird aus feinem Lehm ohne zuviel Fremdstoffe oder Steine mit Strohhäcksel zur Armierung vermischt, mit Wasser angeteigt,

*39 Fachwerk mit Naturstein-Ausmauerung.
40 Die Strohlehmausfachung ist für Neuverputz vorbereitet. Seitlich an den Fachwerkstäben wurde Flachrippen-Streckmetall befestigt.*

etwa 12 Stunden ziehen lassen. Dann wird das Geflecht beidseitig damit beworfen und holzbündig abgezogen. Nach dem Trocknen wird in die zwischen dem ersten Lehmbewurf und dem Holz entstandenen Spalten und zur holzbündigen Auffüllung putzartig ein feiner Lehmmörtel ohne Strohhäckselbeimischung aufgetragen und abgezogen. Die farbliche Behandlung wird, wie im Absatz »Unzerstörte Lehmausfachungen« (Seite 93) beschrieben, ausgeführt.

Stark angegriffene Lehmausfachungen

Der Lehm ist bis etwa 1 cm hinter Vorderkante der Fachwerkhölzer, mindestens jedoch seitlich an den Holzstäben zu entfernen. Danach wird punktverschweißter, verzinkter Rabitzdraht, besser verzinktes Flachrippenstreckmetall in Gefachgröße mit verzinkten Nägeln seitlich an die Fachwerkhölzer angenagelt. Müssen die Streckmetalltafeln gestoßen werden, so ist mindestens 15 cm zu überdecken, damit die Bruchgefahr ausgeschlossen wird. Durch das Streckmetall und dessen Verbindung mit dem Holz wird der Putz praktisch nicht mit dem Lehmgefach, sondern mit den Holzstäben verbunden. Dadurch wird erreicht, daß der Putz vom leichten Arbeiten des Lehmgefaches – dem Quellen und Schwinden auch bei geringer Feuchtigkeit – nicht beeinflußt wird. Auf das Streckmetall wird ein zweilagiger Kalkputz mit geringem Zementanteil aufgebracht. Die untere Putzlage soll ein Mischungsverhältnis von etwa 15 Raumteilen Sand 0 bis 3 mm, 4 Raumteilen Kalk und maximal 2 Raumteilen Zement, die obere Lage von 15 Raumteilen Sand, 4 Raumteilen Kalk und 0,5 Raumteilen Zement aufweisen. Besser als normaler Zement eignet sich Traßzement, der einen elastischeren Mörtel ergibt. Zur Sicherheit gegen Haarrisse sind dem Mörtel Kuhhaare beizumischen. Bei weniger bedeutendem Fachwerk sind auch Fertigputze denkbar. Fertigmörtel sind jedoch wegen des meist höheren Zementanteils nicht so gut geeignet wie ein nur gering mit Zementzusatz versehener Kalkmörtel. Hoher Zementanteil führt zu starren Putzplatten zwischen den Fachwerkhölzern. Diese Putzplatten in den Gefachen neigen leicht zu Rissen oder gar zum Lösen, da sie die geringen Bewegungen der Fachwerkhölzer nicht auffangen können. Mörtel aus Kalk und Traß bleiben elastischer.
Normal dicker Putz direkt auf altem Strohlehm ohne Streckmetallarmierung ist problematisch, da die Haftung zwischen Lehm und Kalk- oder Traßputz nur gering ist und keinen großen Belastungen standhält. Ein so angelegter Putz wird deshalb im wesentlichen von den seitlich begrenzenden Fachwerkstäben fixiert und neigt zum Reißen und Ausbrechen.

Vorhandene holzbündige Ausmauerung

Bereits im Barock, teilweise in Verbindung mit dem Überputzen von Fachwerk, wurden bei vielen Fachwerkgebäuden die Lehmausfachungen entfernt und durch Ausfachungen aus gebrannten Ziegeln ersetzt. Wegen des Überputzens wurden die Ziegel mit der Vorderkante der Fachwerkstäbe bündig gemauert. Ebenso steht oft noch feste Strohlehmausfachung bündig mit dem vorderen Holzabschluß. In beiden Fällen ist seitlich der Hölzer soviel Ziegel- oder Lehmmaterial abzuspitzen oder abzukratzen, daß bei Lehm das Flachrippenstreckmetall noch seitlich an das Holz genagelt werden kann, bei Ausmauerung der Putz nicht auf dem Holz enden muß, sondern seitlich an das Holz anschließen kann. Der Putzauftrag soll in solchen Fällen maximal 1,5 cm betragen und seitlich flach an das Holz beigezogen werden, so daß keine Kante im Putzfeld entsteht und der Putz auf der Holzkante endet, also nicht am Holz vorsteht. Die nicht gewünschte kissenartige Wirkung wird auf diese Art gemildert. Keinesfalls sollen etwa Latten auf die Fachwerkhölzer aufgenagelt und darf über diese der Putz abgezogen werden oder der Putz als Kissen mit senkrecht zur Fassade gerichteten scharfen Putzkanten versehen werden. Bei Ausbildung solcher Kanten besteht die Gefahr, daß am oberen waagerechten Gefachabschluß durch die sich immer zwischen Holz und Putz bildenden Haarrisse Wasser eindringt. Schließt der Putz dagegen annähernd flächig an, so ist die Gefahr eindringender Feuchtigkeit auch bei Schlagregen gering. Kleinere Feuchtigkeitsmengen diffundieren aus Putz und Holz wieder aus.

Nicht mehr vorhandene oder stark zerstörte Lehmausfachungen

Da Lehmstakungen von Maurern oder Putzern nicht mehr hergestellt werden, ist als Ersatz für zerstörte Gefache im Normfall eine Ausmauerung notwendig. Verwendet werden können hierzu praktisch alle kleinformatigen Ziegel oder Steine; die wesentlichen Faktoren sind Wärmedämmung und Elastizität des Materials. Am günstigsten erscheinen immer noch Leichtbeton-Vollsteine (Schwemmsteine) mit hoher Wärmedämmung. Möglich sind auch gut wärmedämmende poröse, kleinformatige Hochlochziegel; jedoch besteht bei durchgehenden Löchern die Gefahr, daß Kondenswasser nicht vom Ziegelmaterial aufgenommen wird und langsam verdunstet, sondern in den Löchern nach unten in Riegel oder Schwelle läuft und Fäulnisgefahr hervorruft. Großformatige Steine, zum Beispiel gut wärmedämmende Gasbetonblöcke, sollten nur verwendet werden, wenn keine Bewegungen des Holzes zu erwarten sind. Bei der Ausmauerung der

41 Ausmauerung mit großformatigen Gasbetonsteinen. Wo Erschütterungen oder Bewegungen des Holzes zu erwarten sind, soll mit kleinformatigen Steinen und nicht zu sprödem Mörtel ausgemauert werden.
42 Niedersächsisches Fachwerk mit ornamentaler Ziegelausfachung.
43 Ausgekerntes Fachwerk, zur Neuausmauerung vorbereitet. Deutlich sind die hellen Dreikantleisten zur besseren Haftung und Dichtung der Ausfachungen sichtbar.

Gefache ist das Schwinden des Holzes zu berücksichtigen. Deshalb sollen zur dauernden Festigkeit und zum besseren Halten der Ausmauerung seitlich in den Gefachen etwa mittig Dreikantleisten, deren Profil in die Mauersteine einzuarbeiten ist, angenagelt werden. Das Holz soll vor Ausmauerung auf eine Holzfeuchte unter 16 Prozent ausgetrocknet sein. Das Mauerwerk ist in Mörtelgruppe II auszuführen und 1,5 cm hinter der Vorderkante der Hölzer zurückzusetzen. Der Putzaufbau wird, wie oben beschrieben, außen fachwerkbündig, jedoch ohne Streckmetall hergestellt.

Klinker- und Zierklinkerausfachungen

Im niedersächsischen Fachwerkbau, in Einzelfällen auch bei fränkischem Fachwerk, wurden die Gefache mit Klinkern ausgemauert. Die Klinkerausfachung ist zwar viele Jahrzehnte praktisch ohne Pflege haltbar, hat jedoch bauphysikalisch zwei Probleme: Zum einen neigen die Anschlüsse der Ziegel zum Holz bei Schlagregen zu Undichtigkeiten, zum anderen ist das Wärmedämmvermögen der Klinker ungenügend. Bei Schäden sollen trotzdem die Gefache nicht verändert, sondern durch Ziegelersatz und Fugenausbesserung, eventuell vollkommen neue Ausfugung, nachdem das alte Fugenmaterial bis zu einer Tiefe von 2 cm entfernt wurde, repariert werden. Besondere Aufmerksamkeit ist auf das dichte Schließen der Fugen zwischen Holz und Steinen zu richten. Die hergebrachten Mörtelfugen müssen immer noch als beste Lösung angesehen werden. Das Schließen der Fugen mit dauerelastischem oder dauerplastischem Material hat sich nicht bewährt, da auch mit Primern keine dauerhafte dichte Verbindung zwischen den alten Steinen, dem alten Holz und der Dichtungsmasse herzustellen ist. Die noch eintretende Feuchte kann durch die dichten Fugenmassen nicht oder nur zu langsam wieder austreten. Wird die gesamte Ausfachung durch Haarrisse oder saugende Steine durchfeuchtet, so ist eine Silikonimprägnierung angebracht.

Erhöhung der Wärmedämmung

Fachwerkwände erreichen nicht immer die nach DIN geforderten Wärmedämmwerte. Die für den sogenannten Vollwärmeschutz erforderlichen bzw. die im Energieeinsparungsgesetz geforderten Dämmwerte werden von historischem Fachwerk praktisch nie erfüllt. Unter dem Aspekt, daß Fachwerkwände die Wärme relativ gut speichern und der Fensteranteil gering ist, erscheint es jedoch gerechtfertigt, daß nicht in allen Fällen die geforderten hohen Dämmwerte erreicht werden. Andererseits sollten Fachwerke keinesfalls aus den Bemühungen um erhöhten Wärmeschutz und damit sparsamen Verbrauch von Energie ausgeschlossen werden, vielmehr lassen sich durch zusätzliche – bis auf Wärmedämmputze fast ausschließlich innenseitige – Maßnahmen die Wärmedämmwerte erhöhen.

Für Außenwände wird im Wärmedämmgebiet 2 ein Wärmedurchlaßwiderstand (Wärmedämmzahl) von mindestens $1/\Lambda = 0{,}47$ m^2 K/W (0,55 m^{2}h°C/kcal), im Wärmedämmgebiet 3 von $1/\Lambda = 0{,}56$ (0,65), gefordert. Bei einer 16 cm dicken Fachwerkwand beträgt der Wärmedurchlaßwiderstand in den Holzstäben je nach Holzart etwa 0,65 (0,75) bis 0,74 (0,85), im Bereich der Lehmausfachung jedoch nur $1/\Lambda = 0{,}31$ (0,35) bis 0,35 (0,40). Setzt man das Verhältnis von Holzstäben zu Ausfachungen in den Wandflächen mit 1:3 an, so ergibt dies einen Mittelwert von $1/\Lambda$ = ca. 0,44 (0,50), also gering unter dem Mindestwert von 0,48 (0,55).

Innendämmung

Die einfachste Art der Wärmedämmverbesserung ist das Aufbringen von Wärmedämmplatten auf der Innenseite der Außenwände ganzflächig oder nur in den Ausfachungen. Verwendet werden können Holzwolleleichtbauplatten, die dann gleichzeitig als Putzträger dienen, Sandwichplatten aus Polystyrol-Hartschaum mit Putzträger oder Sandwichplatten aus Polystyrol-Hartschaum mit Gipskarton. Letztere haben den Vorteil des Trockenputzverfahrens mit nur einem Arbeitsgang für Putz und Wärmedämmung. Mit dem Aufbringen von 2 cm dicken Polystyrolplatten bei 16 cm Ausfachungsdicke steigt der Wärmedurchlaßwiderstand auf $1/\Lambda = 0{,}79$ (0,91). Ein noch höherer Wert wird erreicht, wenn auf die Wand eine Querlattung mit etwa 50 cm Lattenabstand genagelt oder geschraubt wird, zwischen die Latten Polystyrol-Hartschaum oder Mineralwolleplatten eingelegt werden und dann eine Holzverbretterung oder Vertäfelung angebracht wird. Bei ungünstigen Verhältnissen – geringe Dämmung in der Wand und hohe nachträgliche Innendämmung – ist eine Taupunktberechnung notwendig, eventuell muß innenseitig eine Dampfsperre angeordnet werden.

Neuausmauerung

Bei stark angegriffenen Lehmausfachungen muß, wie geschildert, die Lehmausfachung entfernt und neu ausgemauert werden. Der Grad der Wärmedämmverbesserung hängt vom Ausmauerungsmaterial ab. Im günstigen Falle erreicht man bei einer 11,5 cm dicken, beidseitig verputzten Gasbetonausmauerung einen Wärmedurchlaßwiderstand von $1/\Lambda = 0{,}57$ (0,67). Auch eine dickere, nach innen überstehende Ausmauerung ist möglich, dabei sollten die Holzstäbe mit zementgebundenen Holzwolle-Leichtbauplatten aufgefüttert werden. Bereits mit 17,5 cm dicken Gasbetonsteinen wird ein Wärmedurchlaßwiderstand von annähernd $1/\Lambda = 0{,}87$ (1,0) erreicht.

Wärmedämmputze

Liegt die Strohlehmausfachung weit genug (mindestens 3 cm) zurück, so kann ein Wärmedämmputz aufgebracht werden. Als Putzträger dient auch hier Flachrippenstreckmetall, das seitlich an den Fachwerkstäben befestigt wird. Die Lehmausfachung von etwa 16 cm und 3 cm Wärmedämmputz erzielen einen Dämmwert von etwa $1/\Lambda = 0{,}61$ (0,70) (je nach Fabrikat, 1 cm Wärmedämmputz ungefähr 0,09 [0,10]). Wärmedämmputze können auch innen aufgebracht werden, jedoch ist hier in jedem Einzelfall eine Taupunktberechnung notwendig, um ein Wasserdampfkondensieren in bauphysikalisch ungünstiger Schicht zu vermeiden.

Fachwerk außen und innen sichtbar

Aufgrund zahlreicher Befunde konnte nachgewiesen werden, daß Fachwerke des Mittelalters, der Übergangszeit und der Beharrungszeit bis in das 18. Jahrhundert vielfach innen nicht verputzt, sondern ähnlich dem sichtbaren Fachwerk außen mit sichtbarer Fachwerkkonstruktion gestaltet wurden. Um eine besondere Raumwirkung, eine »warme« Raumatmosphäre, zu erzielen, besteht bei vielen Fachwerksanierungen der Wunsch, Fachwerkwände auch innen als Sichtfachwerk auszubilden. Für die Innenwände ist dies unproblematisch (siehe hierzu den Abschnitt »Fachwerkinnenwände«), bei Außenwänden mit Lehmausfachung oder Ausmauerung und beidseitigem Verputz in den Gefachen muß auf höheren Wärmeschutz verzichtet werden. Von neueren Versuchen, wie Ausschäumen oder Ausfüllen der Gefache mit Dämmaterial und beidseitige Beplankung mit gefachgroßen Platten, ist abzuraten, da noch keine Erfahrungen über das Verhalten solcher Gefache über einen längeren Zeitraum vorliegen und besonders der dichte Anschluß der Platten an die Holzstäbe problematisch erscheint.

Hintermauerung

In Ausnahmefällen kann Fachwerk auch hintermauert werden. Dies sollte jedoch nicht in der Art geschehen, daß in einer Fachwerkhülle ein Massivbau mit tragenden Mauerwerkswänden und Betondecken entsteht. Das Fachwerk wird bei solchen Konstruktionen zur Dekoration degradiert. Eine Hintermauerung darf nicht direkt an Gefache und Fachwerkhölzer angebunden werden, da damit die Fachwerkstäbe dreiseitig von Mauerwerk umschlossen und erhöhter Fäulnisgefahr ausgesetzt würden. Denkbar sind Hintermauerungen in der Art, daß in Mauerdicken von

Schmuck und Farben der Ausfachungen

10 bis 17,5 cm mit einem Luftabstand von durchgehend mindestens 3 cm zum vorhandenen Fachwerk Wände aufgemauert werden. Der Luftzwischenraum muß durch Zu- und Abluftöffnungen belüftet werden, damit der Luftstrom eventuell auftretendes Kondensat oder von innen bzw. außen eingedrungene Feuchtigkeit wieder abführen kann. Insgesamt muß auch bei hintermauerten Fachwerkwänden dafür gesorgt werden – dies gilt besonders für Klinkerausfachungen –, daß die äußere Haut, die Gefachfüllung, sorgfältig und auch gegen Schlagregen dicht hergestellt oder saniert wird.

Auch für die farbige Behandlung der Gefache ist möglichst von Originalbefunden auszugehen. Deshalb sind alle Befunde sorgfältig zu sichern und Erneuerungen oder Instandsetzungen zunächst nach Befund auszuführen.

Auf Lehm sollten nur Kalkanstriche aufgebracht werden. Da Kalkanstriche den aggressiven Bestandteilen unserer Luft nicht genügend Widerstand entgegensetzen und dementsprechend schnell verwittern, ist bei wertvollem Fachwerk ein dünner Kalkputz direkt auf den Lehm oder bei weniger kostbarem Fachwerk ein Putz auf Flachrippenstreckmetall als Putzträger, wie im Abschnitt Ausfachungen beschrieben, aufzubringen. Es sollen weder gespritzte noch gekratzte Edelputze verwendet werden, sondern, wie ebenfalls geschildert, zweilagige Kalkputze, mit teilweise hydraulischen Bindemittelzusätzen zur besseren Beständigkeit, ausgeführt werden. Als Zuschlagstoff ist scharfer Flußsand, frei von fremden Bestandteilen, Körnung 0 bis 3 mm, Kornzusammensetzung innerhalb der Sieblinie A und B der DIN 1045 liegend, zu verwenden. Die Putzlagen sind im Kellenwurf anzutragen und mit der Holzscheibe abzureiben. Es darf keine zu dichte, totgeriebene Oberfläche entstehen. Keinesfalls sollen Putzmaschinen und Richtscheite zum Abziehen verwendet werden. Im Normalfall soll der Putz holzbündig abschließen. An den Kanten wird der Putz flach an das Holz angezogen, auch wenn er vor die Fachwerkflucht springt.

Für Putze mit genügend Sandanteil eignen sich Mineralfarbanstriche, da diese mit dem Putz verkieseln und dessen Oberfläche zusätzlich härten. Weniger gut eignen sich Dispersionen und Kunstharze als Anstrichsysteme, da sie die Wasserdampfdiffusionsfähigkeit zumindest einschränken. Mit Farbe ist vorsichtig umzugehen. Meistens waren die Gefache früher nur weiß gekalkt, wobei der Kalk nicht in der Reinheit wie heute zur Verfügung stand und deshalb bereits leichte Farbtönungen durch die verschiedenen Verunreinigungen des Kalkes entstanden. Daneben wurden seit dem 19. Jahrhundert auch Aufhellungen aus Gelbocker, Grün und Rot verwendet.

Bei qualitätvollem Fachwerk war die Ausfachung mit einem geglätteten Streifen zum Holz hin abgesetzt, in diesen Streifen wurden teilweise farbige Begleiter von 2 bis 4 cm Breite aufgesetzt. Die Farben dieser Begleiter sind Englischrot, Blaugrau oder Taubenblau. Schmale, farbige Ritzer mit Abstand zum Holz können auch kräftig rot, grün, blau oder schwarz sein.

Auf keinen Fall dürfen Holzleisten auf die Fugen zwischen Putz und Holzwerk gesetzt werden. Nötigenfalls ist der Putz mit Haarkalkmörtel beizuarbeiten.

Zierkratzputze, Stipptechniken, ornamentale und figürliche Malereien sind nur nach Befund zu erneuern.

44 Originalbefund aus der Spätgotik: Lehmausfachung, bündiger Kalkputz, Kalkanstrich der Ausfachungen: weiß, Begleiter 3 bis 5 cm breit, taubengrau, und etwa 6 mm breiter schwarzer Ritzer.
45 Die Ausfachung ist mit einem geglätteten Streifen zum Holz hin abgesetzt. Der Putz ist im Normalfall feinkörniger.

Verkleidungen

Zum Schutz vor starken Witterungseinflüssen wurde an Fachwerkhäusern vielfach die »Wetterseite«, in exponierten Lagen das gesamte Fachwerk, verkleidet. Dazu verwendete man landschafts- und materialgebunden unter anderem:
im Harz: Schiefer, waagerechte Verbretterungen, Tonziegel, Biberschwänze;
in Hessen: Schiefer, Kurzschindeln, Langschindeln, senkrechte Verbretterungen;
in Süddeutschland: senkrechte Verbretterungen.
Nach der Mitte des 18. Jahrhunderts, als der Steinbau den Fachwerkbau immer mehr ablöste, begann man, verbunden mit der nie bewiesenen »Brandunsicherheit«, Steinbauten zu kopieren. Man verputzte vorhandene Sichtfachwerke und errichtete Fachwerkputzbauten, die dann ein entsprechend sparsames Holzwerk aufweisen. Ende des 19. Jahrhunderts fing man an, Verkleidungen aus neuen Materialien – immer noch kleinformatig –, etwa in Form profilierter Blechschindeln, herzustellen.
Besonders in den Jahren nach 1955 wurden zahlreiche Fachwerkbauten mit Kunststoffplatten, Kunststoffpaneelen, Asbestzementplatten, Aluminiumpaneelen, Asphalt- und Bitumenplatten oder dicklagigen Zementputzen verhüllt, die alle kunsthistorisch nicht zu vertreten sind. Wenn Fachwerk nicht mehr sichtbar ist, hat das Gebäude seinen optischen Wert als Fachwerk und zur Strukturierung von Dorf- und Stadtlandschaft verloren. Darüber hinaus sind ein Teil der Verkleidungen, die nicht in Form einer hinterlüfteten Fassade aufgebaut sind, und Putze bautechnisch und bauphysikalisch ungeeignet, da die Gefahr der Fäulnis für das eingeschlossene Holz besteht und eventuell bereits bestehende Schäden gefördert und unkontrollierbar werden. Dabei halten die neuen Materialien, mit den Prädikaten billig, pflegeleicht und lange haltbar eingeführt, vielfach bei weitem nicht, was mit ihnen versprochen wurde. Einige Materialien, wie Asphalt- und Bitumenplatten, verrotten relativ schnell. Bei großformatigen Platten bilden sich häufig Schmutzfahnen, und fast alle Platten und Paneele sind höchst empfindlich gegen auch nur geringe mechanische Beanspruchung wie Bälle oder angelegte Leitern. Die Billigkeit der Materialien drückt sich an allen Ecken und Anschlüssen durch pappartig wirkende Kunststoffeckprofile aus.

Die historischen Verkleidungsmaterialien sind luftdurchlässig und lassen eventuell eingetretene Feuchtigkeit wieder »auslüften«, so daß Fäulnis durch Feuchtigkeit verhindert wird. Ist der Holz-, Schindel- oder Schieferschirm eines Gebäudes noch intakt, so sollte er nicht abgenommen werden, da er weiterhin in der Lage ist, das Gebäude wirksam zu schützen. Die Witterungsbedingungen, die einmal zum Anbringen des Schirms geführt haben, sind meist annähernd gleich geblieben. Nur außergewöhnliches Schmuckfachwerk rechtfertigt die Abnahme eines Schirms.

Schieferverkleidungen

Vorhandene Schieferverkleidungen sollen ausgebessert werden, wenn sie Schäden aufweisen. Meist ist nicht der Schiefer »faul« geworden, sondern die Nägel sind weitgehend durchgerostet. Bei Schieferersatz ist darauf zu achten, daß in der vorhandenen Deckungsart repariert wird, die Schiefertafeln etwa gleiche Größe wie das alte Material haben, alle Schmuckornamente wieder eingearbeitet werden und

46 Allseitiger Schindelschirm eines kleineren Fachwerkhauses.
47a–c) Fachwerkverkleidungen mit Schiefer, Biberschwänzen und Dachziegeln.
48a–g) Schindelschirme aus verschiedenen Kurzschindelarten.

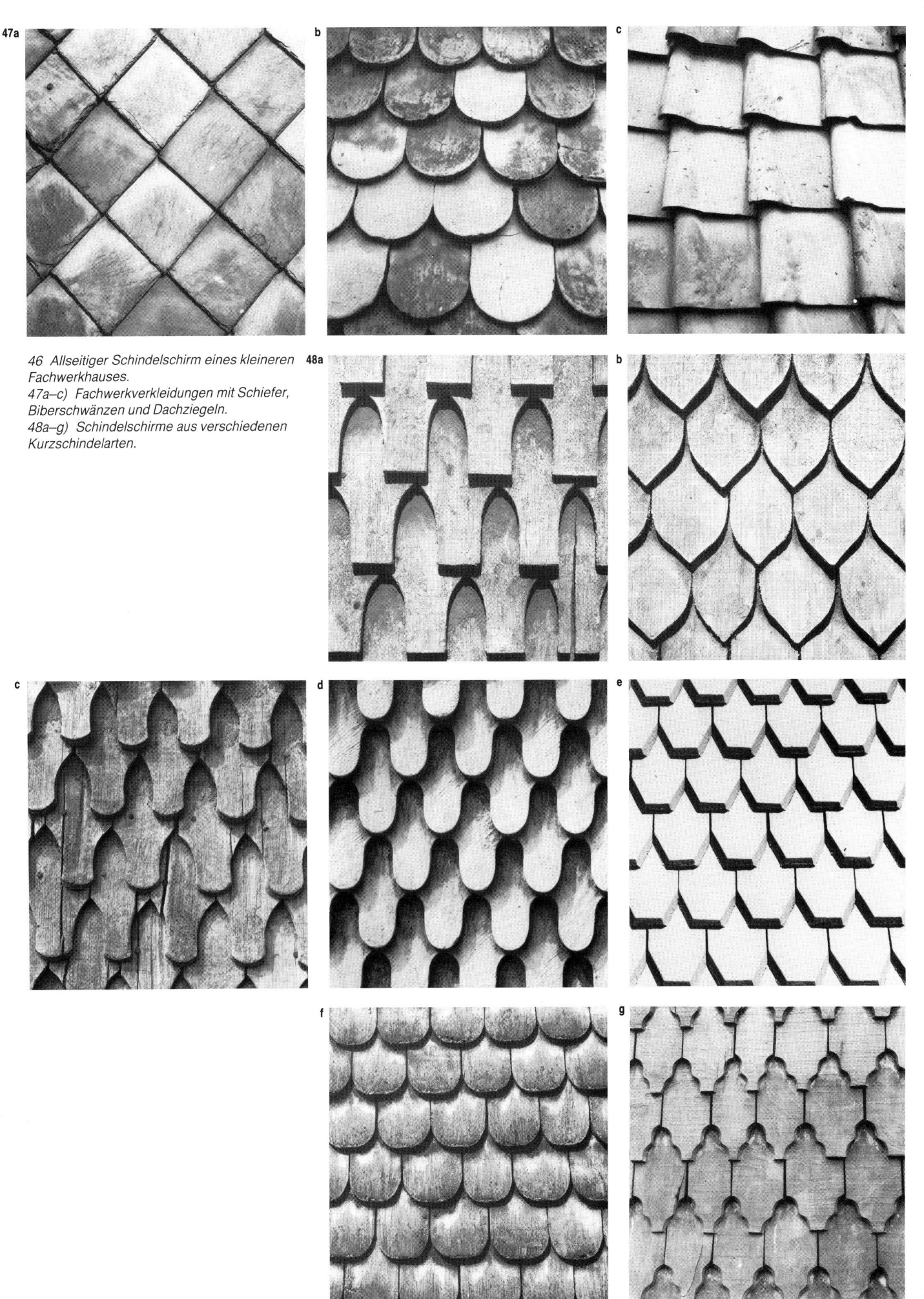

49 Langschindelverkleidung einer Scheune.

der neue Schiefer annähernd die gleiche Farbe wie der vorhandene hat. Nur in Ausnahmefällen soll Asbestzementschiefer in deutscher Deckung, Plattengröße 20×20 cm oder 30×30 cm, mit Bogenschnitt aus Kostengründen als Ersatz verwendet werden (sog. Denkmalplatte).

Schindelschirme

Der Schindelschirm hat mehrere Vorteile. Setzungen des Fachwerks werden auf die Schindeln übertragen, ohne daß dabei Undichtigkeiten entstehen. Holzschindeln, richtig angebracht, ergeben einen wetterfesten und dauerhaften Schutz, der auch das Wärmedämmvermögen erhöht. Die Haltbarkeit eines Schindelschirms beträgt 120 bis 150 Jahre.
Früher wurden die Schindeln handgespalten, heute werden sie maschinell geschnitten und gestanzt. Bei einer Schindelgröße von 8×35 cm werden etwa 160 Schindeln pro Quadrameter gebraucht. Neuere, großformatige Schindeln eignen sich wegen ihrer Größe weniger zur Fachwerkverkleidung, es sei denn, es soll ein fachgerechter Langschindelschirm erzielt werden. Zum Aufbringen eines Schindelschirms wird das Fachwerk zunächst mit einem Schindelboden, einer waagerechten Verschalung, 15 bis 24 mm dick, versehen. Dann werden, von unten beginnend, die gut mit Holzschutzmittel imprägnierten Schindeln aufgenagelt, und zwar die unterste Reihe mit der Fase nach innen, um eine Tropfkante zu erhalten. Zuerst werden jeweils zwei bis drei Lagen Schindeln an den Gebäudeecken hochgezogen. Diese Ecklagen dienen zum Fluchten mit der Schnur, dann folgen die Reihen über die gesamte Fassadenbreite. Die Schindeln müssen vierfach übereinander liegen, das heißt, der Höhenabstand jeder Reihe darf maximal ein Viertel der Schindellänge betragen. Bei kleinen Vorsprüngen und am überstehenden Sockel wird der Schindelschirm geschweift oder gerade herausgezogen, um dem Regenwasser keine Angriffsfläche zu bieten. Zur zusätzlichen Sicherung gegen Feuchtigkeit kann unter den Schindelboden eine Lage Dachpappe genagelt werden. Schindelschirme erhielten früher meist Ölfarbanstriche; farbige Karbolineen oder Holzschutzlasuren erscheinen heute besser.

Senkrechte Brettschalungen

Senkrechte Verkleidungen aus etwa 24 mm dicken Brettern sind die einfachste und kostengünstigste Art eines Fachwerkschutzes. Da einlagige Brettverschalungen nicht auf Dauer gegen Schlagregen dicht sind, ist ein solcher Schirm mehr für Nebengebäude, etwa Scheunen, geeignet. Die Bretter werden – nur in ungestoßenen Längen – möglichst nicht direkt auf das Fachwerk, sondern auf eine Querlattung aufgebracht. Auf die Fugen werden Leisten von etwa 1,5×5,0 cm aufgesetzt. Sind die zu verschalenden Flächen so hoch, daß eine Brettlänge nicht ausreicht, so ist aus zwei waagerecht liegenden, schräg gestellten Brettern ein Zwischengesims einzuarbeiten, das die Stirnseiten der nächstunteren senkrechten Bretter schützt. Brettverschalungen werden am einfachsten mit naturfarbenem oder eingefärbtem Karbolineum gegen Verwitterung geschützt.
Verkleidungen aus Tonziegeln, Tonpfannen, Biberschwänzen, waagerechte Brettverschalungen, wie z. B. Stulpschalungen mit oder ohne Zahnleiste, und ähnliche Schirme sind in der ursprünglichen Art zu reparieren.

Nachträglich verputztes Sichtfachwerk

Nachträglich verputztes Sichtfachwerk sollte wieder freigelegt werden, einmal, um das Fachwerk wieder sichtbar zu machen, zum anderen, um eventuelle Schäden zu stoppen sowie zur Kontrollierbarkeit des Fachwerks (siehe hierzu den Abschnitt »Fachwerkfreilegungen«).

Fachwerkputzbauten

Fachwerkputzbauten sind nicht »auf Sicht« konzipiert und sollten deshalb auch verputzt bleiben. Es ist dafür zu sorgen, daß der Putz atmungsaktiv ist. Sollten besondere städtebauliche Gegebenheiten es als richtig erscheinen lassen, ein als Putzbau angelegtes Fachwerk freizulegen, so ist zunächst zu überprüfen, ob Holzdicken, Holzgüte und das Fachwerkbild eine Freilegung erlauben. Die in der Zeit des Spätbarock errichteten verputzten Fachwerke knüpfen noch eng an die handwerkliche Tradition der sichtbaren Fachwerke an, das heißt, die Holzkonstruktion wurde weitgehend gleich früheren Sichtfachwerken mit starken Holzdimensionen, zwei oder mehreren Riegelketten und symmetrischer Strebenanordnung ausgeführt. Die so errichteten Fachwerke sind praktisch mit nur einer Einschränkung – wenn das Gebäude als Putzbau einen besonderen Wert als Einzelgebäude oder im Ensemble genießt – freilegungswürdig.
Bei vielen sehr einfachen Fachwerkbauten des 19. und frühen 20. Jahrhunderts wurde die Holzkonstruktion auf das statisch notwendige Minimum reduziert, die Holzdicken gingen bis auf 10×10 oder 8×12 cm zurück. Pro Geschoß wurde nur eine Riegelreihe eingesetzt, die Strebenpaare wurden nicht mehr symmetrisch angeordnet. Dazu wurde ausschließlich Weichholz, in vielen Fällen stark waldkantig, verwendet. Wenn es auch einige Möglichkeiten gibt, solche Fachwerke nach Freilegung durch Anlegen dunkler Begleiter oder Überstreichen eines schmalen Putzstreifens parallel zu den Holzstäben im Holzfarbton optisch zu verbessern, so werden solche Einfachstkonstruktionen im Normfall wieder verputzt.

Neuverputz über Fachwerk

Beim Überputzen von Fachwerk sind einige Eigenschaften des Fachwerkgefüges zu berücksichtigen, da anderenfalls sowohl erhebliche Putzschäden durch Risse und Abplatzungen als auch Schäden an der Holzkonstruktion zu erwarten sind. Soll Fachwerk verputzt werden, so sind zunächst alle sichtbaren Holzteile – die Außenseiten der Fachwerkstäbe und Balkenköpfe – mit einer Lage Bitumenpappe

50 Fachwerk, zum Überputzen vorbereitet: Die Fachwerkhölzer sind mit Dachpappe überspannt, und über die gesamte Fassade ist zur Putzarmierung ein Drahtgeflecht angebracht.
51 Zerstörung eines Fachwerkbildes durch Asbestzementverkleidung und unmaßstäbliche, breit gelagerte Fenster.

in Streifen, die geringfügig breiter als die Holzstäbe sind, zu verkleiden. Die Pappe schützt das Holz vor Feuchtigkeit und verhindert die Übertragung der geringen Bewegungen der einzelnen Hölzer auf die geschlossene Putzscheibe. Danach wird die gesamte Wandfläche mit verzinktem Drahtgeflecht, besser noch mit verzinktem Flachrippenstreckmetall, überspannt, wobei die Überdeckung an den Stößen mindestens 10 cm betragen soll. Hierauf wird ein zweilagiger Kalkzementputz mit wenig Zementanteil aufgetragen, wobei auch hier empfohlen wird, nicht mit der Richtlatte über Putzbahnen abzuziehen, sondern mit der Holzscheibe abzureiben. Verbessert werden kann der Putz durch Vorspritzen und/oder Beimischen von Kuhhaaren.

Die größten Spannungen im Verputz treten waagerecht im Bereich des Untergeschoßrähms und der Obergeschoßstockschwelle bzw. im Quergesims des Giebels auf, da Rähm und Schwelle senkrecht zur Faser beansprucht werden und erhöhte Gefahr besteht, daß diese waagerechten Hölzer durch Auflagerdruck stark gepreßt werden und sich verformen. Der Putz kann solchen Bewegungen, auch wenn sie nur wenige Millimeter betragen, nicht folgen; er reißt, beult sich aus und fällt teilweise ab. Bei früher verputzten Fachwerken hat man diesen Fehler meist durch Einfügen eines Brettes als Zwischensims umgangen. Sollen Risse vermieden werden, so ist entweder eine Putzschürze anzuordnen oder ein Zwischensims aus einem 20 bis 25 cm breiten Brett mit oberer abgeschrägter Abdeckleiste, das den unteren Putz überdeckt, einzubauen. Der Anschluß vom Putz an die Oberkante des Brettes oder der Leiste muß besonders sorgfältig ausgeführt werden, um das Eindringen von Wasser zu verhindern, evtl. durch Anbringung eines Zinkblechstreifens.

Alle Anschlüsse an Fenster, Türen und Nachbargebäude sind ebenso sorgfältig auszuführen, damit kein Wasser in größeren Mengen hinter den Putz dringen kann. Der Putz selber soll möglichst wenig Wasser saugen oder gar hindurchlassen, aber gut wasserdampfdurchlässig sein. Auch der Anstrich muß dieser Forderung nachkommen.

Nicht »fachwerkgemäße« Verkleidungen

Sind aus Unkenntnis oder falsch verstandenem Schutzbedürfnis Fachwerke in den letzten Jahrzehnten mit Verkleidungen aus Metall, Aluminium, Asbestzementtafeln mit der Ausnahme von Asbestzementschiefer, Bitumen- oder Asphaltplatten versehen worden, so sind diese Verkleidungen aus den genannten Gründen möglichst wieder abzunehmen.

Fenster, Klappläden und Türen

Zur Vollkommenheit des Maßstabs und des ursprünglichen Fachwerkbildes gehören die kleinteiligen Bauglieder – wie Fenster, Klappläden und Türen. Daraus ergibt sich, daß sie nur in Ausnahmefällen in ihrer Form verändert oder gar demontiert werden dürfen. Bei Umbauten oder Veränderungen der kleinmaßstäblichen Bauglieder ist sowohl das gesamte Fachwerkbild zu beachten als auch die Maßstäblichkeit von Fenstern und Türen in sich.

Fenster

Bereits in der Bronzezeit wurden zur Belichtung der Gebäude hölzerne Schiebeläden eingebaut; im 13. Jahrhundert folgten die ersten Schiebefenster und kurz darauf Drehflügelfenster. Die vorhandenen Einfachfenster mit Sprossenteilung als Drehflügelfenster mit oder ohne Kämpfer, nur noch in wenigen Fällen mit einem Kreuzstab, erfüllen in der Regel die Forderungen nach ausreichender Belichtung, Belüftung, Luftwechsel und maßstäblicher Schließung der Fensteröffnung. Die bauphysikalischen Forderungen der Wärmedämmung und des Schallschutzes werden vielfach nicht erfüllt. Im alemannischen und fränkischen Fachwerk sitzen die Fenster innenseitig oder mittig in der Wand, im niedersächsischen Fachwerk außen bündig. Schon in der Gotik waren bei guten Fachwerkgebäuden die Fenster in Ständer und Riegel eingefalzt, nur bei einfachen Häusern sind sie ohne Falz zwischen die Fachwerkhölzer gestellt. Seit dem 17. Jahrhundert erhielten die Fenster, spätestens wenn Fachwerk nachträglich verputzt wurde, Futter und Bekleidung.

Zur Sanierung nicht regendichter sowie nicht ausreichend schall- oder wärmegedämmter Fenster wurden zahlreiche zufriedenstellende Techniken entwickelt. Dazu gehören:

nachträglich angebrachte Dichtungsprofile,

Ausbildung eines Kastenfensters in der Form, daß hinter dem alten Fenster ein zweites, neues Fenster eingebaut wird,

Verbundfenster – der äußere Flügel mit Sprossen und Einfachverglasung, der in-

52 Fenstersturzriegel, als Eselsrücken ausgebildet, 18. Jahrhundert.
53 Fensterpartie durch Schmuck in den Brüstungen herausgehoben. Selbst geringfügige Veränderungen, wie die Entfernung der Bleisprossen, beeinträchtigen die Maßstäblichkeit.
54 Stichbogenfenster aus dem 18. Jahrhundert. Fenster und Klappläden untergliedern das Fachwerk und verfeinern seine Maßstäblichkeit.
55 Eingang des Neurathauses in Alsfeld.
56 Klassizistisch gestalteter Hauseingang, die Fenster leider bereits ohne Sprossenteilung.
57 Einpassung eines gründerzeitlichen Fachwerks in eine vorhandene Fachwerkzeile in Fritzlar. Trotz der riesigen Fensterflächen ordnen sich die Fenster dem Fachwerk unter.

nere Flügel mit Zweischeiben-Isolierglas und Zweischeiben-Isolierglas in aufgedoppeltem Falz oder neuen Flügeln.
Die Sprossenteilung muß erhalten werden. Auch bei neuen Fenstern mit anderen Öffnungsarten, zum Beispiel einflügeligen Drehkippfenstern, sind wieder Sprossen einzubauen. Bei großflächigen Isolierglasscheiben können Sprossen als Ersatzlösung vorgeblendet werden. In die Isolierscheibe eingebaute Sprossen sind ein schlechter Kompromiß, da schon bei leichter Seitensicht das Sprossenprofil nicht mehr wahrgenommen wird.
In früheren Jahrhunderten waren Fenster vielfach stark farbig gestrichen. Im 19. Jahrhundert hat sich dann, im wesentlichen wohl zur Ausschaltung der Gefahr zu großen Aufheizens der Fensterhölzer bei dunklen Farben, Weiß als Fensterfarbe durchgesetzt. Fensterumrahmungen, -bekleidungen und Deckleisten können farbig abgesetzt werden. Rotbraun, Ocker, Grün und Grau sind denkbar. Der Anstrich ist für die maßhaltigen Holzteile auf Lack-, Kunstharz- oder Lasurbasis aufzubauen.

Klappläden

Klappläden sind ebenfalls nicht zu entfernen! Beschädigungen, meist auf mangelhafte Bauunterhaltung zurückzuführen, sollen repariert werden, im schlimmsten Fall sind die Klappläden zu erneuern. Als Farben kommen unter anderem Russischgrün, Grau und Rotbraun in Frage, der Anstrichaufbau wird wie bei den Fenstern gewählt. Rolläden sollten im Fachwerk nicht verwendet werden.

Türen

Auch die kleinteiligen Haus- und Nebentüren gehören stilistisch und maßstäblich zum Fachwerk und können nicht beliebig, etwa gegen großflächige Türen, flächig aufgedoppelte Türen oder gar Aluminiumtüren, ausgetauscht werden.
Beschädigte Türen sind zu reparieren, bei Durchhängen sind eventuell die Bänder zu versetzen oder verlängerte Bänder zu ver-

58 Verschiedene Zerstörungsstufen eines gotischen Doppeleingangs.
59 Bei Umnutzung und Aufteilung der hohen Diele in zwei Geschosse durch Einziehen einer Decke ergeben sich Probleme bei der Gestaltung des Dielentores. Die Lösung muß als geglückt angesehen werden, da bei Erfüllung der neuen Funktionen die Maßstäblichkeit des großen Dielentores erhalten blieb.

Fachwerkinnenwände

wenden. Der Farbaufbau wird wie bei den Fenstern ausgeführt; für die Farben gilt das gleiche wie bei Klappläden.

Die farbliche Fassung von Fenstern, Bekleidungen, Klappläden und Türen ist nicht so streng an die Historie gebunden und läßt auch moderner Farbästhetik Spielraum. Immer soll jedoch die Unterordnung unter das Fachwerk beachtet werden. Die Wirkung des Fachwerkbildes ist entscheidend (zu den Farbtönen von Fenstern, Klappläden und Türen siehe auch die Tabelle auf Seite 88 ff.).

Fachwerkinnenwände gehören zum konstruktiven Gefüge des Fachwerks, dienen praktisch immer zur Windaussteifung und werden oft als tragende Elemente genutzt. Der Ausbau solcher statisch wirksamen Wände ist deshalb meist problematisch und mit komplizierten Ersatzkonstruktionen verbunden. Fachwerkinnenwände sollten daher nur in unumgänglichen Fällen entfernt werden.

Fachwerkwände ohne Ausfachungen

Bei zu kleinen Räumen oder veränderter Raumaufteilung bietet es sich an, die Fachwerkwand nach Entfernung der Ausfachungen als Skelett, nur mit Holzschutzlasuren behandelt, stehenzulassen.

Geschlossene Fachwerkinnenwände bieten technisch wie gestalterisch weitesten Spielraum, folgende Lösungen sind möglich:

Fachwerk sichtbar: Die Ausfachungen werden bündig oder zurückliegend verputzt. Die Holzstäbe erhalten dunkle Farbgebung, die Felder werden weiß oder mit hellen Farben behandelt.

Fachwerkwand verputzt: Bei Lehmausfachung wird die Wand ganz mit Ziegeldrahtgewebe, Streckmetall oder Drahtgeflecht überspannt; bei Ausmauerung werden nur die Holzteile überbrückt und zweilagig verputzt. Ebenso kann die Wand mit Gipskartonplatten verkleidet werden.

Fachwerkwand holzverschalt: Alle Arten von Bretter-, Bohlen- und Plattenverkleidungen sind möglich. Senkrechte Brettverschalungen in nicht zu feiner Ausführung kommen dem Fachwerk am nächsten.

Dachstühle, Dachausbau und Dachhaut

Die Dachstühle sind zwar nicht von außen oder im Stadtbild sichtbar, sie besitzen aber wegen der oft seltenen und komplizierten Konstruktionen großen baukünstlerischen Wert. Aufgrund der gleichen Arbeitsgänge und der Gefahr von Schadensübergriffen bei pflanzlichen und tierischen Schädlingen – bei älteren Fachwerken auch wegen des Konstruktionsverbunds – sollen Dachstühle von Fachwerkbauten möglichst zusammen mit dem Fachwerk saniert werden.

Dachstühle

Wichtigste Vorarbeiten sind die Feststellung der Konstruktion sowie die Überprüfung der Vollständigkeit der ursprünglichen Konstruktion. Folgende Hauptkonstruktionen sind zu unterscheiden:
Einfaches, binderloses Dach (Sparrendach): Stabdreieck, Sparren am First verblattet, am Fuß in Balken eingezapft oder durch Versatz fixiert. Gebindebreite maximal 6 Meter.
Binderloses Dach mit Hahnenbalken (Kehlbalken): Bei Sparrenlängen über 4 Meter stützt der eingezapfte, besser angeblattete, Hahnenbalken die Sparren gegenseitig.
Einfach stehender Kehlbalkendachstuhl: Eingezapfte, besser angeblattete, Kehlbalken werden in der Mitte unterstützt.
Doppelt stehender Kehlbalkendachstuhl: Beidseitige Unterstützung der Kehlbalken mittels Pfetten und Stielen mit Kopfbändern.
Einfach stehender Pfettendachstuhl: Unterstützung der Sparren im First durch Firstpfette.
Doppelt stehender Pfettendachstuhl: Unterstützung der Sparren durch Mittelpfetten, Pfosten mit Kopfbändern, eventuell Streben.
Dachstuhl mit einfachem Sprengwerk: Die Last der Firstpfette wird durch Streben auf die Außenwände übertragen. Die Deckenbalken nehmen die waagerechten Kräfte auf.
Dachstuhl mit doppeltem Sprengwerk: Die Last der Mittelpfetten wird auf die Außenwände übertragen. Die Deckenbalken nehmen die waagerechten Kräfte auf.

60a) *Liegender Dachstuhl als Hänge-Sprengewerk. Der Hängepfosten ist konstruktiv bis zum First durchgeführt und auch befestigt, dadurch wird das Stabdreieck der Sparren mit zum Abtragen der Lasten des Hängepfostens herangezogen. Die Konstruktion ist rechnerisch nur schwer nachweisbar, da sich die Kräfte aus der Deckendurchbiegung und dem Dachstuhl überlagern.*
b) *Dreidimensionale Darstellung des Kräfteverlaufs im selben Dachstuhl.*
c) *Kräfteverlauf in den Stäben und Diagramm der Biegezugkräfte in Dachstuhl, Sparren und Deckenbalkenlagern des oben skizzierten Dachstuhls.*

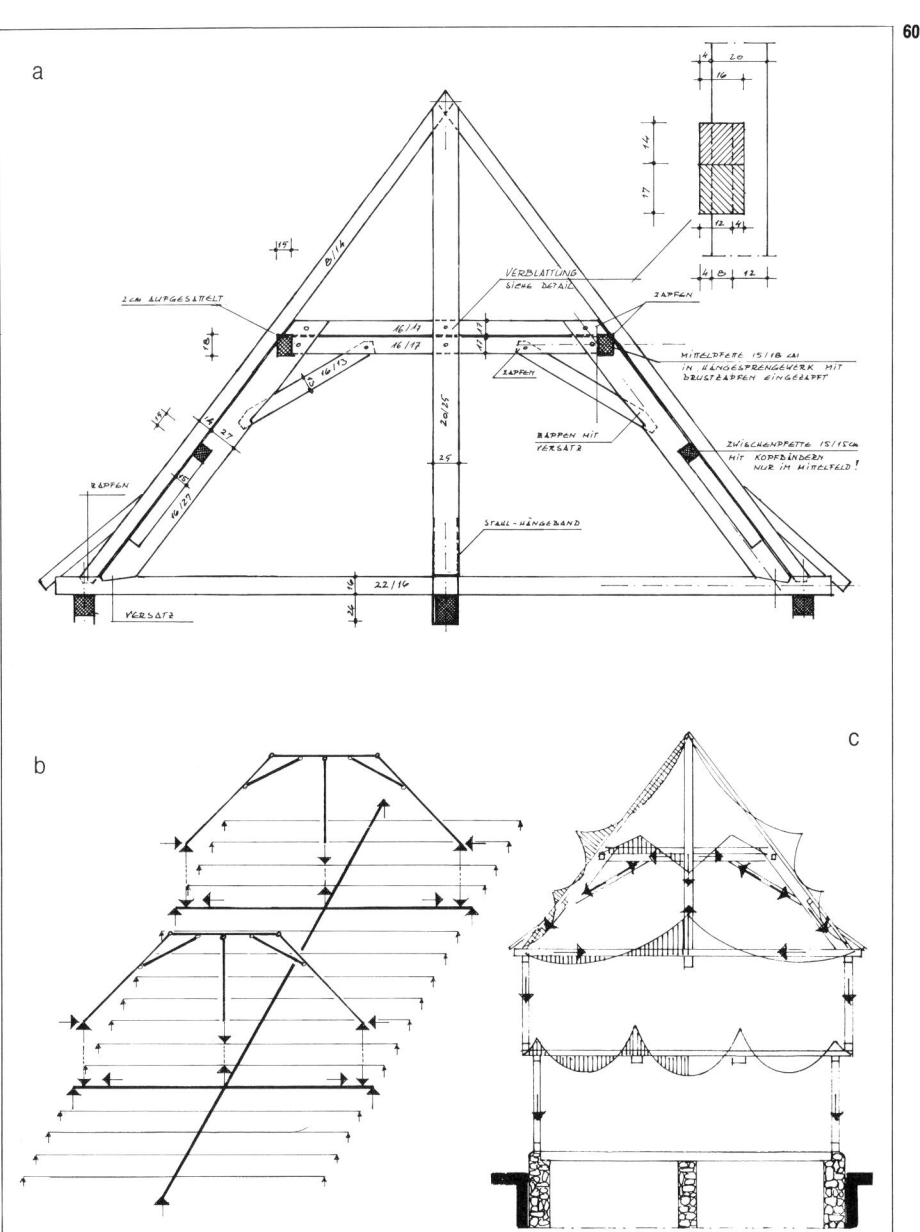

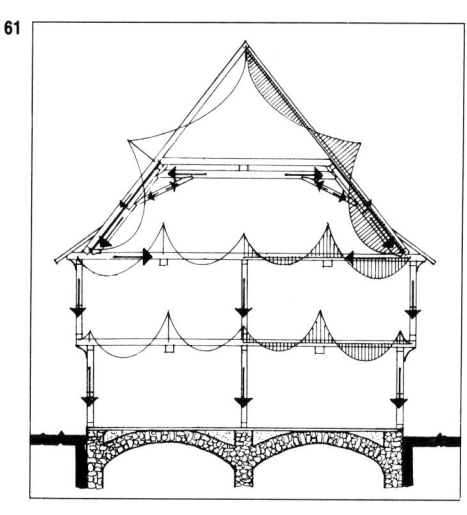

61 Kräfteverlauf in den Stäben und Diagramm der Biegezugkräfte in Dachstuhl, Sparren, Deckenbalkenlagen und Fachwerk eines Gebäudes mit Mittellängswand und zusätzlichen auf Querwänden aufgelagerten Unterzügen mit liegendem Dachstuhl als Sprengewerk.
62 Die komplizierte Zapfenblattverbindung eines Dachstuhls hat sich gelöst. Zur Wiederherstellung der Stabilität des Dachstuhls muß die Verbindung wieder kraftschlüssig hergestellt werden.
63 Abfangung der Kräfte aus am Fuß angefaulten Streben mittels Stahlschuhen.
64 Zangenverstärkungen der im Ursprung zu schwach dimensionierten Gebinde.
65 und 66 Mittelstiel und Balkenlage eines Turmhelms, durch pflanzliche und tierische Schädlinge weitgehend zerstört. Sanierung durch chemischen Holzersatz.

Dachstuhl mit einfachem und doppeltem Sprengwerk: Die Firstpfette wird mit einfachem Sprengwerk auf das doppelte Sprengwerk der Mittelpfetten abgetragen.

Kombinierte Sprenge- und Hängewerksdächer
Einfach liegender Dachstuhl: Die Firstpfette wird durch Streben (liegende Pfosten) abgetragen.
Doppelt liegender Dachstuhl: Die Mittelpfetten werden durch Streben mit Kopfbändern abgetragen.
Dreifach liegender Dachstuhl: Der obere Stuhl ruht auf den Pfetten des unteren doppelten Stuhls.
Dachstuhl mit durchgehenden Streben:

Die First- und Mittelpfetten werden von einem einzigen Strebenpaar gehalten. Daneben gibt es noch zahlreiche Misch-, Sonderformen und Kombinationen, besonders bei großen Dachstühlen, die teilweise rechnerisch nur schwer nachprüfbar sind.

Instandsetzung des Dachstuhls

Die Schäden werden, wenn sie nicht offen zutage treten, durch Abklopfen und Anbeilen, wie in dem Abschnitt »Instandsetzung der Fachwerkhölzer« beschrieben, festgestellt. Hier muß besonders auf die Beanspruchungsart der Hölzer geachtet werden. Erst nach Feststellung der statischen Beanspruchung kann festgelegt werden, ob schadhafte Hölzer durch Anlaschen oder Anschuhen repariert werden können oder Auswechseln notwendig wird. In Dachstühlen kommen auch zugbeanspruchte Stäbe vor!
Müssen mehr als 50 Prozent der Holzteile erneuert werden, so empfiehlt sich eine Rekonstruktion des Dachstuhls.
Instandsetzung und Holzschutz sind in den Abschnitten »Instandsetzung der Fachwerkhölzer« und »Holzschädlinge/Holzschutz« beschrieben.
Beim Ausrichten ist gut darauf zu achten, daß die Holzverbindungen konstruktiv wirksam bleiben, das heißt Zapfen, Versatzungen und Blätter wieder eng anliegen. Bei klaffenden Verbindungen sind Flachstahlverstärkungen anzubringen. Sparren sind nachzunageln und müssen in den Kerben ruhen.

Dachgeschoßausbau

In vielen historischen Fachwerkgebäuden bieten sich nicht (mehr) genutzte Dachräume als willkommene Raumreserve an. Früher wurden die Dachgeschosse als Lager, Trockenboden, Speicher, in der Landwirtschaft meist als Schüttboden für das Getreide, genutzt. In den steilen, hohen Dächern größerer Gebäude ist der Dachraum durch Kehlbalkenlagen in mehrere Geschosse unterteilt.

Sparrendächer, Kehlbalkendächer und Dächer mit liegenden Stühlen eignen sich wegen des Fehlens von störenden Ständern besonders gut zum Ausbau. Bei Dächern mit stehenden Dachstühlen oder Hängewerken sollen die im Ausbauraum stehenden Konstruktionshölzer möglichst in Zwischenwände eingebunden werden, Ständer können auch frei im Raum stehend belassen werden. Zur Erzielung eines stützenfreien Dachraumes ist zu untersuchen, ob der stehende Dachstuhl durch einen liegenden ersetzt werden kann. Der handwerkliche Aufwand hierfür ist gering, jedoch ist darauf zu achten, daß die Konstruktion dem veränderten Kräfteverlauf nachkommen kann, das heißt, daß die Deckenbalken auch Zugkräfte aufnehmen können müssen. Die konstruktiven Hölzer des Daches können nicht ohne Ersatz, der rechnerisch nachzuweisen ist, entfernt werden. Vielmehr ist darauf zu achten, daß eventuell früher entfernte Holzteile, wie Streben oder Kopfbänder, wieder eingefügt werden.
Werden beim Dachgeschoßausbau nur zu einer vorhandenen Wohnung weitere Räume gewonnen, so sind die bauaufsichtlichen Auflagen gering, auch die Erweiterungen des Heizungs- und Elektronetzes stoßen im allgemeinen auf keine größeren Probleme. Werden dagegen eine oder mehrere neue Wohnungen im Dachgeschoß eingebaut, so müssen nicht nur Ver- und Entsorgung mit Energien sichergestellt werden, sondern auch zahlreiche baurechtliche und normenmäßige Auflagen erfüllt werden, wie besonderer Zugang zur Dachgeschoßwohnung, eventuell getrennter Zugang zum Spitzboden, Anforderungen an die Decken und Wohnungstrennwände bis zu zusätzlichen Abstellflächen für Kraftfahrzeuge. Die Wände in Dachgeschoßwohnungen werden am zweckmäßigsten als Holz- oder Metallprofilständerwände mit Gipskartonbeplankung oder Holzverkleidungen hergestellt. Bei der Unterkonstruktion ist darauf zu achten, daß diese auch Heizkörperhalterungen und ähnliches aufnehmen muß. Werden bei solchen Wänden Ansprüche an die Schalldämmung gestellt, so sind zweischalige Konstruktionen zu verwen-

den. Bei Wohnungstrennwänden werden besonders hohe Ansprüche, auch an die Brandsicherheit, gestellt. Für Feuchträume sollen wasserabweisende, imprägnierte Gipskartonplatten eingebaut werden.
Wände aus Ziegel-, Bims- oder Gasbetonsteinen sind oft wegen der zusätzlichen Lasten problematisch und erfordern Verstärkungen im Deckenbereich. Abgestellte Zwickel (Abseiten) am Dachfuß, die bei steilen Dächern nur wenig Raum einnehmen, bei flachen Dächern aber relativ breit werden können, eignen sich oft gut zum Einbau von Schränken. Bleiben die Abseiten hohl, so sollten sie möglichst zugänglich sein.
Die Wärmedämmung sollte stärker als der Mindestwärmeschutz nach DIN 4108 ausgeführt werden, da nicht nur Wärmeverluste im Winter, sondern auch eine starke Aufheizung der Räume im Sommer vermieden werden müssen. Das heißt, Hartschaumplatten (schwer entflammbar), Glas- oder Steinwollematten sollten mindestens 5 cm, besser noch dicker sein. Die Wärmedämmschicht muß geschlossen sein und ist an den Anschlüssen sorgfältig zu befestigen. Ungesteppte Dämmmatten oder loses Dämmaterial sind gegen das Zusammensinken und Abrutschen zu sichern.
Bei nicht völlig schlagregen- oder flugschneedichten Eindeckungsmaterialien ist auf den Sparren eine armierte, wasserabweisende, aber *dampfdurchlässige* Unterspannbahn aufzubringen. Unter der Dachhaut bzw. der Unterspannbahn werden zwischen den Sparren Dämmatten oder -platten befestigt, dann können auf den Sparrenunterseiten Holzverkleidungen oder Gipskartonplatten aufgenagelt oder kann Putz auf einem Putzträger – Streckmetall oder Holzwolleleichtbauplatten – aufgebracht werden. Zwischen Dachhaut und Dämmschicht soll ein Luftraum von mindestens 5 cm bleiben. Unterseitig der Wärmedämmschicht ist bei ungünstiger Taupunktlage oder bei Räumen mit viel Feuchtigkeitsanfall eine Dampfsperre anzuordnen.
Sind die Sparrenunterschichten bereits verschalt, so kann die Wärmedämmschicht in Form von Matten auch von au-

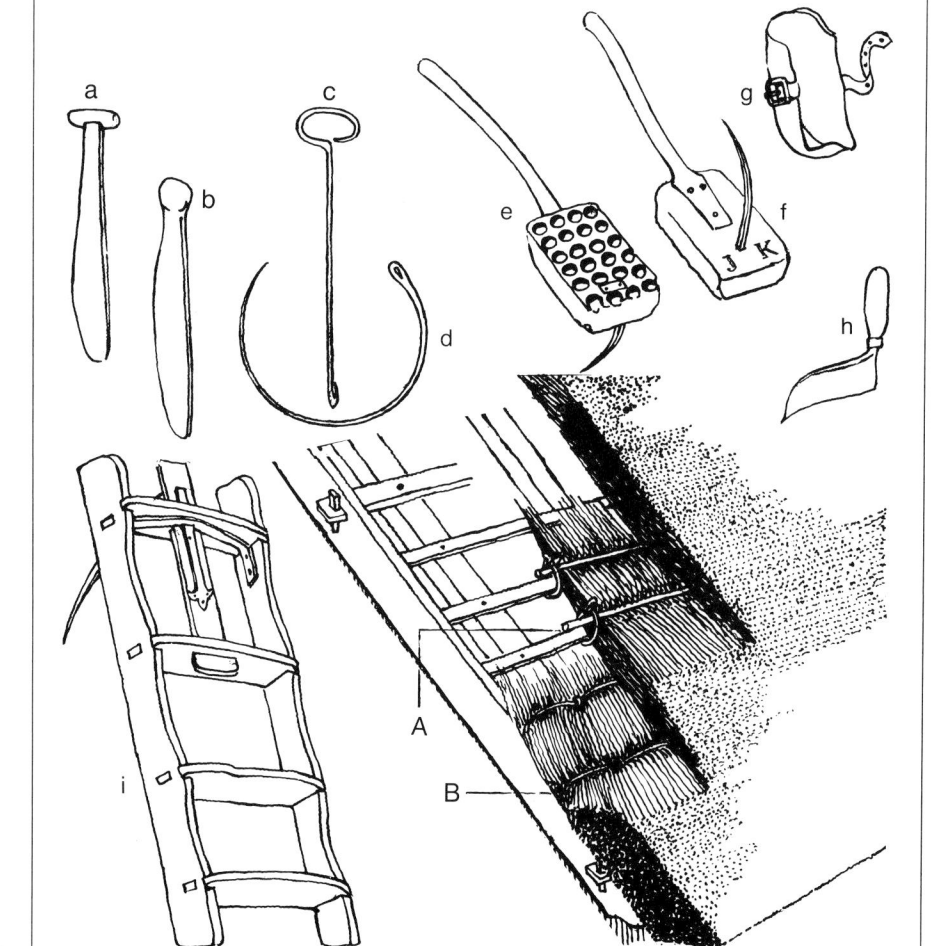

67 Reetdachdecker bei der Arbeit.
68 Die Werkzeuge des Reetdachdeckers:
a, b) Stopfbretter
c) gerade Nadel
d) Rundnadel
e, f) Klopfbrett
g) Knieleder
h) Deckmesser
i) Deckstuhl

A) alte Bindung mit Weiden und Fichtenstangen
B) neue Bindung mit Walz- und Bindedraht

ßen bei Abdecken einzelner Ziegelreihen eingebracht werden.
Mit schrägen Wandteilen, sichtbaren Hölzern, durch Mitnutzung des Spitzbodens als Luftraum oder bei breiteren Gebäuden Nutzung eines zweiten Dachbodens als Galeriegeschoß – meist ist dazu eine Befreiung notwendig – lassen sich reizvolle Lösungen mit hohem Wohnwert erzielen.

Dachhaut

Die Dacheindeckungen waren landschaftlich gebunden. Stroh, Reet, Schiefer und Biberschwänze waren die wichtigsten Eindeckungsmaterialien.

Stroh- und Reetdächer
Stroh- und Reetdächer wurden vor allem in Norddeutschland bis in die jüngste Vergangenheit hergestellt. Bei qualitätvollen Fachwerken ist auf jeden Fall auf die Reparatur oder Neueindeckung mit Stroh oder Reet zu drängen.
Reet wird in Bündeln an die Baustelle geliefert. Die Bündel sollen einen Umfang von etwa 45 cm haben. Das Reet ist nach Herkunft verschieden lang, ungarisches Reet 0,80-1,20 m, polnisches Reet 0,80-1,80 m. Das Reet soll geradhalmig, flexibel, gesäubert, d. h. keine Rohrkolben oder Schilf enthalten, und nicht dicker als 8 mm sein. Während früher das Reet mit Weiden und dünnen Fichtenstangen auf Latten gebunden wurde, wird es heute mit verzinktem Walz- und Bindedraht auf Dachlatten befestigt. Die Bindungen müssen von der nächsten Schicht überdeckt werden. Die Schichtdicke soll in der Dachfläche etwa 35 cm betragen und kann am First auf 25 cm auslaufen. Das Ausstopfen mangelhafter oder angewitterter Stroh- oder Reeteindeckungen kann nur als Provisorium angesehen werden.

Schieferdächer
Schiefer gehört zum lebendigsten Dachmaterial und kommt der Fachwerkbauweise sehr nahe. In Gegenden mit Schiefervorkommen, in Westfalen, im Westerwald, Siegerland, Rheinland, Harz und in Thüringen, wurde ausschließlich verschiefert.

69 Handwerklich sorgsam erneuertes Schieferdach.
70 Dachlandschaft aus Biberschwänzen.

Wenn irgend möglich, sollte auf die Reparatur oder Neueindeckung mit Naturschiefer nicht verzichtet werden. Aus wirtschaftlichen Gründen kann in Ausnahmefällen Asbestzementschiefer verwendet werden: deutsche Deckung, Bogenschnitt, Plattengröße 20×20 oder 30×30 cm (sogenannte Denkmalplatte).

Biberschwanzdächer
Biberschwänze aus gebranntem Ton haben in vielen Landschaften schon früh Stroh- oder Reeteindeckungen abgelöst. Die Dächer sind im Schadensfall zu reparieren, zu ergänzen oder wieder mit neuen Biberschwänzen zu decken. Es werden praktisch noch alle Biberschwanzarten gebrannt. Möglichst sind verschiedene Brandfarben zu mischen. Auf keinen Fall sind wegen des sterilen Aussehens engobierte Biberschwänze zu verarbeiten.
Statt gebrannter Biberschwänze können als Ausnahme zur Materialkosteneinsparung auch Biberdachsteine verwendet werden. Biberdachsteine haben das Format 168×420 mm, mit Bogenschnitt oder gerade geschnitten. Alle Deckungsarten, etwa Kronen- oder Doppeldeckung, sind wie bei Tonbiberschwänzen möglich.
Asbestzementtafeln in Biberschwanzformat und -aussehen sind nicht empfehlenswert, da sie auf den Dächern wegen der geringen Dicke anders wirken als echte Biberschwänze. Nur wenn Tonbiberschwänze für den Dachstuhl zu schwer werden, kann an Bibertafeln aus Asbestzement gedacht werden. Es ist jedoch zu bedenken, daß das Eigengewicht der Dachhaut nur einen Bruchteil der Gesamtlast ausmacht.

Gesimse und Dachaufbauten

Dachuntersichten, Traufbretter und Ortgangbretter sind farblich wie das Fachwerk zu behandeln. Soll farblich abgesetzt werden, so ist der Farbton geringfügig heller als der des Fachwerks zu wählen. Reich profilierte Gesimse können mit feinen Farbbändern optisch besser herausgestellt werden. Details, wie Dachrinnen und Fallrohre, sind nicht zu betonen, sondern entweder der Fläche, in der sie liegen, anzupassen oder in einem zum Gesamtkonzept neutralen Ton zu behandeln.
Die Dachlandschaften leben nicht nur von großen Dachflächen, sondern ebenso von den kleinen Aufbauten und dem Zierat. Gauben, Türmchen und Zwerchgiebel dürfen deshalb nicht entfernt werden, sondern sind ausnahmslos zu reparieren und instandzuhalten. In der Dachfläche liegende Fenster stören das Bild.

Umbauten und Modernisierungsmaßnahmen, Fachwerkimitationen und umgebende Bebauung von Fachwerkhäusern

Die kleinmaßstäbliche Struktur von Fachwerkhäusern erfordert bei allen Maßnahmen in, an und in der Umgebung von solchen Gebäude die besondere Beachtung von Maßstäblichkeit, Bauformen und Materialien.

Umbauten

Funktionsbedingte Umbauten, Veränderung der Raumfolge wie auch Modernisierung durch Einbau ausreichender Sanitäreinrichtungen sind in Fachwerkbauten ohne außergewöhnliche Schwierigkeiten möglich. Wesentlich ist dabei aber, daß die Fachwerkinnenwände, die auch zur Aussteifung des Gefüges dienen, nicht entfernt, teildemontiert oder durch Entfernung von Riegeln oder Streben »ausgehöhlt« werden. Sind in Ausnahmefällen Innenwände zu demontieren, so ist ein Standsicherheitsnachweis erforderlich, und im Zweifelsfall muß die statische Sicherheit durch zusätzliche Maßnahmen wieder erreicht werden.
Insgesamt sollte das Fachwerkgefüge so gering wie möglich angegriffen oder verändert werden, anderenfalls sind oft schwierige und kostspielige Ersatzlösungen notwendig. Gut gestaltete – auch zeitgemäße – Einbauten, die nicht nur Rücksicht auf die Besonderheiten des Fachwerkgefüges nehmen, sondern dieses noch hervorheben, erzielen weit über dem Üblichen liegende Wohn- oder Nutzwerte. Modernistische Spielereien schaden dem Fachwerk. Installationen sind möglichst nicht »in den Wänden«, sondern gebündelt in zugänglichen Schächten zu führen.

Modernisierungen

In Fachwerkgebäuden sind vielfach noch die Wohnungsgrundrisse und der Wohnkomfort vergangener Jahrhunderte – manchmal durch zweifelhafte Modernisierungen eher verschlechtert denn verbessert – anzutreffen. Der Grundriß wird beim niederdeutschen Haus durch die doppelte innere Ständerreihe und die große, hohe Diele bestimmt, beim alemannischen und fränkischen Haus durch die tragende Mittellängswand und meist zwei Querwände – Querschotten –, die außen an den Bundständern ablesbar sind. Im allgemeinen wurde nur ein Raum durchgehend geheizt, die Wärmedämmung spielte deshalb eine geringere Rolle. Sanitärinstallationen gab es im Gebäude nur selten. Der Wohnkomfort ist fortlaufend gestiegen, in den letzten Jahrzehnten stark progressiv. Zentralheizung, WC und Bad sowie für behagliches Wohnen ausreichende bauphysikalische Bedingungen gehören heute zu den Mindestforderungen. Obwohl die Fachwerkgebäude im Laufe der Jahrhunderte verändert und baulich verbessert wurden, entspricht ihr Wohnkomfort vielfach nicht den heutigen Anforderungen.
Grundsätzlich können alle Modernisierungsmaßnahmen, die nach dem Wohnungsmodernisierungsgesetz vom 23. 8. 1976 auch staatlich gefördert werden, so Verbesserung
des Zuschnitts der Wohnung,
der Belichtung und Belüftung,
des Wärmeschutzes,
des Schallschutzes,
der Energieversorgung, der Wasserversorgung und der Entwässerung,
der sanitären Einrichtungen,
der Beheizung und Kochmöglichkeiten,
der Funktionsabläufe in Wohnungen,
der Sicherheit vor Diebstahl und Gewalt,

71

71 Die nicht mehr in ihrer ursprünglichen Funktion genutzte Scheune wurde zu einer Gemeindeeinrichtung mit Jugendraum, Omnibuswartehalle und Verkehrsbüro umgebaut.
72 Diese Erweiterung eines Fachwerkbaus ist architektonisch und bautechnisch unbefriedigend und dem Fachwerk in keiner Weise angemessen. Größere Erweiterungen solcher Gebäude – möglichst ebenfalls in Fachwerk – lassen sich durch Anbau von senkrecht zur Hausachse gestellten Flügeln leicht und gut lösen.

auch in Fachwerkgebäuden durchgeführt werden. Das Fachwerkgefüge ist bei den angestrebten Verbesserungen zu beachten. Nicht bei allen Maßnahmen lassen sich die an Neubauten orientierten, normierten Festlegungen, etwa die Raumhöhen, erzielen. In der Regel sind hierfür Befreiungsmöglichkeiten gegeben. Die Tatsache, daß in dem einen oder anderen Falle die Normwerte nicht erreicht werden, wird vielfältig durch die Vorteile des behaglicheren Wohnens in Fachwerkgebäuden ausgeglichen.

Erweiterungen

Anbauten sollten nicht in jedem Falle in Fachwerk nachempfunden werden. Putzbauten mit Satteldächern und holzverschalte Gebäude kommen dem Fachwerk am nächsten. Die meist symmetrisch angelegten Fachwerkbilder dürfen auf den Sichtseiten nicht verbaut werden. Wichtig sind die Beibehaltung des Maßstabs sowie die Gliederung von Wand- und Fensterflächen: Große Einzelflächen, große Balkonbrüstungen und stark betonte waagerechte Flächen und Bänder (Fenster, Balkone und Gesimse) beeinträchtigen das Fachwerkbild erheblich!

Fachwerk-Imitationen

Fachwerk-Imitationen als Brettvorsatz im Erdgeschoß gründerzeitlicher oder neuer Gebäude als Anreiz etwa für Gaststätten aus ausgeschäumten Kunststoffkörpern mit Holzmaserung, aber auch als Brettaufdoppelung auf verputztes Fachwerk gesetzt, sind kompromißlos abzulehnen. Alle Fachwerk-Imitationen haben nichts mit dem konstruktiven Gefüge »Fachwerk« zu tun, sondern dienen in falsch verstandener Nostalgie Werbe- und Dekorationszwecken. Der konstruktiven und handwerklichen Tradition »Fachwerk« wird mit solchen Imitationen nicht geholfen, sondern geschadet, da das Bewußtsein der Bevölkerung auf die »Dekoration Fachwerk« gelenkt wird und das Fachwerk als Baugefüge zur Nebensache wird. Darüber hinaus wird der »Bauehrlichkeit«, der natürlichen Darstellung von Materialien, Formen und Funktionen, weiter Abbruch getan.

Umgebende Bebauung

Bei Veränderung des Ensembles im Bereich von Fachwerkbauten, besonders bei Neubauten, sind folgende Punkte zu beachten:
Größe der Gebäude,
Anzahl der Stockwerke,
Giebel- oder Traufenhäuser,
geneigte Dächer,
Dachneigungswinkel,
Maßstäblichkeit,
senkrechte Gliederung der Fassaden und Materialauswahl.
Sowohl Anbauten an Fachwerkgebäuden als auch Neubauten im Ensemble sind problemlos durchzuführen, wenn unter Beachtung der genannten Punkte Rücksicht auf die Besonderheiten des Fachwerks genommen wird.

Ladeneinbauten

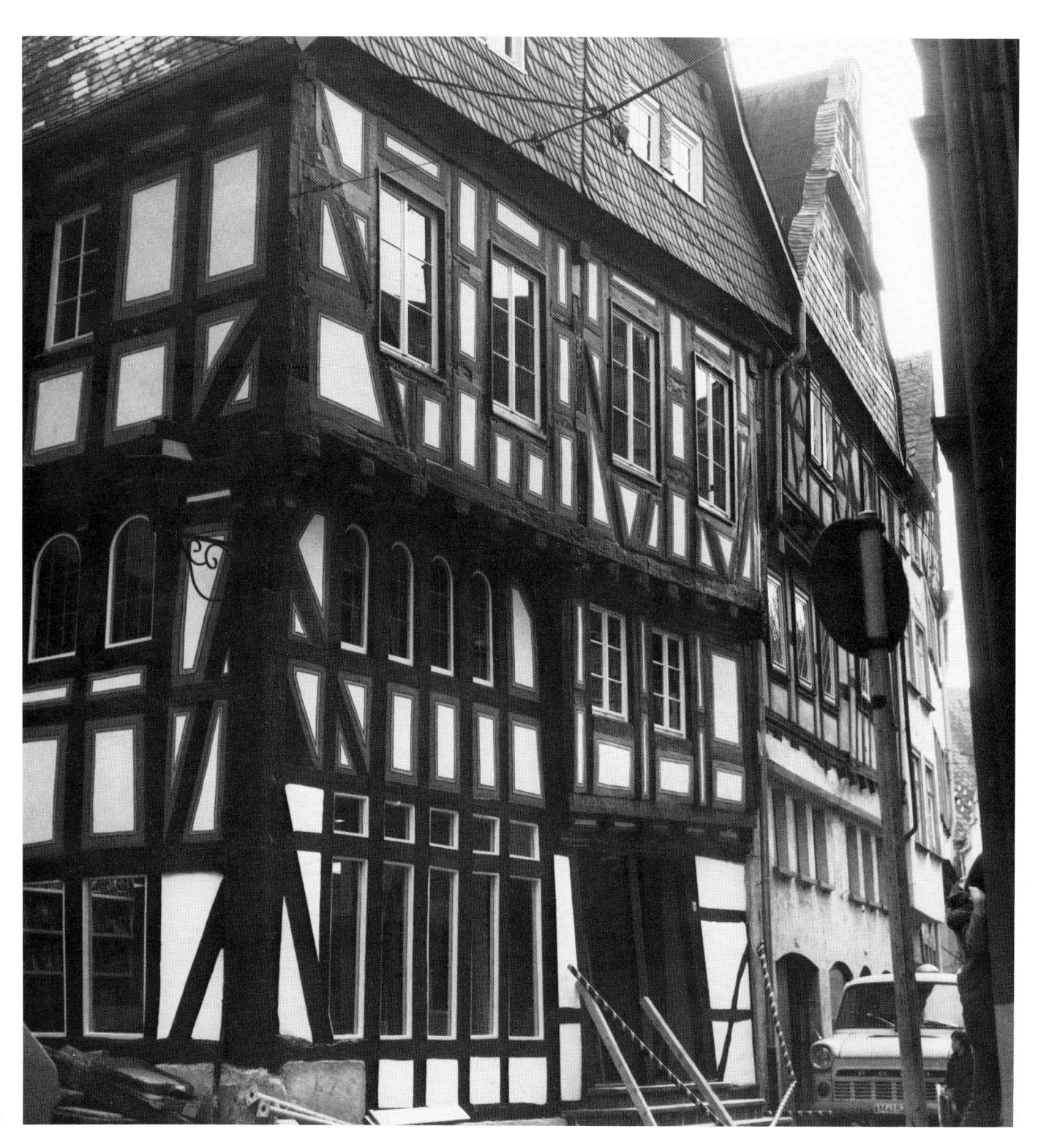

1 Meßladen aus der Spätgotik: Schaufenster und Verkaufstheke zugleich.
2 »Erker« des 18. und 19. Jahrhunderts.
3 Schaufenster in niedersächsischem Fachwerk.

Der nicht fachwerkgerechte Einbau von Schaufensteranlagen in Erd- und ersten Obergeschossen von Fachwerkbauten hat in den vergangenen Jahrzehnten große Schäden in Städten und Dörfern mit guter Fachwerksubstanz hervorgerufen. An vielen Stellen werden auch heute noch solche schwer korrigierbaren Fehlleistungen in falsch verstandenem Modernisierungswillen geplant und ausgeführt. Fachwerkgebäude eignen sich prinzipiell gut für Läden und Werkstätten, da den mit solchen Einrichtungen verbundenen Wünschen zur Darstellung von Waren oder Dienstleistungen nach außen sowie nach vielen Eingangsmöglichkeiten, die zum Anschauen, Hineingehen oder Konsumieren einladen, innerhalb des Fachwerkgefüges durch Türen und verglaste Öffnungen leicht nachgekommen werden kann.

In der Gotik waren viele städtische Fachwerkhäuser von Handwerkern und Kaufleuten im Erdgeschoß offen. Die Lasten der Obergeschosse wurden durch Innenständer mit hohen Bügen und die Außenwände auf arkadenartigen Spitzbogenstellungen abgetragen. Die Ständer zwischen den Bögen standen selten mehr als 2,50 Meter auseinander, so daß das Gebäude auch im Erdgeschoß noch einen geschlossenen Gesamteindruck vermittelte. Neben den offenen Erdgeschossen gab es Räumlichkeiten mit Holzläden, die in der Nacht geschlossen wurden und in den Verkaufszeiten, im unteren Teil heruntergeklappt, als Tisch dienten, während der obere Teil nach oben geklappt wurde. Diese Holzläden waren nicht breiter, als es der Zwischenraum zwischen einem Ständerpaar erlaubte. Die einfachen gotischen Holzläden wurden zum Beispiel als Metzgerschirnen bis ins 20. Jahrhundert genutzt.

Im 17. Jahrhundert begann man im größeren Ausmaß Schaufenster zur Ausstellung von Waren oder handwerklichen Erzeugnissen als verglaste Fenster, oft erkerartig vorgesetzt, meist noch auf eine Fachwerkfeldbreite begrenzt, auszubilden. Seit Anfang des 18. Jahrhunderts entstanden daneben zunehmend größere Schaufenster, entweder als Tür mit einseitigem Schaufenster oder als symmetrische Anlage mit

113

4 und 5 Negativbeispiele: In beiden Fällen wurde das Erdgeschoßfachwerk rücksichtslos entfernt. Die restliche Fachwerksubstanz schwebt über maßstablosen Ladeneinbauten. Die Abtragung der Lasten ist für den Vorübergehenden nicht nachvollziehbar.
6 Gut gelöster Einbau eines Ladengeschäftes mit durchgehender Schaufensterfront. Da die Ständerabstände des 1. Obergeschosses ungleichmäßig sind, richtet sich die Ständerstellung der Schaufensterfront nach den Balkenköpfen.

der Ladentür in der Mitte und rechts und links je einem Schaufenster. Für diese Schaufenster wurde im allgemeinen pro Fenster ein Ständer ausgewechselt, die Fenster gingen also über zwei Gefachbreiten. Die tragende Ständerkonstruktion blieb dabei aber auch im Erdgeschoß deutlich sichtbar.

Mitte des 19. Jahrhunderts begann man, ganze Schaufensterfronten »aufzureißen«. Dabei wurde vielfach die gesamte Holzkonstruktion der Fassade entfernt und durch weit gespannte Eisen- oder Stahlkonstruktionen, bestehend aus einem Unterzug, der die von oben kommenden Lasten aufnimmt, und aus Profilstählen, die zu Ständern verbunden sind, oder profilierten Gußsäulen, ersetzt. Diese Fehlentwicklung für den Fachwerkbestand setzte sich bis in unsere Tage fort. Heute werden die Erdgeschoßfronten von Läden oft völlig in Glas »aufgelöst«. Über solchen Schaufensteranlagen stehen Fachwerke buchstäblich in der Luft, die Abtragung der Lasten ist nicht mehr erkennbar und das Fassadenbild erheblich beeinträchtigt, wenn nicht ganz zerstört.

Neben den Nachteilen für das einzelne betroffene Fachwerkgebäude, das auf diese Art oft völlig seine Wirkung verloren und dessen Maßstäblichkeit durch unmaßstäbliche Schaufenster stark gelitten hat, entstanden auch erhebliche Nachteile für das Stadtbild. Geht man an solchen Fassaden entlang, so wird das Fachwerk, das erst weit über Augenhöhe beginnt, nicht mehr wahrgenommen. Wenn in den Erdgeschossen ein völlig anderer Maßstab und andere Materialien verwendet sind, darüber gürtelartig breite Blenden folgen und dann erst die ursprünglichen Fachwerkgebäudeteile aufsitzen, leidet die Stadtgestalt insgesamt. Die Fachwerke stehen nicht mehr auf dem Boden und wirken wie auf Neubausubstanz aufgesetzt.

In jüngster Zeit ist der Beginn einer Rückbesinnung festzustellen, teilweise bedingt durch strenge Ortsbausatzungen, die nur einen behutsamen, fachwerkgerechten Schaufenstereinbau zulassen. Entgegen

7 Schaufensterlösung mittels Arkaden und Bogenstellung. Die Pfeileranordnung richtet sich exakt nach den Erkerständern und dem mittleren Bundständer des Giebels. Das Haus ist teilweise noch freizulegen.

8 und 10 Günstige und ungünstige Anordnung von Läden und Schaufenstern in niedersächsischen Häusern mit Dielen. Die großen Schaufenster, die den Dielencharakter zerstören, werden gar nicht gebraucht. Das beweist die Tatsache, daß die Fenster zum größeren Teil schwarz zugestrichen sind.

9 Durch die Auswechslung von nur zwei Ständern fügen sich Schaufensteranlage und Eingang gut in den Ständerbau mit Schwellriegelkonstruktion ein.

kommt dieser Forderung auch eine veränderte Werbetechnik: Oft werden kleinere Unterteilungen gewünscht, da die Schaufenster aber inzwischen groß sind, wird die kleinere Teilung auf das Glas appliziert.
Bei Neu- oder Umgestaltung von Schaufenstern ist darauf zu achten, daß die wesentlichen Trageglieder, die Ständer, erhalten bleiben. Die Verglasung sollte zwischen den Ständern oder durchgehend dahinter angeordnet werden. Als noch denkbare Kompromisse sind solche Lösungen anzusehen, bei denen jeweils ein Ständer – in Einzelfällen bei enger Ständerstellung auch zwei – ausgewechselt werden. Bei diesen Lösungen müssen in jedem Fall die Eck- und Bundständer ste-

11 bis 13 Daß sich selbst extreme Forderungen, wie der Einbau eines großen Kaufhauses, im Fachwerk erfüllen lassen, zeigt das »Central-Kaufhaus« in Melsungen. Bei dem linken der beiden Gebäude konnte die Fachwerksubstanz bis auf Erdgeschoßteile ganz erhalten werden; beim rechten Gebäude leider nur die Fassade. Die Treppenhäuser sind in dem – in der alten Maßstäblichkeit – neu errichteten Massivteil untergebracht.
Ansicht alter Zustand (11)
Ansicht heute (13)
Entwurfszeichnung (12)

henbleiben. Eine weitere Möglichkeit ist die Ausbildung einer Arkade, wobei die Fachwerkfassade in Maximalspannweite der Bundständer durch Ständer abgefangen und im Abstand von 2 bis 3 Metern eine Schaufensteranlage, die aber auch eine zum Fachwerk maßstäbliche Teilung aufweisen soll, eingerichtet wird.

Da die Erdgeschosse oft höher als die darüberliegenden Wohngeschosse ausgebildet sind oder zum Ladeneinbau das Erd- und das erste Obergeschoß zusammengefaßt wurden, kommt auch der Vertikalgliederung große Bedeutung zu. Keinesfalls darf die zwischen Schaufenster und nächster Geschoßbalkenlage verbleibende Fläche mit einer großflächigen Glas- oder Aluminiumblende mit werbender Schrift geschlossen werden. In einigen Fällen führte man solche Blenden sogar über mehrere Fassaden durchgehend aus. Wenn nicht aus konstruktiven Gründen ausgewechselt wird, ist es am günstigsten, über dem Fenster eine Riegelkette als Abschluß einzubauen. Bei Auswechslung einzelner Ständer im Schaufensterbereich sollen die von oben kommenden Ständer bis auf den Wechsel über dem Fenster geführt werden. Handelt es sich um eine Höhe von über einem Meter zwischen Schaufenster und Balkenlage, so ist eine Riegelkette, bei noch größeren Höhen sind zwei Riegelketten anzuordnen.

Instandsetzung, Sanierung und Rekonstruktion in Beispielen

Russische Botschaft – Studentenwohnheim

Braunschweig, Jakobstraße 1 a
Baujahr: 1561, Sanierung 1971/72
Architekt: Professor Dr. Justus Herrenberger, Braunschweig,
Mitarbeiter: Dietmar Neumann und Kurt Rudolph

Das ungewöhnlich große Haus »Russische Botschaft« – drei Geschosse hoch und über 27 Meter lang – hat eine lebhafte Baugeschichte. 1561 wurde das Gebäude als Wohn- und Speicherhaus für den Bürgermeister Jakob Kale und seine Ehefrau Anna in der Braunschweiger Altstadt gebaut. 1711 bis 1720 soll ein Sonderbotschafter des Zaren Peter I. in dem Gebäude residiert haben. Aus dieser Nutzung erhielt das Gebäude seinen Namen. 1866 wurde es als Werkstatt einer Druckerei eingerichtet. Nach deren Stillegung stand das Haus leer und vor der Gefahr des Abbruchs. Die Russische Botschaft ist eines der wenigen Braunschweiger Fachwerkgebäude, die den letzten Krieg überstanden haben. Das Studentenwerk der Technischen Universität Braunschweig kaufte das Gebäude 1970 von der Stadt, um es als Wohnheim für Studenten-Ehepaare umzunutzen.

Das Haus besteht aus drei Geschossen in Stockwerksrähmkonstruktion mit einem in drei weitere Geschosse gegliederten, steilen Kehlbalkendach, das von einem stehenden Dachstuhl unterstützt wird.

Die Umnutzungsplanung ergab 19 Wohnungen für zwei bis fünf Personen, wobei zwei Geschosse des Daches genutzt werden. Das innere und äußere Fachwerkgefüge konnte vollkommen erhalten werden. Der schwerste Eingriff war auch bei diesem Gebäude der Anbau eines massiven, feuerbeständigen Treppenturms, der mit

1 Das Detail der Südfassade vor den Sanierungsmaßnahmen zeigt den relativ guten Zustand der Holzstäbe.
2 Der neue Treppenturm, feuerbeständig, mit Eichenholz verkleidet, Schnitzereien von den Bildhauern Bernd Altenstein, Eberhard Linke und Axel Seyler.
3 Südansicht nach der Sanierung.

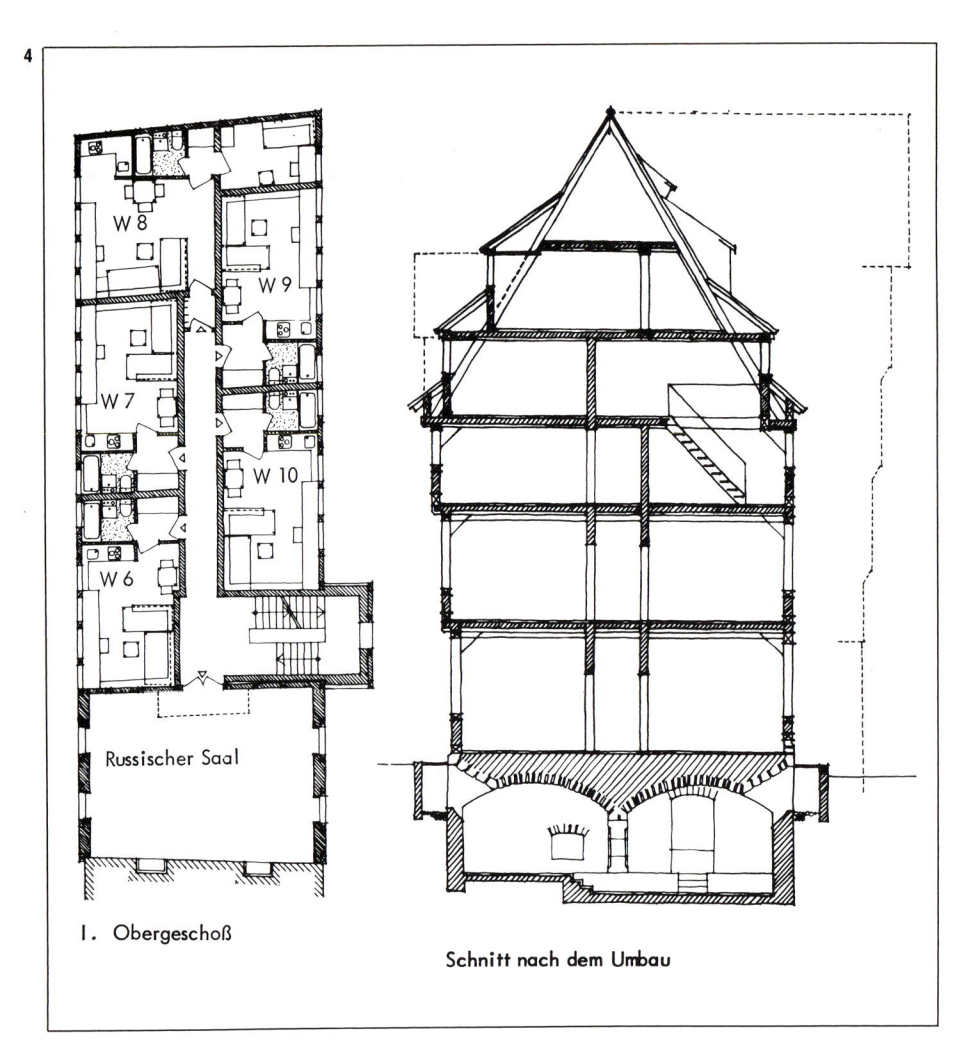

4 Grundriß des ehemaligen Bürgermeisterwohnhauses »Russische Botschaft« nach dem Umbau zum Studentenwohnheim. Querschnitt nach dem Umbau.
5 Detail des Festsaals.
6 Interieur der Wohnungen für Studentenehepaare. Die konstruktiven Hölzer sind sichtbar.

Seite 119
7 und 8 Das Haus Römer 1 in Limburg vor und nach der Sanierung.

Eichenfachwerk verkleidet wurde. Die Schnitzereien an Knaggen und an der Sockelschwelle des Treppenhausfachwerks stammen von den Bildhauern Bernd Altenstein, Eberhard Linke und Axel Seyler. Die Lehmschüttungen zwischen den Deckenbalken wurden entfernt und durch Leichtbeton ersetzt. Durch den Ausbau auch des zweiten Dachgeschosses für Wohnungen mußte der Dachstuhl verstärkt werden. Über den durchgehenden Schleppgauben des ersten Dachgeschosses wurden Einzelschleppgauben für die Wohnungen im darüberliegenden Geschoß angeordnet. In den Wohnungen wurde das Balkenwerk sichtbar gelassen und mit einem Feuerschutzmittel schwerentflammbar imprägniert. Die Wohnungen erhielten alle einen gleichen Installationsblock mit Bad (Badewanne, Waschbecken und WC) und einer Küchenwand (dreiflammiger Herd, Spüle und Kühlschrank). Schmuckstück der Russischen Botschaft ist der im ersten Obergeschoß um 1700 eingebaute zweigeschossige, kleine Festsaal mit Musikerbalkon, der um 1800, in der Zeit der frühen Romantik, erheblich umgestaltet wurde. Während der 100 Jahre, die der Saal als Setzerei gedient hatte, war er wenig gepflegt worden. Inzwischen steht er, restauriert, den Bewohnern wie der Universität für Feste und kleinere Veranstaltungen zur Verfügung.

Zweitältestes Fachwerk in der Bundesrepublik Deutschland

Limburg an der Lahn, Römer 1
Bauzeit: älteste Teile aus dem Jahre 1296, Querbau um 1500, Sanierung 1975–77
Architekt: Franz Josef Hamm, Limburg
Restauratoren: Weimar, Elz u. Laros, Mainz
Dendrochronologische Untersuchungen: E. Holstein, Trier
Bauaufnahme und Stereoaufnahme: R. Reuter mit H. Barz, B. Fleckenstein und N. Mollineux

Das Gebäude wurde als Burgmannenhof außerhalb der Burgmauern auf einem geneigten Plateau, das eine Zwischenhöhe westlich des Burgbergs über der Lahnniederung einnimmt, errichtet. Die dendrochronologische Untersuchung ergab für das Hinterhaus die Fälldaten Winter 1294/95 und Frühjahr 1296, so daß als Baujahr 1296 angenommen werden kann. Das Vorderhaus zeigt deutlich die Verstrebungsmerkmale der Übergangszeit und ist daher um 1500 einzuordnen.
Eine Zeitlang diente das Gebäude als städtisches Armenhaus. Nach dem letzten Krieg wohnten sozial schwache Familien in dem Haus.
Das Gebäude befand sich vor der Sanierung in einem sehr schlechten Zustand. Notwendige Bauunterhaltungsmaßnahmen waren über Jahrhunderte nur in unzureichender Form oder als Behelfsmaßnahmen durchgeführt worden. Der Mittelunterzug des vorderen, jüngeren Hauses war durch einen Stahlträger ersetzt. Die Balkenköpfe der Decke über dem Erdgeschoß waren abgefault, und man hatte sich mit einer Lösung beholfen, die in Fachwerkgebäuden öfter anzutreffen ist: Unterstützung durch einen Holzunterzug und Holzstützen. Das Dach des Vorderhauses wies eine starke Neigung der Firstlinie auf, das Hinterhaus war im First geknickt. Besonders durch erhebliche Mängel in der Sanitärinstallation hatte das Fachwerk stark gelitten.

Nachdem der Autor in Frankfurt-Sachsenhausen ein Fachwerk entdeckt hat, das in den Jahren 1291/92 errichtet wurde, ist dieses Haus in Limburg auf den zweiten Platz gerückt. Das Haus in Frankfurt-Sachsenhausen weist mit ausschließlich über alle Geschosse durchgehenden Vertikalhölzern eine Konstruktion auf, die zum einen ein Bindeglied zum prähistorischen Holzbau darstellt, zum anderen als Vorläufer der Fachwerke verschiedener Stilgruppen in Deutschland angesehen werden kann.

Aufmaß, Freilegung und Befund

Bei der Bauaufnahme wurden nicht nur alle Holzstäbe, sondern auch die Fragmente von Holzverbindungen und die Holznagellöcher genau eingemessen. Bei verschieferten Wänden wurden die Fachwerkstäbe innen eingemessen oder stereometrische Aufnahmen angefertigt, die dem zeichnerischen Aufmaß als Unterlage dienten. Aufgrund dieser genauen Aufnahme konnte die Fachwerkfassade des Vorderhauses zeichnerisch völlig rekonstruiert werden, beim Hinterhaus war man in der Lage, alle wesentlichen Punkte des Gefüges zu klären.
Nach Beginn der Freilegungsarbeiten zeigten sich so umfangreiche Schäden, daß alle Ausfachungen und Deckenfüllungen restlos entfernt werden mußten. Nur das Holzskelett mit dem Dach blieb stehen. Erst nach dieser Maßnahme waren die Gefüge der beiden Hausteile genau zu beurteilen.
Das Hinterhaus, der ältere Gebäudeteil, ist ein Ständerbau mit Schwellriegeln und auskragender Giebelfront mit Hängepfosten. In Längsrichtung war das Haus mit durchgehenden Verschwertungen ausgesteift, in Querrichtung sicherte ein inneres Andreaskreuz über zwei Geschosse die Steifigkeit. Außer wenigen Zapfenverbindungen an den Hängepfosten und in den Deckenrandbalken waren alle Holzverbindungen als Verblattungen ausgeführt.

Das Vorderhaus steht auf einem tonnengewölbten Keller, der eventuell von einem Vorgängerbau, vermutet wird der Endreßturm, stammt. Die aufgestockte Rähmkonstruktion mit geschoßhohen, gebogenen Fußstreben und ebenfalls gebogenen, dreiviertelgeschoßhohen Gegenstreben läßt eine annähernd genaue Bestimmung dieses Fachwerks ohne dendrochronologische Untersuchung zu. Von den Kreuzstockfenstern konnten einige ganz, andere teilweise geborgen und erhalten werden. Von der früheren Raumteilung war nur ein kleiner Saal im 1. Obergeschoß mit Stütze unter dem Mittelunterzug eindeutig feststellbar.

Sanierungsplanung und -durchführung

Die Bauaufnahme und die darauf beruhenden Rekonstruktionspläne waren Basis für die Nutzungsplanung. Der weitestgehende Eingriff mußte zur Erschließung des Gebäudes geplant werden. Hierzu wurde ein Treppenhaus als Anbau an das hintere Gebäude mit Galerien, über die das Vorderhaus erreichbar ist, vorgesehen.
Zur Sanierungsdurchführung gibt der Architekt folgenden Bericht:
»Nach der Freilegung wurden zunächst einige Reparaturen am Sockelmauerwerk ausgeführt, die Nordwand des Hinterhauses wurde durch einen Stahlzuganker gesichert.

7

8

9 und 10 Details zur Konstruktion der Hängepfosten.

Seite 121
11 bis 13 Dreimal das Burgmannenhaus in Gießen: vor dem Krieg, nach dem Krieg mit einer herausgebombten Ecke und Notdach und nach der Rekonstruktion.

Dann wurden mit Öldruckpressen alle Senkungen gehoben und der stark geneigte Quergiebel des Vorderhauses wieder ausgerichtet. Die nachträglich eingebauten Stützkonstruktionen, einschließlich der Stahlunterzüge, wurden ausgebaut. Sodann wurden die stark angegriffenen Reste von Fachwerkwänden in der südlichen Außenwand des Vorderhauses entfernt und durch Ziegelmauerwerk ersetzt. Die Fenster wurden wie die des früheren Umbaus mit Stichbögen überwölbt.
Hierauf erfolgte die Ergänzung bzw. Auswechslung aller fehlenden oder gestörten Holzbalken in den Wänden und Decken. Dabei wurde fast ausschließlich altes Eichenholz verwendet. Hierzu waren zwei abgängige große Scheunen aufgekauft und abgetragen worden. Nur an statisch besonders beanspruchten Teilen wurden neue Eichenbalken verwendet. Ebenso wurde der neue Treppenturm mit den anschließenden Galerien in neuem Eichenholz errichtet. Nach dem Einbau der Ergänzungsteile wurden alle Hölzer mit Schutzmittel gegen Pilz- und Insektenbefall behandelt. Die Fachwerkwände wurden mit Vollmauerziegeln in Normalformat ausgemauert, um ein möglichst dichtes Fugennetz zu erhalten. Die Decken erhielten einen Einschub aus den vorher ausgebauten Fußbodenbrettern und eine Füllung aus Leichtbeton. Mit dieser Leichtbetonschüttung wurden auch alle Unebenheiten ausgeglichen.

Die Außenwände wurden mit einem Lattenrost auf der Innenseite begradigt, zwischen die Lattung kam eine Füllung aus gepreßter Glaswolle als Wärmedämmung. Hierauf wurden Gipskartonplatten aufgebracht, die einen 1,5 cm dicken Überputz erhielten. In den Feuchträumen wurde Streckmetall aufgenagelt, das mit Zementmörtel eingesetzt wurde. Auf diesem Untergrund erfolgte die Verfliesung.
Die Dachschrägen wurden mit Glaswollematten gedämmt und mit horizontal verlegten Nut- und Federbrettern verkleidet. Alle tragenden Teile des Daches, ebenso alle freistehenden Stützen in den Geschossen und die Deckenbalken blieben sichtbar. Die Normalgeschosse erhielten Fußbodenheizung, als Belag wurden grobkeramische, salzglasierte Platten aufgebracht.
Alle Fenster wurden in Holz mit Sprossenteilungen, die Oberlichter in bleiverglasten Scheiben ausgeführt. Normaltüren sind in Holz ausgeführt und farbig behandelt, alle Wohnraumtüren in Ganzglaskonstruktion. Für die Haustür (am Treppenturm) und die Abschlußtür im Dachgeschoß wurden alte Türen wiederverwendet.

Außenwandbehandlung

Die ausgemauerten Fachwerkfelder wurden mit Kalkputz balkenbündig verputzt. Die Putzflächen wurden nach dem Abbinden geätzt und mit Mineralfarbe gestrichen.
Die Holzbalken wurden nach dem Verputz noch einmal mit Schutzmittel imprägniert und sodann nach Befund rot gefaßt.
Wie der Befund der ursprünglichen Fassung zeigte, waren die recht schlanken Balken auf die Putzfelder verbreitert gemalt worden. Die Farbe war auf den Putzfeldern anders aufgetrocknet, so daß aus der Nähe diese Balkenverbreiterungen als Begleitbänder in hellerem Rot sichtbar wurden. In der gleichen Weise wurde nun auch bei der Neubemalung verfahren, nur daß die Putzbänder mit Mineralfarbe in etwas lichterem Rot aufgetragen wurden.
Die Bruchsteinwände des Sockelmauerwerks wurden verfugt, die Ziegelmauern des Erdgeschoß-Vorderhauses weiß geschlämmt.
Die Holzbalken des Treppenturmes und der Galerien wurden schwarz gestrichen, um so eindeutig zu zeigen, was alt und was neu dazu errichtet ist.
Die Giebelseite des Hinterhauses, das Dachgeschoß der Galerie und des Treppenturmes sowie die Dachflächen wurden in altdeutscher Deckung in Naturschiefer gedeckt. Die Fenster an dem alten Bauteil wurden grün lasiert, die an den Galerien und dem Treppenturm braungrau.«
Das Gebäude gliedert sich heute in eine große Wohnung über das gesamte Erdgeschoß, eine zweite Wohnung nimmt den Grundriß des 1. Obergeschosses ein, und in den steilen Dächern des Vorder- und des Hinterhauses ist je eine kleine Wohnung eingebaut.

Rekonstruktion eines Burgmannenhauses – Leibsches Haus

Gießen, Georg-Schlosser-Straße 2
Bauzeit: 1349/50, Sanierung 1976/77
Architekten: W. Beuermann
und G. Dettmar, Gießen
Bauherr: Stadt Gießen, Hochbauamt

Geschichte und Lage

Das Gießener Burgmannenhaus gehört zu den ältesten Fachwerkgebäuden Deutschlands. Das Haus wurde in den Jahren 1349/50 von den Junkern von Rodenhausen auf dem Gelände der heute nicht mehr vorhandenen Wasserburg der Grafen von Gleiberg unter Einbeziehung eines Teils der Burgmauer und eines Turmstumpfs errichtet. Die Burgmannen von Rodenhausen, niederer Landadel und Träger der landesherrlichen Hoheitsrechte, bewohnten das Gebäude nur wenige Jahrzehnte. 1944 wurde das Burgmannenhaus durch Kriegseinwirkungen stark zerstört. Nach den Untersuchungen des Instituts für Ur- und Frühgeschichte der Universität Köln wurden die Eichenstämme für den Bau in den Wintern 1348/49 und 1349/50 gefällt. Der Erläuterungsbericht der Architekten führt zu Freilegung, Aufmaß, Befund und Rekonstruktion folgendes aus: »Das Fachwerkgebäude, welches durch Kriegseinwirkung zu einem Viertel zerstört und mit einem Notdach versehen war, konnte im Jahre 1975 von der Stadt Gießen erworben werden. Es war bis zum Beginn der Bauarbeiten, die 628 Jahre nach der Grundsteinlegung ihren Anfang nahmen, bewohnt. Zu diesem Zeitpunkt konnten auch erst die umfangreichen Bauaufnahmen erfolgen, die sich als äußerst schwierig erwiesen und mehrere Wochen dauerten.

Nach dem Entfernen des Außen- und Innenputzes sowie der Ausfachungen wurde festgestellt, daß der größte Teil des Holzgerüstes durch Fäulnis, Insektenfraß und durch immer wieder vorgenommene Umbaumaßnahmen und Eingriffe in die Konstruktion zerstört bzw. vom Einsturz bedroht war.

Vor Beginn der Baumaßnahme wurde mit der Auswechslung von etwa 40 Prozent des zerstörten Holzes gerechnet. Die Bauaufnahme zeigte jedoch, daß rund 80 Prozent der Ständer, Riegel, Rähme und Balken nicht mehr brauchbar waren.

Von einem Wiederherrichten der bestehenden Teile und Ergänzung des zerstörten Bauteils konnte somit keine Rede mehr sein. Das viergeschossige Gebäude

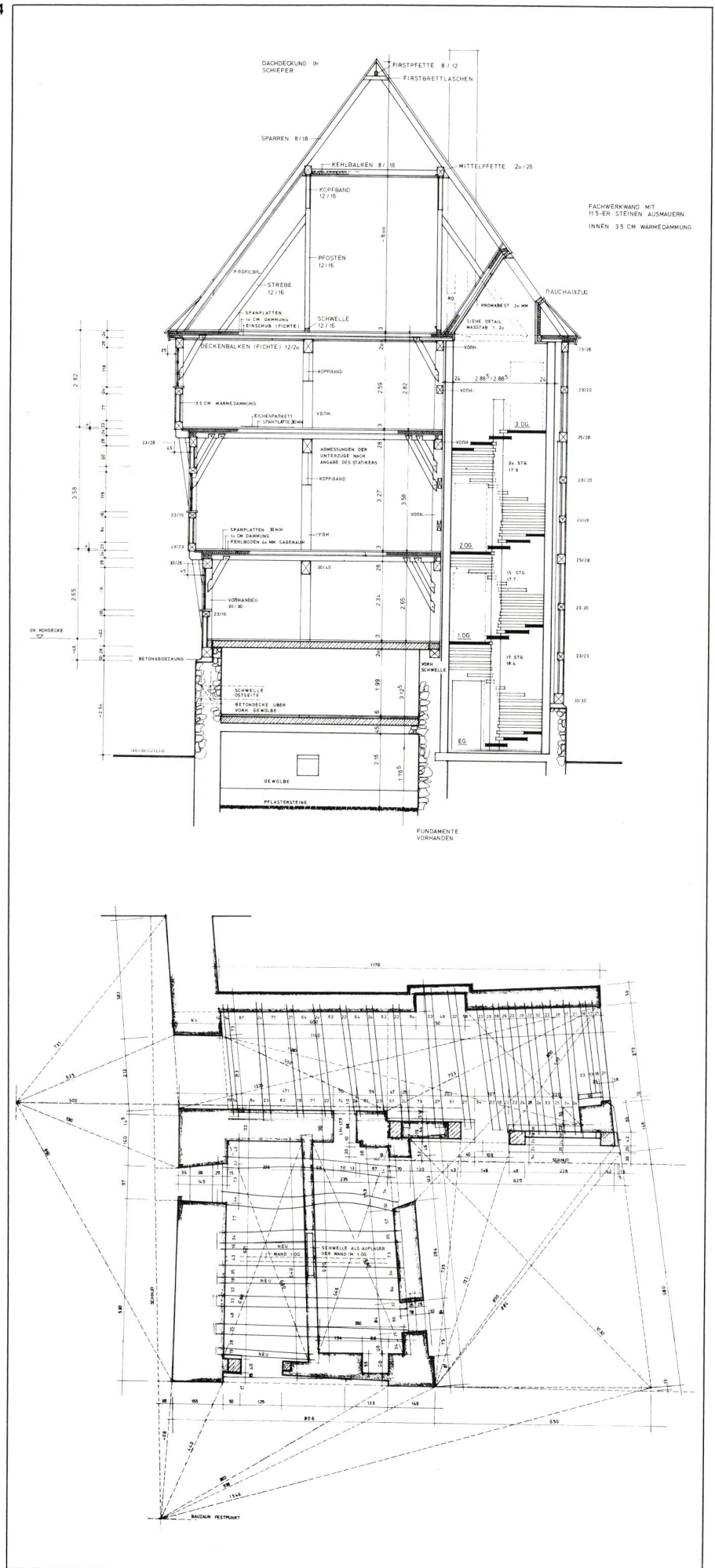

14 Querschnitt und Aufmaß Deckenbalken Erdgeschoß.

mußte parallel zu den Bauaufnahmen und den damit verbundenen Abbrucharbeiten, wie Entfernen der Gefache, Fußböden und später eingezogene Wände, auch abgestützt und mit Zugankern zusammengehalten werden.

Danach erst war die Demontage nach vorheriger Markierung möglich.

Das Hausgerüst ist, wie schon Walbe und Winter feststellten, nicht einheitlich. An dem nördlichen schmalen Bauteil in Ständerbauweise (Ständer: senkrecht vom Fundament bis zur Traufe) ist ein größerer Teil in Rähmbauweise angehängt. Die vollkommen gleichen Details der Verblattungen mit geschweiften Enden des Blattes zeigen an, daß das Haus nicht aus zwei zeitlich stark unterschiedlichen Bauabschnitten besteht, sondern als *ein* Bauwerk konzipiert wurde. Dies sagen auch die Holzuntersuchungen aus. Der konstruktive Unterschied der beiden Bauteile ist auf den speziellen Montagevorgang in dieser Frühzeit des Fachwerkbaues zurückzuführen (siehe Winter, Seite 33). Die Freilegung des Holzgerüstes hat jedoch auch gezeigt, daß verschiedene frühere Annahmen von Winter und Walbe nicht zutreffend waren.

Der vor der Zerstörung an der Ostseite vorhandene Erker wurde vom Vater des letzten Besitzers angebaut. Dies trifft auch auf die eingezogene Balkenlage in der über zwei Geschosse durchlaufenden Halle zu.

In früheren Zeiten wurden im Gebäude immer wieder Umbauarbeiten durchgeführt, wie das Einziehen von zusätzlichen Querriegeln für das Anlegen der Fenster, Fachwerkwände zur Trennung der Räume und die im Jahre 1661/62 vorgenommenen ersten Abstützungsmaßnahmen im 3. Obergeschoß über der Stadtmauer. Hier waren die tragenden Konstruktionsteile zum Teil angebrochen und hatten sich über der Stadtmauer abgesenkt.

Es wird angenommen, daß die ursprüngliche Dachkonstruktion, die aus drei Giebeldächern bestand, Auswirkungen auf die überkragenden Bauteile hatte und dadurch die Abstützung erforderlich machte. Zu einem späteren Zeitpunkt mußte dann diese Dachkonstruktion entfernt und durch eine

15 Anschluß von Riegeln an Eckständer.
16 Brustriegel an Ständer angeblattet.
17 Das Eichenfachwerk wird auf dem Zimmerplatz neu angelegt.
18 Die Fachwerkkonstruktion ist auch in den Innenräumen sichtbar. Einige Ausfachungen wurden zur Demonstration mit Stakung und Lehmschlag hergestellt.

neue, das gesamte Gebäude überspannende Satteldachkonstruktion ersetzt worden sein. Dies zeigen Abbildungen aus der Zeit vor der teilweisen Zerstörung im Jahre 1944. Da die ursprüngliche Dachkonstruktion nicht in allen Teilen genau zu rekonstruieren war, wurde beschlossen, die Dachform sowie die Giebel wie vor der Zerstörung wiederaufzubauen.
Weitere Rekonstruktionen der fehlenden Teile, wie herausgeschnittene Kopfbänder, Streben und Riegel, konnten noch anhand der deutlich sichtbaren Blattungen, Durchsteckzapfen usw. vorgenommen werden. Später eingezogene Hölzer wurden aufgrund sichtbarer Merkmale, wie Langlöcher, Schleifspuren usw., ausgeschieden.
Für die Rekonstruktion sowie zur Dokumentation mußten von den einzelnen Konstruktionspunkten, Details und Holzverbindungen fast 400 Fotos gefertigt werden. Diese waren bei der Erstellung der Bauaufnahmepläne eine große Hilfe.«

Durchführung

Die zukünftige museale Nutzung bedingte beim Wiederaufbau die Erfüllung einer Reihe erhöhter Auflagen, zum Beispiel zum Brandschutz. Umfangreiche Teile der Fundamente und Wandsockel einschließlich der Turm- und Stadtmauerreste mußten ergänzt oder erneuert werden.
Die noch verwendungsfähigen 20 Prozent der alten Holzsubstanz wurden mit den neuen Hölzern verzimmert, abgebunden und aufgeschlagen. Für den Holzersatz war weder genügend Altholz aus Abbrüchen vorhanden, noch konnte das Material in den großen Dimensionen und Überlängen ohne größere Probleme in der Bundesrepublik beschafft werden. Das Holz mußte aus Luxemburg importiert werden. Wie das Fachwerk, so wurden auch die Balkenlagen aus Eichenholz hergestellt, der Dachstuhl und die Sparren dagegen aus Nadelholz. Statt des früheren liegenden Stuhls mit gebogenen Spannriegeln wurde ein stehender Dachstuhl konstruiert. Die Gefache mauerte man aus, eine ausreichende Wärmedämmung wurde mittels einer zusätzlichen inneren Dämmschicht erreicht. Zu den Holztreppen wurde ein massives Treppenhaus angeordnet. Waagerecht wurden Brandabschnitte durch eine Lage Feuerschutzplatten über den Balkenlagen geschaffen. Die Holzfenster erhielten wieder Kreuzsprossen.
Bei der Farbgebung der Außenfassade folgte man dem Befund. Die Fachwerkstäbe erhielten ein »gotisches Rot«, die mit Kellenputz versehenen Gefache wurden mit abgetöntem Weiß in Mineralfarbentechnik behandelt. Die sichtbaren Holzteile der Innenräume wurden dunkelbraun angelegt.

Bau- und kunsthistorisch außergewöhnliches Fachwerk: Ochsenkopf

Hannoversch Münden, Sydekumstraße
Bauzeit: um 1528, Sanierung 1976–78
Bauhistorische Untersuchung: Joachim Bühring, Niedersächsisches Landesverwaltungsamt – Denkmalpflege –, Hannover
Baubetreuung: Staatshochbauamt Göttingen, Außenstelle Münden
Denkmalpflegerische Betreuung: Bezirksregierung Hannover, Dezernat Denkmalpflege
Ausbauplanung: Hochbauabteilung des Regierungspräsidenten Hildesheim

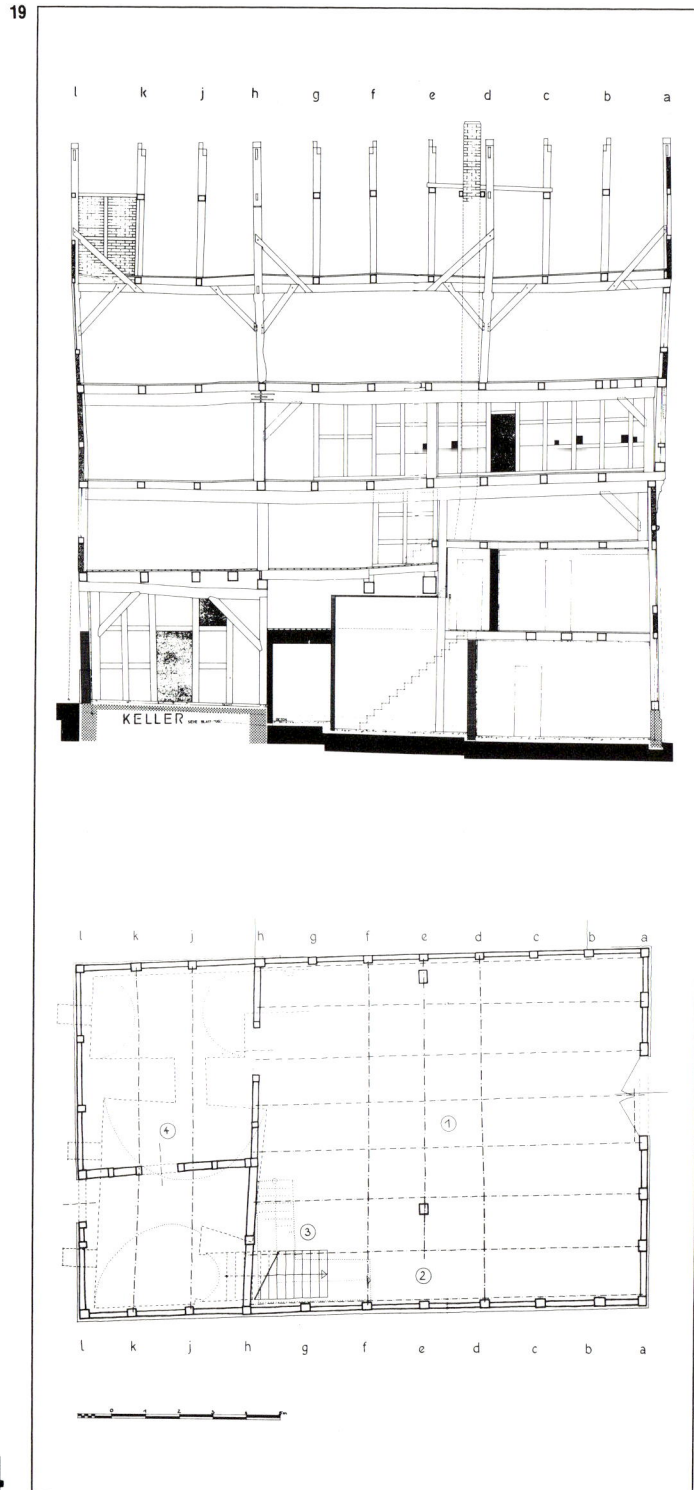

19

20

21

19 Längsschnitt, darunter Rekonstruktion des ursprünglichen Zustands im Erdgeschoß.
① Diele
② Ehemalige Feuerstelle mit Rauchhaube
③ Ehemalige Treppe zum 1. Obergeschoß
④ Nebenräume über gewölbtem Keller
20 Modell des Hauses Ochsenkopf, das die Fachwerkkonstruktion deutlich macht.
21 Das Dach ist abgenommen. Am hinteren Giebel ist gut die Verbindung der über drei Geschosse laufenden Ständer mit den Dachbalken mittels unten gezapfter und oben verblatteter Kopfbänder zu sehen.
22 Der mit Vordach, kleiner Tür und Fenster sowie Futter und Brettverkleidungen total verbaute spitzbogige, gotische Eingang vor Sanierungsbeginn.

23 Die Straßenflucht des Hauses Ochsenkopf während der Instandsetzungsarbeiten. Bis auf den im Spitzbogen eingezogenen Sturzriegel ist der gotische Eingang bereits freigelegt.
24 Haus Ochsenkopf vor der Sanierung.

Hannoversch Münden ist eine der wenigen Städte in der Bundesrepublik, die noch eine geschlossene, praktisch kaum gestörte Fachwerkbebauung aufweisen. Insgesamt sind es etwa 750 Fachwerkbauten; davon prägen 445 Fachwerkfassaden aus der Zeit zwischen 1450 und 1850 das Straßenbild der Innenstadt. Die Stadt kommt diesem hervorragenden Umstand sowohl durch den Schutz der Fachwerke in Form einer Satzung als auch durch entsprechende Bau- und Unterstützungsmaßnahmen nach. In den Jahren zwischen 1850 und 1865 wurden über 400 Fachwerkbauten überputzt. Um 1912 legte man in einer ersten Phase zwölf Fachwerke wieder frei, in einem weiteren Anlauf 1938 waren es weitere dreizehn, und seit 1946 konnten weit über 200 Gebäude wieder als Sichtfachwerke dargestellt werden. Aufgrund sorgfältiger Untersuchungen mußte man nur in wenigen Ausnahmefällen irreparable Fachwerke abbrechen. Die Baulücken werden heute wieder mit Fachwerkbauten geschlossen.
23 Mündener Fachwerke entstammen noch der Gotik. Zu diesen Gebäuden zählen das älteste Fachwerkhaus »Windmühle«, Ziegelstraße 27, nach dendrochronologischen Untersuchungen um 1450 gebaut, und das früheste zeitgenössisch datierte Gebäude, das Küsterhaus von St. Blasius aus dem Jahre 1457. Zu den gotischen Häusern gehört auch der »Ochsenkopf«.
Das Haus Ochsenkopf hat große kunsthistorische Bedeutung durch seine weitgehend erhaltene Ankerbalkenkonstruktion und die in den Seitenwänden über drei Vollgeschosse durchlaufenden Ständer. Der straßenseitige Giebel kragt über dem 1. Obergeschoß vor. Die auskragenden Balken sind mittels Knaggen verriegelt. Die Ankerbalken der Decken werden durch die an den Balken angeblatteten und in den Ständern eingezapften Kopfbänder zusätzlich unterstützt. Diese Kopfbänder übernehmen gleichzeitig die Queraussteifung. In den vergangenen Jahrhunderten wurde der Ochsenkopf mehrfach umgebaut und erhielt verschiedene Einbauten, die das eigentliche Gefüge mehr und mehr verdeckten. Augenfälliger Beweis ist die »umgebaute« gotische spitzbogige Eingangstür an der Sydekumstraße. In den letzten Jahrzehnten hatte sich die Bausubstanz durch mangelnde Bauunterhaltung rapide verschlechtert.
Bei diesem für die Fachwerkforschung bedeutenden Haus kam es besonders darauf an, durch gründliche Untersuchung des Bestandes eine eindeutige Grundlage zur Wiederherstellung zu erhalten. Um die großzügige Halle des Erdgeschosses wiederzugewinnen, brauchten nur, wie im übrigen Gebäude auch, die späten Einbauten entfernt zu werden. Der Dachstuhl wies so viele Mängel auf, daß er abgetragen und neu aufgerichtet werden mußte. Das Fachwerk wurde durch Auswechseln, mehr noch durch Anschuhen zerstörter Holzteile, saniert. Die ungewöhnlich starken Hölzer erlaubten bei diesem Gebäude auch das Anschuhen von parallel zur Faser beanspruchten Stäben. Die als gerade Blätter ausgebildeten Verbindungen zwischen altem und neuem Holz wurden verschraubt.
Als Nutzung ist in den Untergeschossen eine museale Einrichtung vorgesehen, während im 2. Obergeschoß eine Wohnung eingebaut werden soll.

Steinscher Hof – Freiherr-vom-Stein-Gedenkstätte

Kirberg (Hessen), Bubenheimer Str. 3
Bauzeit: um 1500, Sanierung 1975
Architekt: Dr. Heinz Willi Peuser, Camberg
Rekonstruktionsplanung der gotischen
Türme: Franz Josef Hamm, Limburg

Der von Dehio erwähnte spätgotische Adelshof liegt, weithin sichtbar, am Rande des Dorfes Kirberg, das im 14. Jahrhundert einmal Stadtrechte erhielt und heute zum Dorfkomplex Hünfelden gehört.
Das Gebäude wurde um 1500 als Adelshof errichtet: Fachwerk auf einem gewaltigen, tonnengewölbten Kellergeschoß mit vier sechseckigen Erkertürmen an den Gebäudeecken im 1. Obergeschoß. In einer Phase umfangreicher barocker Umbauten und Umgestaltungen im Inneren wurden zwischen 1745 und 1757 die Erkertürme abgebrochen. Die kunstvollen Baubeschläge des barocken Ausbaus stammen von Anton Löw. Bis zum Jahre 1898 gehörte das Haus der Familie vom Stein. Die Enkelin des Freiherrn vom Stein verkaufte das Gebäude in jenem Jahr an einen Landwirt. Die Möblierung aus der Zeit um 1800 wurde im Rahmen des Verkaufs auf einer Auktion versteigert. Das Gebäude hatte inzwischen verschiedene kleinere Anbauten erhalten und wurde um 1950 neu mit Asbestzementschiefer eingedeckt. Zuletzt diente es als Wohnhaus für fünf Familien.

Zustand vor der Sanierung

Anfang der siebziger Jahre befand sich das Gebäude in einem desolaten Zustand, die zahlreichen Putzabblätterungen waren nur ein äußeres Zeichen für den drohenden Verfall. Viele Holzstäbe des Fachwerks waren stark angegriffen, die Ausfachungen teilzerstört und die Fenster nicht mehr funktionsfähig.
Das Gebäude sollte außen wieder weitgehend gotisches Aussehen erhalten. Für die Innengestaltung wurde jedoch keine Regotisierung geplant, da dabei die von der Mutter des Freiherrn vom Stein geschaffene wertvolle Barockausstattung hätte zerstört werden müssen. Dementsprechend sollte sich die Innenausstattung – auch im Andenken an den Freiherrn vom Stein – an die spätbarocke Fassung anlehnen. Dabei konnten auch die bis in die Erker gezogenen Profile der Stukkaturen erhalten werden. Lediglich die annähernd 6 Meter hohe Eingangshalle sollte in

25 und 26 Der Steinsche Hof, früher Wohnhaus der Familie des Freiherrn vom Stein, vor und nach der Freilegung und Sanierung.
27 Das Fachwerk aus der Übergangszeit hat trotz zahlreichen Störungen nur wenig von seiner ursprünglichen Kraft eingebüßt.
28 Grundriß.
29 und 30 Interieur, das der Einrichtung der Mutter des Freiherrn vom Stein folgt
31 Zeichnerische Rekonstruktion des ursprünglichen Aussehens. Eine Regotisierung ist nicht möglich, da dadurch der wertvolle barocke Innenausbau zerstört würde.
32 Vorschlag für eine Ergänzung der Türme mit leichten Korrekturen an den Fassaden als Ausgleich zwischen dem ursprünglichen Zustand und den Änderungen des Barock.

voller Höhe einen Eindruck von der imposanten Größe der gotischen Halle vermitteln.

Sanierung

Die Lehmausfachungen wurden entfernt und danach zimmermannsmäßig umfangreiche Instandsetzungsarbeiten an den Fachwerkhölzern und Decken durchgeführt. Die Zerstörung der Holzteile war so weit fortgeschritten, daß einzelne Decken vollkommen ausgewechselt werden mußten. Die neue Raumaufteilung, gebunden an die zwei Längsunterzüge, folgt weitgehend der vorgefundenen Anordnung. Die Gefache wurden durch Ausmauerung geschlossen. Die Fenster erneuerte man in maßstabsgerechter Teilung mit Sprossen. Die um 1950 mit Asbestzementschiefer wiederhergestellte Dacheindeckung wurde belassen.
Der Wohnungsausbau erfolgte entsprechend den heutigen Bedürfnissen. Die ehemals in den seitlichen Anbauten untergebrachten WCs wurden im Hause installiert, ebenso Bäder und eine Zentralheizung. Die Möblierung und Ausstattung folgt dem Möbelinventar der Zeit um 1800. Unter anderem wurden ein Louis-XVI-Salon sowie ein Empire-, ein Rokoko- und ein klassizistischer Salon eingerichtet.

Rekonstruktion der gotischen Erkertürme

Nach Abschluß der Sanierungsarbeiten, die dem Gebäude wieder zu einer würdigen Nutzung, unter anderem als Freiherr-vom-Stein-Gedenkstätte, verhalfen, wurden planerische Untersuchungen angestellt, die Ecktürme zu rekonstruieren.
Die Verwirklichung würde die Rekonstruktion der Türme in Sichtfachwerk und völlige Veränderung der Fensterteilung sowie großer Teile der Fassade bei wesentlicher Verbesserung des Fachwerkbildes beinhalten. Ein solch weitgehender Eingriff ist jedoch nicht möglich, da dadurch die wertvolle, von der Mutter des Freiherrn vom Stein konzipierte barocke Innenausstattung zerstört würde.

Ein anderer Vorschlag sieht die Rekonstruktion der Türme ohne größere Veränderung der Fassade vor. Hierbei würden die Ecktürme in verschieferter Ausführung unter Beibehaltung der jetzigen Fensterteilung in den drei unteren Geschossen rekonstruiert. Der Vorteil liegt in der Annäherung an den ursprünglichen Zustand, ohne daß dabei die Innenausstattung verändert werden müßte.

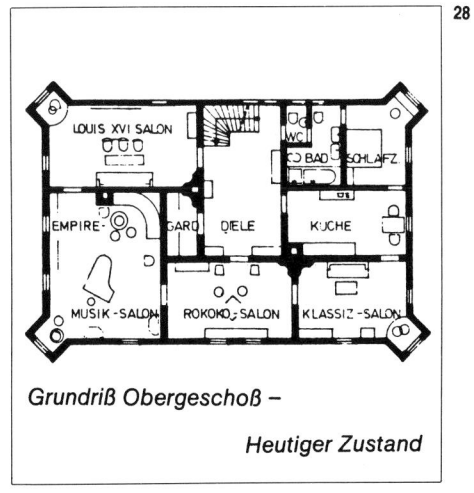

Grundriß Obergeschoß –

Heutiger Zustand

Umnutzung: Seniorentreff in ehemaliger Scheune

Grebenstein, Landkreis Kassel
Seniorentreff, Obere Strohstraße 9–11
Bauzeit: um 1900, Sanierung und Umbau 1975/76
Architekten: Projektgruppe für Architektur und Städtebau Jochem Jourdan und Bernhard Müller, Darmstadt

Um verschiedene Gebäude in der Altstadt von Grebenstein, die infolge sozialer oder historischer Veränderungen ihre Nutzungen verloren hatten, neuen Funktionen und Nutzungen zuzuführen, wählte man den Weg, fehlende Infrastruktureinrichtungen und ein Bürgerhaus nicht in einem Neubaukomplex zu errichten, sondern dezentral durch Umnutzung alter Bausubstanz zu gewinnen.

Der Seniorentreff machte, bedingt durch die weitreichende Umnutzung, umfangreiche Umbauarbeiten notwendig. Die Architekten lösten Umbau und Einbau neuer Bauteile derart, daß in und an das Fachwerk neue Bauglieder gesetzt wurden, die sich in ihrer Maßstäblichkeit am Fachwerk orientieren, im übrigen jedoch eine nicht aus dem Fachwerk stammende Formen- und Materialsprache aufweisen. Durch die Einbindung von Spolien und Abbruchmaterialien sowie die »Ästhetik der Alltagsumwelt« wurden in der Fassadengestaltung, mehr noch bei der räumlichen Gestaltung des Inneren, reizvolle und im Ablauf spannungsreiche Lösungen geschaffen. Unter dem Aspekt, daß es sich bei diesem Fachwerkhaus nicht um ein kunsthistorisch wertvolles Einzelobjekt handelt, sondern sein Wert auf der Lage im Ensemble beruht, sind solch weitreichende und mit Verfremdungseffekten versehene Schöpfungen angemessen, sie können jedoch nicht als allgemeingültige Modelle für die Fachwerksanierung, besonders bei wertvollem Fachwerk, angesehen werden.

Die Scheune wurde um die Jahrhundertwende auf dem Anwesen eines handwerklichen Schreinereibetriebes zum vorhandenen Wohnhaus und den Stallungen gebaut. Der Gebäudekomplex liegt am Rande der Altstadt von Grebenstein innerhalb der Stadtmauer im ausgewiesenen Sanierungsgebiet. Der Erhaltungszustand des Eichenholzfachwerks auf einem Sandsteinsockel war gut.

Zur Erzielung größerer Freiflächen wurden hofseitig einige kleinere Nebengebäude und die Werkstatt abgerissen. Im Stallungsbereich beseitigte man die durch starke Ausblühungen sichtbare aufstei-

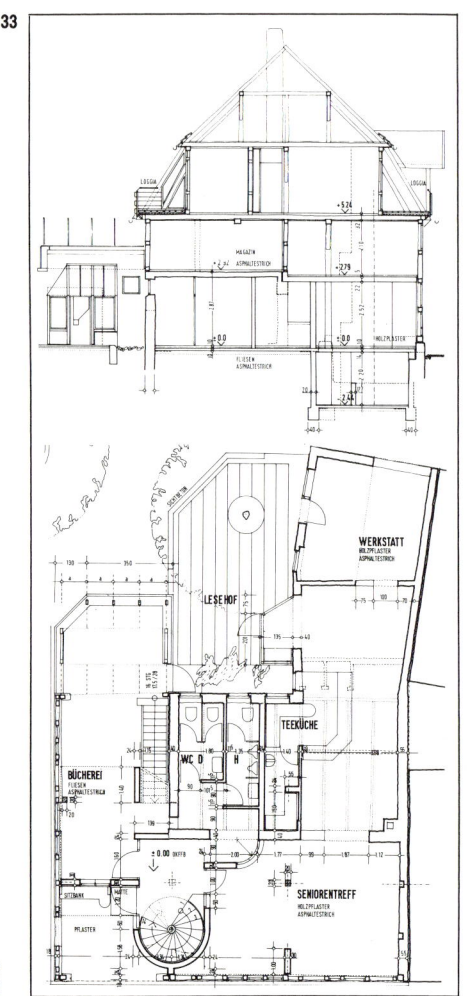

Statt Abbruch: drei Wohnungen

Limburg an der Lahn, Kleine Domtreppe 7
Baujahr 1425, Sanierung 1975/76
Architekt: Franz Josef Hamm, Limburg

gende Feuchtigkeit mittels Elektro-Osmose. Die von Einregnungsstellen in der Dachkonstruktion verursachten Holzschäden wurden durch Auswechseln von etwa einem Viertel der Hölzer beseitigt. Die Lehmausfachungen konnten zum großen Teil erhalten werden, nur einige Gefache mauerte man mit kleinformatigen Schwemmsteinen aus. Der neue Außenputz wurde mit Trass als Bindemittel ausgeführt. Die Fachwerkstäbe reinigte man mittels Sandstrahlgebläse von alten Farbresten und losen Teilen. Der Neuanstrich nach Befund besteht aus gedämpftem Grün für die Holzteile, sienarotem Begleiter und Gefachen in Altweiß.

Die vielfältigen neuen Nutzungen bedingten den hohen Umbauaufwand. Die das Straßenbild beeinflussenden großen Architekturglieder, die Toreinfahrt und der zwerchgiebelartige Dachaufbau, blieben erhalten. Die entscheidenden konstruktiven Maßnahmen waren der Einbau eines Treppenhauses, einer Stahlbetondecke über dem Erdgeschoß, deren Lasten unabhängig vom Fachwerk abgefangen werden mußten, und die Teilunterkellerung des Gebäudes zum Einbau einer Heizung. Das Erdgeschoß beherbergt jetzt die Altentagesstätte mit Zugang zum Lesehof der Bücherei, im 1. Obergeschoß befinden sich weitere Räume der Bücherei sowie die Räume der Sozialstation und des Roten Kreuzes, und im Dachgeschoß wurden eine Dreipersonenwohnung sowie eine Einpersonenwohnung eingerichtet. Die Wohnungen erhielten vorfabrizierte Naßzellen aus glasfaserverstärktem Polyester. Diese bieten, da sie als Wanne ausgebildet sind, die Gewähr, daß keine Feuchtigkeit in die Holzbalkendecke eindringt. Ein Teil des Raumprogramms ist in den erhalten gebliebenen Nebengebäuden untergebracht. Der Freiraum wird im Norden von der Stadtmauer begrenzt.

33 Erdgeschoß und Querschnitt.
34 Hofseite mit An- und Nebenbauten, die z. T. aus Ganzglaskonstruktionen erstellt wurden.

Das gotische Haus liegt am Burgberg in der Limburger Altstadt. Es lehnt sich an eine Stützmauer an, die ursprünglich wahrscheinlich zur karolingischen Burgmauer gehörte. Das Gebäude war jahrhundertelang so schlecht bauunterhalten und gepflegt worden, daß es die Stadt Limburg 1973 zum Abriß erwarb. Nur mit Mühe waren die Vertreter der Stadt davon zu überzeugen, wieviel Wert – auch für die Stadt Limburg – noch in der Gebäudesubstanz steckte. Zur Sanierung wurde das Haus wieder verkauft.

Befund nach der Freilegung

Ein genauer Befund zur ursprünglichen Konzeption und den zahlreichen Veränderungen konnte erst nach Freilegung des ganz verputzten Hauses festgestellt werden. Mit dem Abschlagen des Verputzes wurde ein gotischer Ständerbau aus über zwei Geschosse durchgehenden Ständern und aufgeblatteten, ebenfalls durchgehenden Riegeln herausgeschält. Der mit 7,50 Meter sehr breite Giebel kragt zweifach vor. Die Haustiefe beträgt im Mittel nur 5,50 Meter. Der Keller ist als Tonnengewölbe ausgebildet. In der Gotik war im Erdgeschoß eine etwa 4,75 Meter hohe Halle mit einem seitlichen, in zwei Geschosse getrennten, Wirtschaftsteil eingerichtet. Das 1. Obergeschoß bildete ein großer, ungeteilter Raum.

Noch in gotischer Zeit wurde der Raum im Obergeschoß durch Einziehen einer Wand geteilt. Im Barock nahm man weitere Veränderungen vor. So wurde die hohe gotische Halle durch Einbau einer Decke in zwei Geschosse geteilt, von denen das obere nur eine Kopfhöhe von 1,85 Meter aufwies. Der Anbau auf dem Hof entstand ebenfalls in dieser Zeit. Gleichzeitig erhielt das Gebäude eine einheitliche farbige Fassung: schwarze Fachwerkstäbe, die Ausfachungen weiß gekalkt mit einem grauen Begleiter und schwarzen Ritzern. In einem Raum des 2. Obergeschosses wurde eine ockerfarbige Fassung der Balken und Begleiter mit rotem Ritzer vorgefunden. Bei Veränderungen, die im 19. Jahrhundert erfolgten, wurde die gesamte farbige Fassung überputzt und dadurch weitgehend erhalten. Bei den Freilegungsarbeiten im Inneren wurde auch eine vorher unter Putz liegende gotische Tür mit Spitzbogengewände entdeckt, die nach den barocken Umbauten ihre Funktion verloren hatte.

Sehr unterschiedlich war der Erhaltungszustand der Fachwerkstäbe. Die Ost- und Westwand wiesen erhebliche Fäulnisschäden auf. Partiell waren hier größere Putzteile abgeplatzt, so daß viel Feuchtigkeit hinter den Putz gelangen konnte, die auch die Knotenpunkte der Hölzer stark angegriffen hatte. In der Südwand waren mehrfach Veränderungen der Fenster vorgenommen worden; dabei hatte man das Fachwerkgefüge zum größeren Teil zerstört. Die praktisch unveränderte Nordwand zeigte die geringsten Störungen und Mängel.

Drei Wohnungen

Ziel der Planung war die deutliche Herausstellung des gotischen Gefüges in Verbindung mit zeitgemäßem Wohnkomfort. Dazu gehörte auch die Wiederherstellung der hohen Halle im Erdgeschoß. Zur Erschließung der fünf Wohngeschosse mußte ein Teil der Halle zugunsten eines neuen Treppenhauses abgetrennt werden. Durch diese Abtrennung erhielt die Halle eine Abmessung, die eine Verringerung der Hallenhöhe um 80 cm notwendig erscheinen ließ. In die fünf Geschosse wurden drei Wohnungen, eine Wohnung im Erdgeschoß und 1. Obergeschoß, eine weitere im 2. Obergeschoß und in den beiden Geschossen des hohen Dachraumes die dritte, eingeplant. Im südlichen Teil des Spitzgiebels wurde eine über eine Leitertreppe erreichbare Loggia vorgesehen.

Durchführung

Die durch nachträgliche Veränderungen sowie pflanzliche und tierische Schädlinge zerstörten Holzteile wurden ausgewechselt oder repariert. Die Südfassade wurde

35 *Querschnitt.*
36 und 37 *Kleine Domtreppe 7: vorher – nachher. Vor der Sanierung war das Gebäude kaum als gotisches Haus zu erkennen.*
38 *Interieur.*
39 *Das ausgebaute Dachgeschoß nach der Sanierung.*

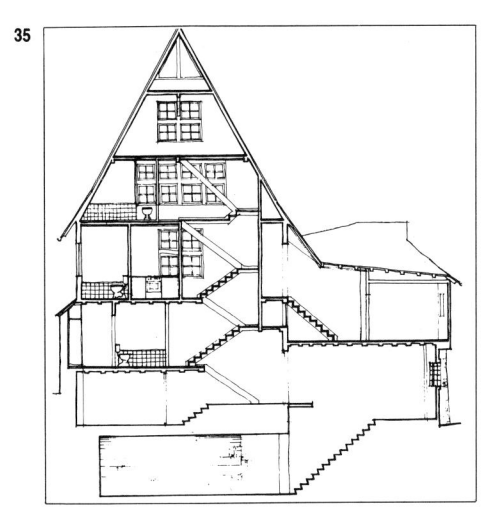

nach den ursprünglichen Anschlußstellen der Ständer in der Schwelle rekonstruiert. Die Fenster führte man, ähnlich gotischen Fenstern, mit beweglichen Flügeln und feststehenden Oberlichtern aus. Nach Aufbringen eines Holzschutzmittels wurden die vorher von der Lehmausfachung befreiten Gefache mit Ziegeln ausgemauert.

Die Decken bildete man derart aus, daß die Balken sichtbar blieben. Alle Außenwände erhielten eine zusätzliche Wärmedämmung auf der Innenseite zwischen Latten, die der waagerechten Bretterverkleidung gleichzeitig als Unterkonstruktion dienen. Der Fußboden wurde mit einer Leichtbetonschüttung egalisiert, auf die schwimmender Estrich aufgebracht wurde. Darauf folgen die Oberböden: Fliesen oder textile Bodenbeläge. In der Farbgebung wurden die vorgefundene Schwarz-Weiß-Grau-Fassung sowie die Ocker-Rot-Kombination von zwei Wänden im 2. Obergeschoß wiederholt. Neue Ausbau- und Ausstattungselemente wurden zeitgemäß, in klarer Abgrenzung, neben die alte Fachwerkkonstruktion gesetzt. Die Fassaden werden bestimmt von dem starken Kontrast der schwarz gefaßten Fachwerkhölzer zum Weiß der Gefache. Beide Giebel wurden, der übrigen Dachfläche entsprechend, verschiefert.

Einfaches Fachwerk

Frankfurt-Höchst, Antoniterstraße 7
(Rosengasse)
Baujahr: 19. Jh., Sanierung 1977–79
Architekt: Thomas Bundschuh, Höchst

Das einfache Bürgerhaus aus dem 19. Jahrhundert hat keine außergewöhnliche Baugeschichte, ebensowenig ein besonderes Fachwerk. Die mit dem Gebäude verbundenen Vorteile und die stadtgestalterischen Wünsche sind lagebedingt. Das Haus steht in günstiger Wohnlage, in einer ruhigen Zone mit guten Anbindungen an alle Verkehrs- und Versorgungseinrichtungen. Durch die Lage am Rande der sehr viel älteren Gebäudesubstanz der Höchster Altstadt kommt dem Haus in Verbindung mit einem gegenüberstehenden Rest der Stadtmauer eine signalhafte Bedeutung zu.

Das verputzte – auch zum Verputzen konzipierte – Fachwerkhaus war durch mangelhafte Bauunterhaltung über Jahrzehnte in einen sehr schlechten Zustand geraten, der zur Unbewohnbarkeit führte. 1975 hatte ein LKW durch unvorsichtiges Manövrieren ein großes Loch in die nördliche Seitenwand gerissen. Bei der partiellen Putzabnahme zur Untersuchung der Holzstäbe zeigte es sich, daß das Fachwerk auf zwei Seiten im Sockelbereich und in den aufgehenden Wänden total abgefault war. Die Sanierung mußte zwangsläufig mit der Wiederherstellung der beiden stark angegriffenen Wände beginnen. Schon beim Entfernen des Ausfachungsmaterials mußten die beiden Wände, deren Holzsubstanz bis auf etwa einen Meter über Sockelhöhe praktisch nicht mehr vorhanden war, durch Abspießen innen und außen gesichert werden. Danach wurde ein neuer Sockel aus bewehrtem Stahlbeton mit den entsprechenden Horizontalsperren angeordnet, die Fachwerkwände aus neuem Eichenholz wurden verzimmert und eingebaut. Die Gefachaufteilung wurde dabei nicht verändert. Da das Gebäude nur teilweise unterkellert ist, die Horizontalsperren durchgehend mangelhaft waren und der Erdgeschoßboden zum größeren Teil verrottet war, wurden alle Mauerteile unter den Sockelschwellen durch einen Betonkranz ersetzt und der Boden des Erdgeschosses in diesem Zusammenhang als bewehrte Betonplatte ausgebildet. Kleinere Schäden in den Deckenbalkenlagen und dem übrigen Fachwerk wurden durch Anschuhen oder Auswechseln der entsprechenden Hölzer beseitigt.

Nach Entfernung des Putzes wurde sichtbar, daß die Schwemmsteinausmauerung unfachmännisch, das heißt ohne Dreikantleisten, eingebracht worden und jetzt lose war. Der größere Teil der Ausfachungen mußte deshalb erneuert werden.

Das Dach hatte zwar eine neue, aber aus unmaßstäblichen, großen Pfannen hergestellte Eindeckung. Diese wurde entfernt und durch Biberschwänze ersetzt. Beim Umdecken erhielt das Gebäude eine weitere Dachgaube.

Die schwachen Fachwerkstäbe werden durch der dunkleren Holzfarbe nahestehende Begleiter stärker dargestellt. An den Abmessungen, wie den Stockwerkshöhen, ist zu erkennen, daß das Gebäude später als die anschließenden Häuser des 18. Jahrhunderts gebaut wurde. Die Lage an einer der Zugangsstraßen zur Höchster Altstadt, im Nachbarbereich zu gründerzeitlicher Bebauung, rechtfertigte, ja erforderte die Freilegung des früher einmal nicht auf Sicht konzipierten Fachwerks.

40 Grundriß und Schnitt.
41 Das Haus Antonitergasse 7 aus der Mitte des vorigen Jahrhunderts im Zustand Anfang 1976.
42 Altes und neues Fachwerk. Die rechte Schwelle muß noch ausgewechselt werden.

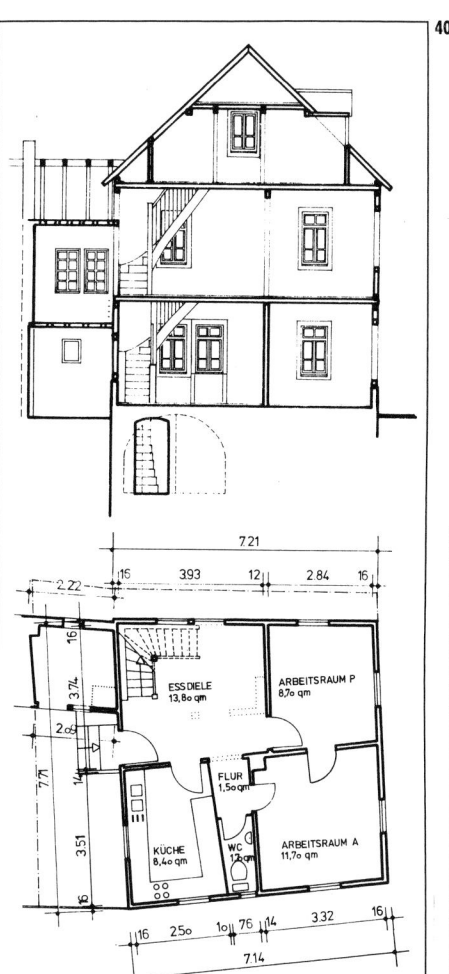

Sanierung des Sternhofs

Nördlingen, Baldinger Str. 19
Bauzeit: frühes 16. Jh., Sanierung 1976/77
Architekten: Hermann Moser und Fritz Strohm
Bauaufmaß: Gert Mader, Heinz Gropper, Anselm Gronau (vorläufige Pläne)

Der Sternhof wurde im frühen 16. Jahrhundert errichtet und diente von 1673 bis 1920 als Gasthof. Vor einigen Jahren wurde der Hof von der Stadt Nördlingen gekauft. 1976 wiederum verkaufte die Stadt die Gebäude des Sternhofs an einen Privatmann zur Sanierung.

Der Sternhof ist für die städtebauliche Entwicklung Nördlingens bedeutend, da er zum einen »einen festen Platz in der Baugeschichte Nördlingens hat«, zum anderen das erste Projekt war, das von privater Seite nach Städtebauförderungsgesetz im ausgewiesenen Sanierungsgebiet der Nördlinger Altstadt saniert wurde.

Das Gebäude befand sich in einem sehr schlechten Zustand. Das Mauerwerk hatte durch Brüche an vielen Stellen seine Festigkeit verloren. Der Dachstuhl und die Deckenbalken waren durch eindringende Feuchtigkeit stark von Fäulnis angegriffen. Das Fachwerk war im 1. Obergeschoß bei früheren Umbauten zerstört oder herausgenommen worden, im 2. Obergeschoß war es durch Veränderungen stark gestört. Durch die unsachgemäßen Veränderungen und pflanzliche Holzschädlinge hatten sich der Dachstuhl und die Fachwerkwände erheblich verformt.

Grundlage für die Sanierungsplanung waren die detaillierten Bestandsaufnahmen. Das Sanierungskonzept war auf weitgehende Erhaltung ausgerichtet. Bedingt durch den weit fortgeschrittenen Verfall des Gebäudes, mußte trotzdem wertvolle historische Bausubstanz, wie das gotische Herbergsgeschoß, teilweise aufgegeben werden. Die Sanierungsplanung mußte den jeweils bei der Freilegung einzelner Bauteile gewonnenen neuen Erkenntnissen fortlaufend angepaßt werden.

Durchführung

Das Gebäude mußte, da es im Senkungsbereich eines Stadtgrabens liegt, neu fundiert werden. Die Reste des Fachwerks im 1. Obergeschoß wurden entfernt und Erdgeschoß wie 1. Obergeschoß neu in Ziegelmauerwerk aufgeführt. In diesem Zusammenhang wurde die Holzbalkendecke über dem Erdgeschoß durch eine Stahlbe-

43 und 44 Der Sternhof vor und nach der Sanierung. Über der Haustür sind besonders deutlich die Verformungen aus Setzungsschäden sichtbar.
45 Stilleben. Die Rückseite des Sternhofs vor der Sanierung.
46 Hofansicht während der Sanierungsmaßnahmen.
47 Haustür vor der Instandsetzung.
48 Das sich weit aus dem Lot verformte Fachwerk.
49 Querschnitt und Sanierungsplanung, Grundriß 2. Obergeschoß (heutiger Zustand).

tondecke ersetzt. Das Gebäude besitzt jetzt zwei Massivgeschosse, darauf liegt die ursprüngliche Holzbalkendecke des 1. Obergeschosses. Das Fachwerk dieses Geschosses sowie der zweifach vorspringende Giebel wurden von den Ausfachungen befreit und die Holzstäbe ausgewechselt, angeschuht oder repariert. Die gesamte Holzkonstruktion wurde soweit wie möglich ausgerichtet. Der Dachstuhl hatte sich so stark verformt, daß er teilweise ausgewechselt werden mußte. Der Zwerchgiebel zur Baldinger Straße wurde rekonstruiert. Die von der Straße nicht einsehbare Rückseite des Gebäudes wurde nicht in Fachwerk dargestellt, dafür jedoch konstruierte man die zur Erschließung der Wohnungen angeordneten Laubengänge aus Holz, um die Maßstäblichkeit zu erhalten.

Die neue Nutzung des Gebäudes, eine Kombination aus Laden, Werkstätten und Wohnungen, kommt der Größe und Lage des Gebäudes nach und trägt zur Belebung der Nördlinger Innenstadt bei.

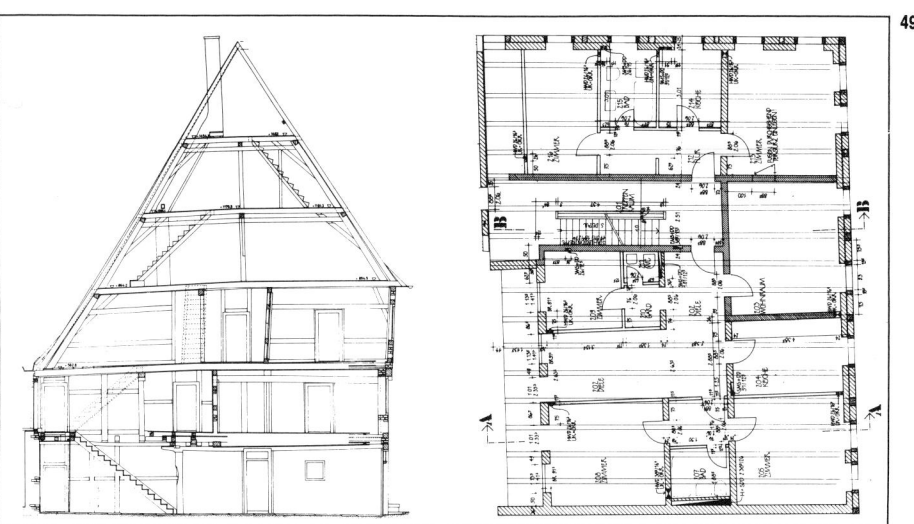

Rekonstruktion von Fachwerkwänden in ein Massivgebäude

Frankfurt-Höchst, Bolongarostraße 173
Baujahr: 1481/82, Rekonstruktion 1975–77
Architekt: Gerd Laun, Offenbach
Fachwerkrekonstruktion: Referat für Denkmalpflege der Stadt Frankfurt, Manfred Gerner

Nach den Ergebnissen einer dendrochronologischen Untersuchung wurde das Haus »Zum Anker« in der Höchster Bolongarostraße im Herbst oder Winter 1481 aus saftfrischem Holz aufgeschlagen. Der Grundriß, zwei übergroße Kellergewölbe und der Nachweis von Bierbrauern und Wirten ab Anfang des 17. Jahrhunderts belegen, daß das Gebäude als Brauerei und Gaststätte konzipiert war. Um 1700 erhielt das Haus einen Anbau mit Giebel zum Schloßplatz, um 1850 wurde das Erdgeschoß für eine Eisenhandlung mit Stahlträgern und Gußstahlstützen unterfangen, und Anfang des 20. Jahrhunderts wurden beim Einzug eines Kaufhauses in das Gebäude weitere Änderungen vorgenommen. 1973 waren im Erdgeschoß Läden untergebracht, in den zwei Obergeschossen und im Dachgeschoß lebten, besser gesagt vegetierten, mehr als 65 Gastarbeiter. In diesem Jahr brannte der Dachstuhl des Gebäudes vollständig ab, und das Fachwerk des 1. und 2. Obergeschosses wurde stark in Mitleidenschaft gezogen.
1975 sollte das Haus »Zum Anker« total renoviert und modernisiert werden. Die entsprechenden Planungen und Genehmigungen lagen ausführungsreif vor. Der statische Zustand war vor Beginn der Arbeiten stichprobenweise festgestellt worden.

Fachwerk seiner Zeit weit voraus

Das Haus »Zum Anker« hat mit dem südlichen Anbau einen Rauminhalt von 3100 Kubikmetern; bei der Errichtung ohne den Anbau im Jahre 1481 waren es etwa 2800 Kubikmeter. Damit war dieses Haus das bei weitem größte Bürgerhaus Höchsts, was sich auch aus den alten Stadtgrundrissen ablesen läßt. Gebaut wurden Brauerei und Wirtshaus in der ersten großen Bauphase nach der Verleihung der Stadtrechte, also in einer Zeit progressiven Wachstums der Stadt Höchst, an der Durchgangsstraße von Mainz nach Frankfurt in der Nähe des alten Untertores, aber schon außerhalb der älteren Stadtbefestigung. Die Wed, eine platzartige Straßenerweiterung mit dem Brandweiher, wurde optisch von der Fassade des Ankers beherrscht.
Lassen bereits Bauzeit, Lage und Größe keinen Zweifel an der Bedeutung des spätgotischen Hauses zu, so wird diese durch die vorbildliche Konstruktion und Ausführung des Fachwerks noch unterstrichen. Über zwei hohen Keller-Tonnengewölben war das Erdgeschoß aus 40 × 40 cm dicken Eichenständern aufgerichtet, der Mittelunterzug ruhte auf einem achteckigen Eichenstiel 50 × 50 cm mit vier halbgeschoßhohen, gebogenen Kopfbändern. Den größten Teil des Erdgeschosses nahm eine Halle ein, die wahrscheinlich im Ursprung nach der Bolongarostraße hin offen oder nur mit Läden verschließbar war. Für diese Annahme spricht die Tatsache, daß an den Erdgeschoßstielen zur Bolongarostraße keine Anzeichen von Holzverbindungen füllenden Fachwerks zu erkennen waren. Auf den Stielen lag ein kräftiger Rähm, auf dem wiederum die Balkenlage kreuzförmig eingekämmt war.
Am Westgiebel waren Stichbalken mit zwei Gratstichen angeordnet. Die Geschoßüberkragung betrug nur etwa 20 bis 30 cm. Auf der Balkenlage ruhte, in sich abgeschlossen und stockwerksweise abgebunden, das Fachwerk des ersten Obergeschosses. Saumschwelle und Rähm bestanden konstruktionsbedingt zum Teil aus Nadelhölzern, alle anderen Teile aus Eichenholz.
Nach der Rekonstruktion war das Gebäude vierzonig geteilt, dabei waren die Eck- und Bundständer wesentlich stärker als die Wandständer. Abgestrebt waren die Wände durch jeweils ein wandhohes, gebogenes Fußstrebenpaar und zwei gebogene Kopfstreben pro Bund- oder Eckständer. Die viertelkreisförmigen Fußwinkelhölzer und die Knaggen an den Eck- und Bundstielen hatten mehr Bedeutung als Zierat denn konstruktiv, da die Verstrebung mittels der wandhohen Streben und die Verriegelung durch Aufkämmen statisch ausreichend waren. Das zweite Obergeschoß war in gleicher Weise aufgestockt, darüber folgte ein mehr als sieben Meter hohes, steiles Schieferdach mit kleinen Gauben.

Der klare, stockwerksweise abgebundene Rähmbau mit der durch die Betonung der Bundpfosten eindeutigen Gliederung, den Fachwerkfiguren aus Ständern, Fuß- und Kopfstreben, einer Vorform der Mannfiguren, und technisch raffinierten Details, wie kreuzförmige Verkämmung der Balken, ausgeklinkte Eckpfosten mit Eckzapfen, Gratstichbalken sowie feinen Fensterkonstruktionen mit stark profilierten Mittelpfosten, war seiner Zeit weit voraus. Die Fußwinkelhölzer stammten praktisch noch aus der Zeit der Einzelverstrebung, allein die Holzdicken beweisen, daß sie im Haus »Zum Anker« nur als Schmuck dienten. Die Zimmermannskunst, die sich ausgeprägt in den Fachwerkfiguren widerspiegelt, ist deutlich stärker nach Franken gerichtet.
Der viel später angefügte Anbau zeigt dagegen in einem rasterhaften Aufbau des Giebels mit zwei Riegelketten, dreiviertelgeschoßhohen, gebogenen Streben und geschweiften Zierstreben in Brüstungsfeldern rheinischen Einfluß, der ab 1600 bei fast allen Höchster Fachwerkbauten nachweisbar ist. Obwohl das Gebäude in der sogenannten Übergangszeit errichtet wurde, ist das nur sparsam gegliederte, mittelalterliche Fachwerk mit einzelverstrebten Ständern mit dieser Fachwerkkonstruktion überwunden.

Rekonstruktion statt Renovierung

Mit dem Ziel der Sanierung wurden 1975 alle Ausbauteile entfernt. Nach dem Abschlagen des Putzes und Freilegen der Decken zeigte es sich jedoch, daß eine Sanierung im üblichen Sinn nicht möglich, da die Standsicherheit des Gebäudes nicht vorhanden war und akute Einsturzgefahr bestand.
Einige der gravierenden Mängel hatten sich dabei in den vergangenen Jahrhunderten summiert. So waren die Deckenbalken über dem Erdgeschoß mehrfach durch Überlastung von Wänden gebrochen und geknickt; die schrägliegenden Decken waren bis zu dreimal mit Lehm wieder nivelliert worden. Die Deckenstärke betrug aus diesem Grunde bis zu

50 Der »Anker« nach dem Brand 1973 mit einem Notdach.
51 Haus »Zum Anker« kurz vor der Fertigstellung.

70 cm: Deckenbalken, Lehmausfüllungen und mehrere Lagen Dielen. Unter dem mehrlagigen Putz waren große Holzpartien des Ost- und Westgiebels angefault, hinter die Fassade zur Bolongarostraße hatte man bereits früher eine zweite Fachwerkwand zur Lastabtragung eingebaut. Die Fachwerkkonstruktion des Hauptgebäudes im Bereich des Anbaus war so weit entfernt, daß hier die Standsicherheit absolut verloren war und größere Deckenteile buchstäblich in der Luft hingen. Der Gratstichbalken des Anbaus war so verfault, daß er teilweise als feste Holzsubstanz nicht mehr nachzuweisen war. Darüber hinaus hatte man das Notdach so improvisiert, daß eine totale Erneuerung oder umständliche Sicherheitsmaßnahmen notwendig geworden wären.

Da unter diesen Umständen mittels komplizierter und umständlicher Auswechslungsarbeiten nur geringste Gebäudesubstanz hätte gerettet werden können, entschloß man sich, den Weg des Teilabbruchs und der Rekonstruktion zu gehen. Nach gründlichem Aufmaß und Kennzeichnung aller Holzteile wurde das Gebäude im September und Oktober 1975 sorgfältig abgetragen, alle wiederverwendbaren Teile wurden gereinigt und gelagert. Das Kellergewölbe sowie Massivteile des Erdgeschosses blieben erhalten. Das Aufmaß ergab, daß die Fachwerkwände mehrfach im Laufe der Jahrhunderte verändert und eines Teils ihres Schmuckes beraubt worden waren. Von den ursprünglich eingebauten etwa 140 Kubikmetern Holz, rund 4200 lfdm Abbund, waren etwa 5 Prozent wiederverwendbar.

Aufgrund des Aufmaßes und des Vergleichs der Konstruktion mit etwa zehn Fachwerken gleichen Typs in Büdingen, Miltenberg, Frankfurt, Bergen-Enkheim und Gießen wurde das Fachwerk der Traufseite zur Bolongarostraße und des Giebels zum Schloß zeichnerisch rekonstruiert und dann unter Verwendung der alten Stiele, Streben, Kopfstreben, Riegel und viertelkreisförmigen Fußbänder auf dem Zimmerplatz neu abgebunden.

Das Gebäude wurde von November 1975 bis zum April 1976 exakt in der alten Form, einschließlich aller Vor- und Rücksprünge

52 Das bei verschiedenen Bränden und durch Umbauten stark zerstörte Haus während des Abtragens.
53 Einsetzen der neu abgebundenen Fachwerkwand.
54 Ansicht Burggraben, alter Zustand.

Seite 137
55 Erd- und Zwischengeschoß sowie Ansicht des Walderdorffer Hofes.

sowie der gebogenen Giebelwand, in Mauerwerkskonstruktion neu erstellt, und die Fachwerkwände wurden eingestellt. Am 9. April 1976, 495 Jahre nach dem ersten Richtfest, wurde am Haus »Zum Anker« zum zweitenmal Richtfest gemäß alter Zimmermannstradition gefeiert.
Die als Befund gesicherte Farbigkeit des Hauses: blutfarbene Hölzer, kalkweiße Gefache, mit Grau und Schwarz abgesetzt, wurde wiederhergestellt.

Denkmalpflegerischer Kompromiß

Aus denkmalpflegerischer Sicht muß die gewählte Lösung als Kompromiß angesehen werden, jedoch schränkte, ganz abgesehen von wirtschaftlichen Gesichtspunkten, der Zustand des Gebäudes die alternativen Möglichkeiten in einen engen Rahmen ein. Aus Bauordnungsgründen: keine Holzdecken bei neuen, mehr als zweigeschossigen Gebäuden, keine Abtragung von Lasten aus Stein, Beton- oder Stahlteilen auf Holzbauteile, kam eine Wiedererrichtung als reiner Fachwerkbau nicht in Frage. Andererseits war ein Verzicht auf das Fachwerkbild undenkbar, da es zur Fachwerkgeschichte bedeutende Aufschlüsse birgt. Nach Erkenntnis der nur zu geringem Teil wiederverwendbaren Fachwerkteile erschien die vorgenommene Art am günstigsten, das wenige Originalmaterial in Originalform wieder zu zeigen.

Funktionsänderung: Walderdorffer Hof

Bensheim, Obergasse 30/32
Bauzeit: Um 1475, Sanierung 1975–77
Architekt: Reinhold Kargel, Darmstadt
Mitarbeiter: Griesel und Freudenberger

Geschichte

Das Gebäude wurde im letzten Viertel des 15. Jahrhunderts, wahrscheinlich als Bürgerhaus, errichtet. Um 1580 wurde es an den Herrn von Walderdorff verkauft. Von diesem Besitzer erhielt der Hof seinen Namen. Um 1630 gehörte das Haus den Herren von Gemmingen, 1644 überstand es einen Großbrand, und um 1710 wurde es Eigentum der Herren von Überbruck und Rodenstein. Diese verkauften das Haus wieder an Bensheimer Bürger. Zwischen 1964 und 1975 erwarb die Stadt Bensheim den Hof.

Das Gebäude bestand ursprünglich aus einer großen erdgeschossigen Halle mit Mittelunterzug, der schrägen Durchfahrt zum Hof und einem Treppenhaus, von dem über einen offenen, hofseitigen Laubengang die Räume des Obergeschosses erschlossen wurden. Im Laufe der Jahrhunderte unterlag das Gebäude einer Reihe von Veränderungen. Am schwerwiegendsten waren die Schließung des Laubengangs im Obergeschoß und das Einziehen einer Zwischendecke in die Halle des Erdgeschosses, die Raumhöhen von teilweise nur 1,60 Meter ergab.

Der Architekt erläutert zur Sanierung (redaktionell geringfügig geändert):

Sanierung: Äußerlich erschien der Bau zumindest auf der Südseite relativ stabil, Teile der Decke über dem 1. Obergeschoß und der Nordfassade waren jedoch durch Wasserschäden erneuerungsbedürftig. Im Einvernehmen mit dem Landesamt für Denkmalpflege wurden Fassadenteile aus Eichenbalken von abgebrochenen Bauten ersetzt. Abgefaulte und ausgewitterte Fachwerkteile, deren zimmermannsmäßige Reparatur technisch und statisch zu schwierig gewesen wäre, sind mit Hilfe chemischen Holzersatzes vollwertig ergänzt worden. Durch geschickte Oberflächenbehandlung und gleichmäßigen Anstrich über alle Holzteile wurde die einheitliche Baustruktur zurückgewonnen.

Entwurf und Ausführung: Die große Halle freizulegen und mit dem Zwischengeschoß optisch zu verbinden, erschien als wirkungsvollste Lösung, um das Gefüge des Hauses zu verdeutlichen. Der Vor-

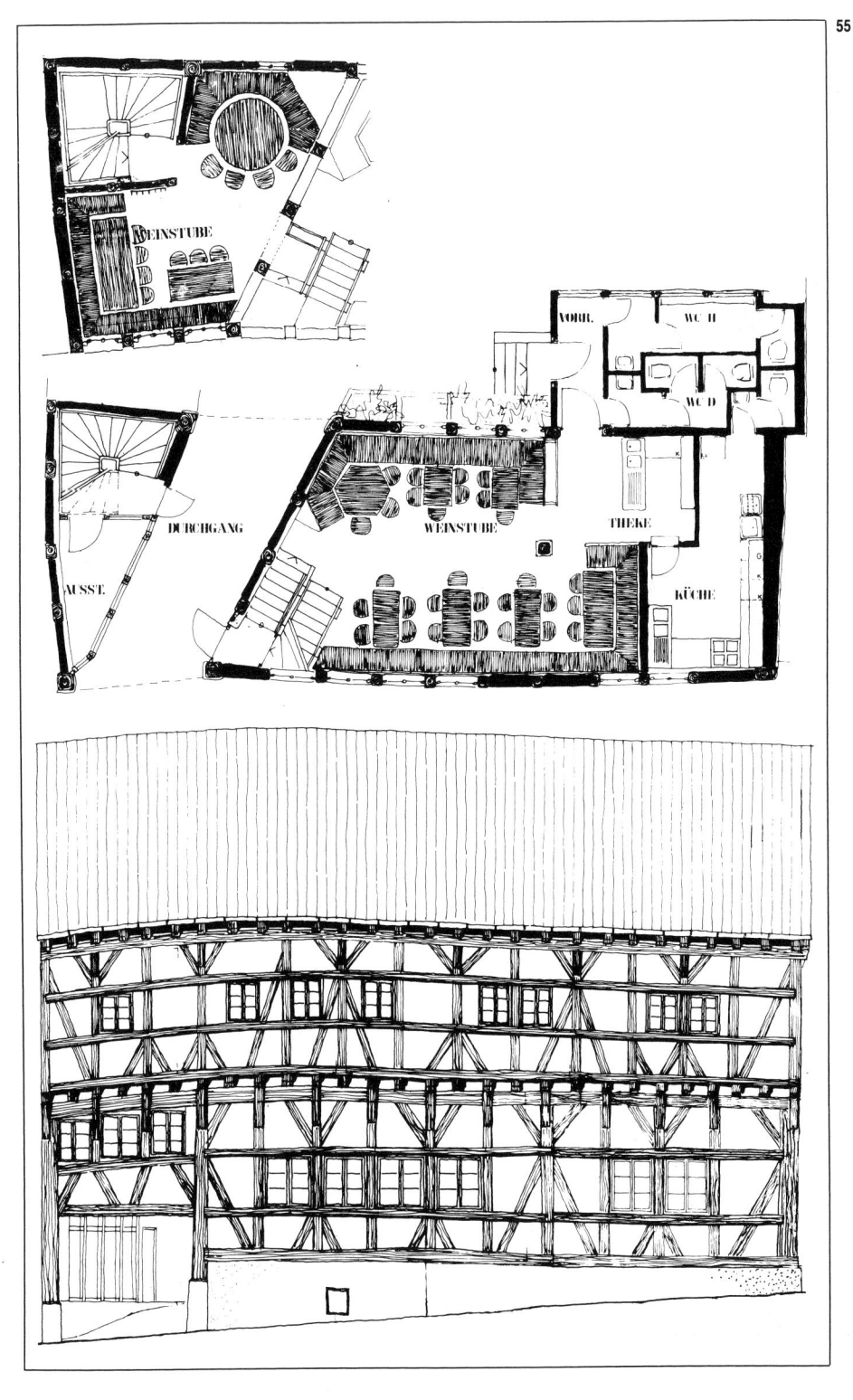

56 Die Halle mit Mittelunterzug und den mächtigen Ständern, vierseitig mit Kopfbändern versteift.

57 Straßenansicht mit Durchfahrt zum Hof. Auf dem Foto gut erkennbar ist die Schwellriegelkonstruktion mit den in die Eckständer eingezapften Schwellen. Ebenso deutlich werden die aufgeblatteten und durchgehenden Riegel sichtbar.

58 Zugang aus der Durchfahrt. Das Schild weist das Gebäude als ältestes Fachwerk Südhessens aus.

schlag, eine Gaststätte einzurichten, erschien riskant, hat sich jedoch bereits bewährt.

Der Eingang, ebenerdig in der Hofeinfahrt, führt über wenige Stufen – unter der nieder darüberschwebenden Zwischentreppe – in den hohen Raum, der bestimmt wird durch dunkle Holzbalken, weiße, den Balken folgende, unebene Putzflächen, kräftige Eichentische, rote Keramikfliesen und grobe, grüne Wollvorhänge. Von dem hohen Raum trennen zwei parallel stehende, versetzte Mauerscheiben die Küche ab und bilden eine Nische für die Theke. Die WC-Anlagen sind hofseitig angefügt.

Über mehrere Zwischenpodeste einer Wangentreppe gelangt man auf die Galerie, die durch Entfernen der Ausfachung mit der Halle eng verbunden ist und mit ihrer geringen Höhe, den schrägen Fenstern und den mit quadratischen Ziegelfliesen belegten Tischen einen besonders gemütlichen Eindruck erweckt.

Jenseits der Durchfahrt sieht man durch eine Glaswand die kräftigen Fachwerkstiele der Giebelwand. Die neue Haupttreppe daneben ist als gewendelte, den umschließenden Wänden angepaßte Wangentreppe ausgebildet, kann von der Galerie als Fluchttreppe der Gaststätte benutzt werden und führt in die Vorhalle des Obergeschosses. Durch eine beim Auskernen entdeckte Öffnung mit dem sogenannten gotischen Eselsrücken gelangt man in einen von einer mächtigen, geschnitzten Eichensäule beherrschten Raum. Im Bereich des ehemaligen Laubenganges wurde auf eine zusätzliche Wand zu den einzelnen Räumen hin verzichtet, Ganzglastüren sollen den ehemaligen Eindruck andeuten.«

Fachwerke in Stadt- und Dorflandschaften

1 Melsungen in einer Luftaufnahme. Deutlich sichtbar konnte die einheitliche, feinmaßstäbliche Fachwerkstruktur der gesamten Altstadt bis heute erhalten werden.
2 Der städtebauliche Rahmenplan Melsungens, von den Architekten Rau, Löhr und Wiedenroth, Darmstadt, bietet neben dem Denkmalschutz die Basis für die zukünftige Erhaltung Melsungens als Fachwerkstadt.

Fachwerke prägten über Jahrhunderte die Dörfer der verschiedenen Landschaften ebenso wie die Altstadtbereiche der Städte. Die kleinmaßstäblichen Fachwerkstrukturen passen sich jeder Landschaft an, ohne diese zu stören. In ländlichen Bereichen hat sich Fachwerk landschafts- und dorfbestimmend bis in unsere Tage erhalten.

Eine erste große Einschränkung erfuhren Fachwerke mit der Tendenz, massiv zu bauen oder Fachwerke durch Überputzen doch zumindest als Massivbauten darzustellen, Ende des 18. Jahrhunderts. Durch rohe Gewalt mit der Axt büßten viele Fachwerke dabei einen Teil ihres Schmuckes: alle überstehenden Profile, Knaggen usw., ein. Trotzdem liegt in diesen jetzt unter Putz liegenden Fachwerken noch ein stadtgestalterisches Guthaben, da mit der Freilegung an vielen Orten Stadt- oder Dorfqualität zurückgewonnen werden kann.

Unbestritten riß der Krieg im wahren Sinne des Wortes große Löcher in den Fachwerkbestand. Noch größer sind jedoch die Schäden, bei denen durch Unachtsamkeit oder falsch verstandenen Modernismus – Abbrüche, Veränderungen, mangelnde Bauunterhaltung und Pflege – Fachwerksubstanz abgebaut wurde. Maßstablose Neubauten im engeren Bereich von Fachwerkensembles taten ein übriges, auch die noch vorhandenen Fachwerke ungünstig darzustellen.

Abgesehen und unabhängig von denkmalpflegerischen Bemühungen um kunsthistorisch bedeutende Fachwerke, gibt es zahlreiche, auch nicht mit ökonomischen Gründen von der Hand zu weisende Argumente, Fachwerke zu pflegen und zu erhalten. Die Erkenntnis und die unbestrittene Tatsache des Wertes von Fachwerken für Dorf- und Stadtlandschaften ist nur *eine* Begründung, auf die Erhaltung noch geschlossener oder teilweise erhaltener Fachwerkensembles zu drängen.

Maßstabslosigkeit und Inhumanität der Neubausiedlungen sind ein weiterer Grund. Mit der nachlassenden Architekturqualität großer Neubaugebiete, die vielfach landschaftszerstörend wirken, nur selten eine Identifikation der Bevölkerung zu

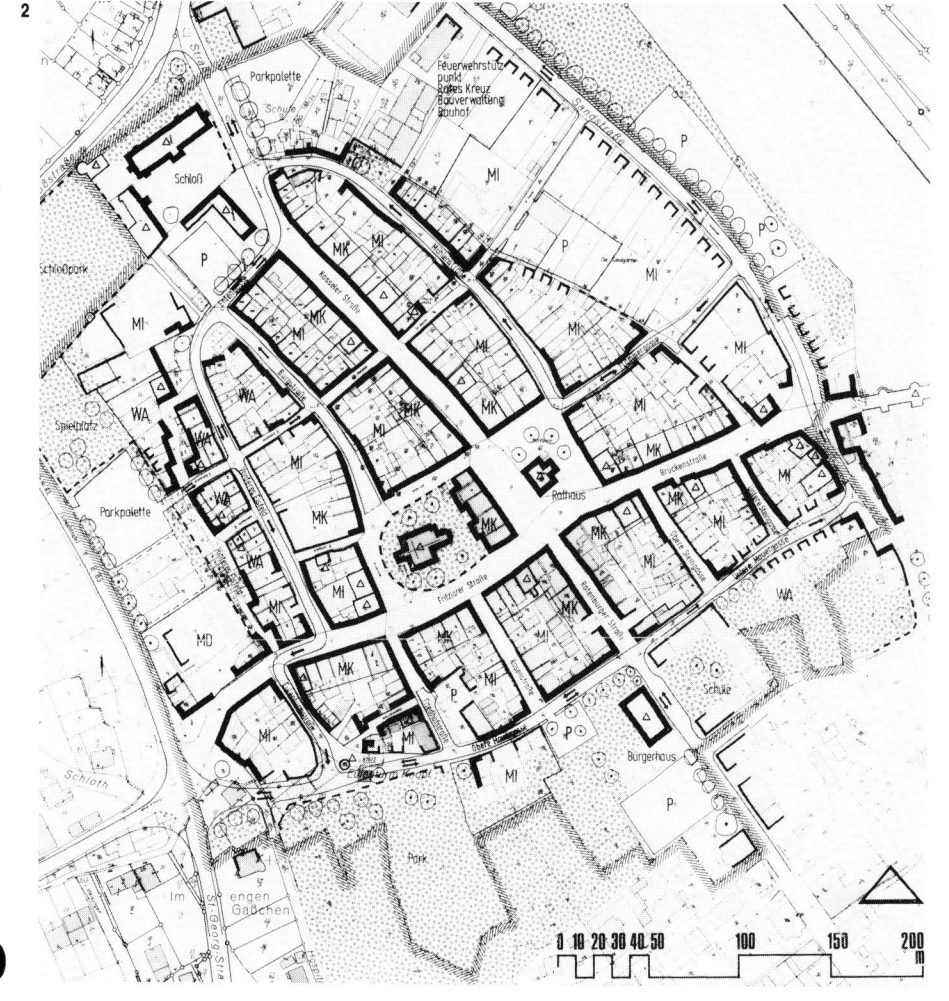

3 Plakate wie dieses sollen auf breiter Basis das Bewußtsein für die Gefahr einer Stadtbildzerstörung schärfen.
4 Fachwerkensemble in Hannoversch Münden.
5 Fachwerkensemble in Mosbach (Baden). Die beiden mittleren Häuser sind Ersatzbauten aus jüngster Zeit.
6 Nur wenige Häuser weiter, ebenfalls in Mosbach: Durch den unmaßstäblichen Neubau »ohne Dach« ist das Ensemble hier erheblich gestört.

erreichen vermögen, in unmaßstäblichen und ungegliederten Großstrukturen, weitab von jedem auf den Menschen bezogenen Maßstab und ohne reizvolle Raumbildungen oder kleine nachbarschaftliche Raumbeziehungen, suchen Menschen wieder die mehr Atmosphäre und optische Reize bietenden Ergebnisse früherer Bauepochen. Fachwerke werden, da sie hohe Architektur- und Wohnqualitäten bieten, gesucht und sind unter dem Aspekt der Nachfrage auch wieder zu wirtschaftlich meßbarem Gut geworden.

Bewußtsein für Fachwerk steigt

Das Bewußtsein für das Baugefüge Fachwerk nimmt zu. Der Trend muß insofern geringfügig gesteuert werden, als in Einzelfällen nur das Dekorative im Fachwerk gesucht wird.
Denkmalpfleger – auf der Basis des auf städtebauliche Ensembles erweiterten Denkmalbegriffs – und Geschichtsvereine sind kraft Beruf oder Neigung verpflichtet, Fachwerke und Fachwerk-Ensembles zu erhalten. Von dem erweiterten Bewußtsein breiter Bevölkerungsschichten getragene Interessengemeinschaften und Bürgerinitiativen fordern und unterstützen vielfach die Revitalisierung des Fachwerks. Die so entstandenen Initiativen erschöpfen sich nicht in Forderungen und dem sichtbaren Zeugnis geretteter Fachwerke, sondern versuchen, durch Aufklärung – Plakate, Schriften, Aufkleber – vor allem die Eigentümer von Fachwerk von dessen Wert und Erhaltungswürdigkeit zu überzeugen.
Administrative Möglichkeiten zu Erhalt und Unterhalt von Fachwerken sind entsprechend enge Festlegungen in Bebauungsplänen, Veränderungssperren, Ortssatzungen, Gestaltungssatzungen und Zuschüsse der öffentlichen Hand zu Sanierungsmaßnahmen.
Vor die Verwaltungsmaßnahmen sind jedoch Beispiele und Überzeugung zu setzen: die Darstellung des Fachwerks als Baugefüge sowie seine Wirksamkeit auf Umwelt- und Wohnqualität.

Literatur

(Erwähnt sind nur die wesentlichen Arbeiten. Die Titel werden, auch wenn sie mehrere Kapitel übergreifen, nur einmal genannt.)

Entwicklung des Fachwerks in Deutschland

Binding, G., Mainzer, U., Wiedenau. A.: Kleine Kunstgeschichte des deutschen Fachwerkbaus, 2. Aufl., Darmstadt 1977
Gruber, O.: Deutsche Bauern- und Ackerbürgerhäuser, Karlsruhe 1926
Hansen, H. J. (Hrsg.): Holzbaukunst. Eine Geschichte der abendländischen Holzarchitektur und ihrer Konstruktionselemente, Hamburg 1969
Killer, J.: Die Werke der Baumeister Grubenmann, Zürich 1941
Klöckner, K.: Alte Fachwerkbauten, München 1978
Phleps, H.: Holzbaukunst. Der Blockbau, Karlsruhe 1942
Phleps, H.: Deutsche Fachwerkbauten, Die Blauen Bücher, Königstein 1951, neu herausgegeben von W. Sage 1976
Reinerth, H.: Pfahlbauten am Bodensee, Überlingen 1977
Schäfer, C.: Deutsche Holzbaukunst, Hrsg. P. Kanold, Dresden 1937
Schäfer, C.: Die Holzarchitektur Deutschlands vom 14. bis 18. Jahrhundert, Berlin 1888
Stoy, W. und Mehlau, H. W.: Holzbauten aus alter Zeit, in: Baumeister 1954, S. 581–586 und Tafeln 81–84
Thiede, K.: Alte deutsche Bauernhäuser, Die Blauen Bücher, Königstein 1963
Verband Deutscher Architekten- und Ingenieurvereine (Hrsg.): Das Bauernhaus im Deutschen Reiche und seinen Grenzgebieten. Atlas und Textband, Dresden 1906, Nachdruck Hannover 1974
Zippelius, A.: Vormittelalterliche Zimmerungstechnik in Mitteleuropa, in: Rheinisches Jahrbuch für Volkskunde, 5, Bonn 1954

Alemannisches, fränkisches und niedersächsisches Fachwerk

Alemannisches Fachwerk

Eitzen, G.: Zur Geschichte des südwestdeutschen Hausbaues im 15. und 16. Jahrhundert, in: Zeitschrift für Volkskunde 59, 1963
Helm, R.: Das Bauernhaus im Alt-Nürnberger Gebiet, Nürnberg 1978
Knoepfli, A.: Historische Architektur mit Holz. Probleme der Denkmalpflege, in: Schweizerische Bauzeitung, 94. Jg., Heft 3, Januar 1976
Kolesch, H.: Das altoberschwäbische Bauernhaus, Tübingen 1967
Kretzschmar, F. und Wirtler, U.: Das Bürgerhaus in Konstanz, Meersburg und Überlingen, Das deutsche Bürgerhaus, Begr. Bernt, A., Hrsg. Binding, G., Band XXV, Tübingen 1977
Ossenberg, H.: Das Bürgerhaus in Oberschwaben, Das deutsche Bürgerhaus, Begr. Bernt, A., Hrsg. Binding, G., Band XXVIII, Tübingen 1979
Phleps, H.: Alemannische Holzbaukunst, Wiesbaden 1967
Schilli, H.: Das Schwarzwaldhaus, Stuttgart 1964
Schwemmer, W.: Das Bürgerhaus in Nürnberg, Das deutsche Bürgerhaus, Begr. Bernt, A., Hrsg. Binding, G., Band XVI, Tübingen 1972

Fränkisches Fachwerk

Alsfeld. Europäische Modellstadt, Hrsg. Geschichts- und Museumsverein, Alsfeld 1975
Backes, M.: Ältestes Fachwerkhaus des Rheinlandes in Koblenz-Horchheim?, in: Rheinische Heimatpflege 3, 1973
Baumbach, O. v.: Von den Schmuckformen am hessischen Bauernhaus, in: Kunst unserer Heimat, Heft 5, 1910
Becher, B. und H.: Fachwerkhäuser des Siegener Industriegebietes, München 1977
Erffa, W. v.: Das Bürgerhaus im westlichen Oberfranken, Das deutsche Bürgerhaus, Begr. Bernt, A., Hrsg. Binding, G., Band XXVII, Tübingen 1977
Fachwerkkirchen in Hessen, Hrsg. Förderkreis Alte Kirchen e. V. Marburg, Königstein 1976
Gerner, M.: Fachwerke in Frankfurt am Main, Frankfurt 1979
Gerner, M.: Fachwerke in Höchst am Main, Hrsg. Verein für Geschichte und Altertumskunde, Frankfurt-Höchst 1976
Hamm, F. J.: Limburg, Domplatz 7 / Alte Vikarie, Limburg 1977
Helm, R.: Das Bürgerhaus in Nordhessen, Das deutsche Bürgerhaus, Begr. Bernt, A., Hrsg. Binding, G., Band IX, Tübingen 1967
Loewe, L.: Schlesische Holzbauten, Düsseldorf 1969
Mehl, H.: Die Bauernhäuser in Rhön und Grabfeld, Fulda 1977
Nebel, H.: Fachwerkbauten im Ortsbild am Mittelrhein, Koblenz 1976
Sage, W.: Das Bürgerhaus in Frankfurt am Main bis zum Ende des Dreißigjährigen Krieges, Das Deutsche Bürgerhaus, Begr. Bernt A., Hrsg. Binding, G., Band II, Tübingen 1959
Schönfeldt, G. v.: Bauernhäuser in Hessen, Teil I: Grundlagen, Ausgangssituation, Wiesbaden 1973
Walbe, H.: Das Hessisch-Fränkische Fachwerk, Gießen 1954
Walbe, H.: Anordnung der Hölzer im oberhessischen Fachwerk von der Gotik bis in das 19. Jahrhundert, in: Heimatliche Bauweise, 5, 1912, S. 49 f.
Winter, H.: Das Bürgerhaus zwischen Rhein, Main und Neckar, Das deutsche Bürgerhaus, Begr. Bernt, A., Hrsg. Binding, G., Band III, Tübingen 1961
Winter, H.: Das Bürgerhaus in Oberhessen, Das deutsche Bürgerhaus, Begr. Bernt, A., Hrsg. Binding, G., Band VI, Tübingen 1965

Niedersächsiches Fachwerk

Bauernhofaufmaße Westfalen, Hrsg. Landesbaupfleger für Westfalen, Münster 1959–1976
Fricke, R.: Das Bürgerhaus in Braunschweig, Das deutsche Bürgerhaus, Begr. Bernt, A., Hrsg. Binding, G., Band XX, Tübingen 1974
Griep, H. G.: Das Bürgerhaus in Goslar, Das deutsche Bürgerhaus, Begr. Bernt, A., Hrsg. Binding, G., Band I, Tübingen 1959
Griep, H. G.: Das Bürgerhaus der Oberharzer Bergstädte, Das deutsche Bürgerhaus, Begr. Bernt, A., Hrsg. Binding, G., Band XIX, Tübingen 1975
Johannsen, C.: Das niederdeutsche Hallenhaus und seine Nebengebäude im Landkreis Lüchow-Dannenberg, Braunschweig 1974
Kulke, E., Johannsen, C. I., Morgenstern, R.: Rundlinge – ihre Pflege und Erneuerung, Hrsg. Deutscher Heimatbund, Münster 1970
Stender, F.: Das Bürgerhaus in Schleswig-Holstein, Das deutsche Bürgerhaus, Begr. Bernt, A., Hrsg. Binding, G., Band XIV, Tübingen 1978

Fachwerkgefüge, Baustoff Holz und Zimmererhandwerk

Baustoff Holz

Halász, R. v.: Holzbautaschenbuch, 7. Aufl., Berlin, München, Düsseldorf 1974
König, E.: Holzlexikon, Stuttgart 1977
Wendehorst, R.: Baustoffkunde, 16. Aufl., Hannover 1959

Zimmererhandwerk

Blöcher, E.: Der Zimmermann im Hinterland und seine Balkeninschriften, Kassel 1975
Ebinghaus, H.: Das Zimmerhandwerk, Gießen 1954
Fischer: Zimmermannskunst im Fachwerkbau, in: Bauen mit Holz, 5, 1973
General-Privilegium und Guelde-Brieff der Zimmer-Leute-Innung in dem Herzogthum Magdeburg und der Graffschaft Mansfeld, Magdeburgischer Hoheit, Insonderheit der Zimmerleute-Innung zu Gerbstadt, Berlin 1737
Garbe, J. G. (Hrsg.): Der vollkommene Zimmermann, Frankfurt

Glossar

Hartmann, C. R.: Formenlehre der Renaissance, 2. Teil: Formen des Holzbaues, Leipzig 1906
Kress, F.: Der Zimmerpolier, Ravensburg 1939
Nimmerich, H.: Die Kennzeichnung der Hölzer beim Abbund von Fachwerkhäusern, in: Hessische Heimat, Heft 28, 1978
Peters, H.: Altes Handwerk – bäuerliches Brauchtum aus dem Kreise Grafschaft Hoya, Brinkum 1962
Schübler, J. J.: Nützliche Anweisung zur unentbehrlichen Zimmermannskunst, Nürnberg 1749
Schübler, J. J.: Neue Anweisung zur unentbehrlichen Zimmermannskunst, Nürnberg 1782
Wilhelm, J.: Architectura Civilis oder Beschreibung und Vorreißung vieler vornehmer Dachwerk..., Nürnberg 1668, Reprint Hannover 1977
Winter, H.: Das Symbol im Fachwerk, in: Volk und Scholle, 14, 1936
Winter, H.: Das rechte Maß in der Hand des Zimmermanns, in: Deutscher Zimmermeister, 58. Jg., Nr. 23, 1956, S. 479–485
Wolf, G.: Praktische Ausführung der Schiftung und Dachverbandshölzer, Leipzig 1909

Instandsetzung

Bleibaum, F.: Das hessische Fachwerk und seine Pflege, Marburg 1957
Braun, A.: Der Zimmerer, 3 Bände, Stuttgart 1955
DIN 1052 – Holzbauwerke, Berechnung und Ausführung, Blatt 1 und 2
DIN 1055 – Lastannahmen für Bauten
DIN 1074 – Holzbrücken, Berechnung und Ausführung
DIN 4070 – Nadelholz, Querschnittsmaße und statische Werte
DIN 4102 – Brandverhalten von Baustoffen und Bauteilen
DIN 52175 – Holzschutz
DIN 68141 – Holzverbindungen
DIN 68800 – Holzschutz im Hochbau
DIN 18338 – Dachdeckungsarbeiten
Gerner, M.: Instandsetzen und Erhalten historischer Häuser, Wiesbaden 1978
Gerner, M.: Holzbau / Fachwerk, in: Denkmalpflege, Sanierung, Modernisierung, Heft 5 der Architektenkammer Hessen, Wiesbaden 1978, S. 111–131
Hollstein, E.: Holzzustand und dendrochronologische Datierung, in: Deutsche Kunst und Denkmalpflege, München 1969
Hollstein, E.: Die Jahresringe vom Magdalenenberg, Villingen 1974
Huber, B., Siebenlist, V., Nieß, W.: Jahrringchronologie hessischer Eichen, in: Büdinger Geschichtsblätter, Band V, Büdingen 1964
Informationsdienst Holz, zahlreiche Titel, wie Altbauerneuerung mit Holz, Schallschutz von Holzdecken, Hrsg. Arbeitsgemeinschaft Holz e. V., Düsseldorf
Mittag, M.: Baukonstruktionslehre, 12. Aufl., Gütersloh 1961
Ostendorf, F.: Die Geschichte des Dachwerks, Leipzig und Berlin 1908
Reuter, R.: Dokumentation, in: Denkmalpflege, Sanierung, Modernisierung, Heft 5 der Architektenkammer Hessen, Wiesbaden 1978, S. 47–62
Sachse, H. J.: Barocke Dachwerke, Decken und Gewölbe, Berlin 1975
Schelling, G.: Zur Technik der Baudenkmalpflege. Querschnitt durch die deutschsprachige Literatur, in: Deutsches Architektenblatt, 12, 1975
Stolberg, F.: Turmhelme in Lahngebiet und Wetterau. Ein Beitrag zur Geschichte Deutscher Zimmermannskunst, in: Der Deutsche Zimmermeister, Freiburg 1931
Wachsman, K.: Holzhausbau, Berlin 1931
Wahl, G. P.: Handbuch der Bautenschutztechniken, Stuttgart 1970
Wildemann, T.: Freilegung und Wiederherstellung von Fachwerkbauten in der Rheinprovinz seit Kriegsende, Jahrbuch der Rheinischen Denkmalpflege II, Düsseldorf 1926
Witzler: Die im Vogelsberg heimische Schindelbauweise, in: Heimatliche Bauweise, 6, 1913

Fachwerke in Stadt- und Dorflandschaften

Bundesbaugesetz (BBauG) i.d.F. vom 18. 8. 1976 (BGBl. I S. 2256, ber. S. 3617) mit Änderung vom 3. 12. 1976 (BGBl. I S. 3281, 3309)
Gebhard, H.: System, Element und Struktur in Kernbereichen alter Städte, dargestellt an der Stadt Dinkelsbühl und den Nachbarstädten Rothenburg o.d.T., Nördlingen und Donauwörth, Stuttgart, Bern 1969
Gruber, K.: Die Gestalt der deutschen Stadt, München 1952
Kienzler, H.: Der alte Flecken Freudenberg, Hagen 1978
Klotz, H., Günter, R., Kiesow, G.: Keine Zukunft für unsere Vergangenheit? Denkmalschutz und Stadtzerstörung, Gießen 1975
Landesbauordnungen
Städtebauförderungsgesetz (StBFG) i.d.F. vom 18. 8. 1976 (BGBl I S. 2319, ber. S. 3617) mit Änderung vom 14. 12. 1976 (BGBl I S. 3341)
Wieland, D.: Bauen und Bewahren auf dem Land, Hrsg. Deutsches Nationalkomitee für Denkmalschutz, Stuttgart 1978

Abbinden, Abbund: Verzimmern und Anlegen von Fachwerkwänden oder Balkenlagen auf dem Zimmerplatz (abgeleitet vom früheren »Binden« der Holzkonstruktion)
Abgratung: Abfasen (Abschrägen) der oberen Kanten eines Gratsparrens
Ankerbalken: der zwei Ständer verbindende Balken im Hallenhaus bzw. der eingesteckte oder eingezapfte Balken im Ständergeschoßbau
Anschuhen: Verlängerung von Hölzern in einer Richtung
Auskragung: Vorspringen eines Bauteils, im Fachwerkbau auch Überhang genannt
Band: ursprünglich aufgeblattetes, schräges Holz wie Schwert, Kopf- oder Fußband zur Aufnahme vorwiegend von Zugkräften. Mit dem Wechsel von der Verblattung zur Verzapfung behielten die nur auf Druck beanspruchten Fuß- und Kopfbänder den Namen (Diese müßten eigentlich Fuß- oder Kopfstreben heißen.)
Balkenkopf: Balkenende
Balkenlage, Gebälk: die Gesamtheit der Deckenbalken eines Geschosses
Besäumen: rechtwinklige Bearbeitung von Brettern, Bohlen oder Kanthölzern, früher von Hand, z. B. mit Breitbeil, heute mit Gatter- oder Kreissäge
Blatt: flächige Holzverbindung für sich kreuzende oder senkrecht aufeinanderstoßende Hölzer wie gerades Blatt, Hakenblatt, Schwalben- und Weichschwanzblatt
Brustriegel: der Wandriegel in Brüstungshöhe, besonders der Riegel unter dem Fenster
Bundbalken: Balken, auf welchem ein Sparrengebinde oder ein Dachstuhl sitzt
Bundständer: verstrebter Ständer in der Hauswand, an den meist eine Innenwand anschließt
Dachbalkenlage: die Balkenlage unterhalb des Daches
Dachstuhl: die Dachhaut tragende Konstruktion, wie stehender Stuhl, liegender Stuhl, Hängewerk oder Sprengewerk
Deckenbalken: raumüberspannender Balken
Diele, Deele: Mittelschiff des Hallenhauses
Eckständer: auf dem Fundament (Schwellriegelkonstruktion) oder auf den Schwellen stehende Ständer (Pfosten, Stiele) an den Gebäudeecken
First: der obere Abschluß eines Daches, parallel oder annähernd parallel zur Trauflinie
Firstpfette, Firstbaum: Längsholz, das die Lasten der oberen Sparrenköpfe abträgt
Firstständer, Firstpfosten: Ständer, welche die Last der Firstpfette auf Dachstuhl oder Balken, als Firstsäulen auch bis auf das Fundament abtragen
Füllholz: in die Lücke zwischen das »Rähm«, zwei Balkenköpfe und die Schwelle des näch-

sten Stockwerkes eingeschobenes Holz, meist mit Schmuckprofil
Gabelpfosten: mit natürlicher Gabel (Astgabel) versehener Pfosten im vorgeschichtlichen Holzbau
Gebinde, Binder: Einheit aus zwei Sparren und Balken (Sparrendreieck)
Gefach, Fach: von Fachwerkhölzern umschlossene Öffnung einer Wand (wird durch Ausfachung, Fenster oder Tür geschlossen)
Gehrung: Eckstoß, der mittels Schrägen (im Gehrungswinkel) zusammengefügt ist
Gaube, Gaupe: Dachöffnung, die durch ein kleines Sattel- oder Pultdach überdeckt ist
Gesims, Dachgesims: oberes Abschlußprofil von Wandfläche oder Stockwerk bzw. als Dachgesims Anschluß der Traufwand an das Dach
Gewände: die seitlich rahmenden Teile von Fenstern, Türen und Toren
Gratsparren: verstärkter Sparren unter der Gratlinie der Dachfläche, z. B. eines Walmdaches
Gratstichbalken: diagonal eingestochener Balken
Grundschwelle: die auf dem Fundament oder Kellermauerwerk liegende Schwelle
Hahnenbalken, Spitzbalken: kleiner Balken im oberen Sparrendreieck von Sparren- oder Kehlbalkendächern, der die Sparren gegeneinander abstützt
Halsriegel: Wandriegel im oberen Viertel eines Stockwerks
Hochrähmkonstruktion: Konstruktion im Hallenhaus, bei der die Rähmhölzer oberhalb der Ankerbalken liegen
Kamm, Verkämmung: Holzverbindung sich kreuzender, übereinanderliegender Hölzer
Kehlbalken: Balken im Dachgeschoß, meist mit den Sparren verblattet
Kehlsparren: verstärkter Sparren unter einer Dachkehle
Knagge, Büge: senkrecht zur Wandrichtung schräg angeordnetes, konsolartiges Holz zur Unterstützung auskragender Bauteile oder zur Queraussteifung
Kopfband: schräg angeordnetes, kürzeres Aussteifungsholz zwischen Ständer und Rähm, früher verblattet, heute verzapft
Kopfstrebe: schräg angeordnetes, langes Aussteifungsholz zwischen Ständer und Rähm, meist über dem Brustriegel ansetzend, immer verzapft
Krüppelwalmdach: nur im oberen Giebelteil abgewalmtes Satteldach
Kübbung: Seitenschiff am Hallenhaus
Mann: fränkische Verstrebungsform aus Ständer, dreiviertelgeschoßhohen Fußstreben und kurzen Kopfwinkelhölzern
Mauerlatte: schwächeres Holz, das auf einer Mauer liegt und die Balkenlage aufnimmt
Pfette: parallel zu First und Traufe liegendes Holz, das die Sparren unterstützt und auf Querwänden, Stielen oder Dachstuhl aufliegt
Pfosten: ursprunglich in die Erde eingegrabene (eingespannte) Stütze, die Pfetten oder Balken trug (Der Begriff wird heute auch oft für Ständer im Fachwerkbau gebraucht.)
Quergebälk: Gesimsschichtung aus dem Rähm eines Geschosses, den Balkenköpfen der darüberliegenden Balkenlage und der aufliegenden Stockschwelle
Quergebindegefüge: Hausgefüge aus Querbindern, die quer zur Längsachse hintereinander stehen
Rähm, Rähmholz (Rähmkranz): das den »Rahmen« aus Schwelle und Ständern oben abschließende Holz, wird auf die Zapfen der Ständer aufgesetzt
Riegel, Querriegel: zwischen die Ständer waagerecht eingezapfte Hölzer

Säule: (Begriff aus dem Steinbau) ursprünglich eine runde Stütze, allgemein üblich auch für sechs- und achtkantige Stützen aus Holz
Schifter: an Grat- oder Kehlsparren angeschmiegter Sparren
Schmiege: Schräge bei der Anpassung nicht winklig zueinander stehender Hölzer
Schwalbenschwanz: Ausbildung bei Holzverbindung, z. B. als Blatt
Schwebeblatt: Verstärkung eines Ständerfußes, die ähnlich einem Blatt die unter dem Ständer liegende Schwelle übergreift
Schwebegiebel: auf der Verlängerung der Pfetten über eine Giebelwand hinaus auf sogenannten Flugsparren ruhender, weiter Dachüberstand
Schwelle (Schwellenkranz): auf Fundament oder Mauerwerk ruhendes, waagerechtes Holz, in das die Ständer eingezapft werden
Schwert, Verschwertung: bohlenartiges, zur Aussteifung schräg über mehrere aufrecht stehende Hölzer laufendes, aufgeblattetes oder aufgenageltes Holz
Sparrendach: Dachgerüst aus Gebinden (Sparrendreiecken) aus je zwei Sparren und einem Balken
Staken, Stakung: gespaltene Hölzer, die in Nuten in die Gefache eingeschlagen werden und das Weidengeflecht samt Lehmschlag der Ausfachung tragen
Ständer: zunächst direkt auf Fundament bzw. Stein- oder Holzplatten aufstehendes, stützendes Holz im Fachwerkbau, über ein oder mehrere Geschosse reichend. Heute allgemein die senkrechten Hölzer der Fachwerkwand (die lokal auch als Pfosten, Stiele, Stützen oder Säulen bezeichnet werden)
Ständerbau (Geschoßbau): Fachwerkbau mit über mehrere Geschosse reichenden Ständern
Stichbalken: meist in den letzten Balken »eingestochener«, kurzer Balken, dessen anderes Ende auf dem Rähm ruht
Stiel: im geringeren Maße abstützendes, senkrechtes Holz in der Fachwerkwand, z. B. Klebestiel oder Gewändestiel für Fenster
Stockwerksrähmbau: stockwerksweise verzimmerter, abgebundener und aufgeschlagener Fachwerkbau, jedes Stockwerk in sich ausgesteift
Stockschwelle: Schwelle im oberen Stockwerk
Stoß: Holzverbindung in einer Richtung oder über Eck
Strebe: auf Druck beanspruchtes, eingezapftes, schräges Holz zur Aussteifung
Streichbalken: Balken, der neben einer Mauer oder einem Kamin »vorbeistreicht«
Sturzriegel: Türen und Fenster oben begrenzender Riegel
Unterzug: Holz, das quer unter einer Balkenlage liegt und diese unterstützt
Verzapfung: Holzverbindung aus Zapfen und Zapfenloch
Weichschwanz: halbe Schwalbenschwanzform bei einem Blatt
Windrispe: schräg unter die Sparren genagelte Bohle oder genageltes Brett zur Längsaussteifung des Dachverbandes
Winkelholz (Fußwinkelholz, Kopfwinkelholz): meist im Winkel von 45° sitzendes, die Ecke zwischen Ständer und Schwelle (Fußwinkelholz) oder zwischen Ständer und Rähm (Kopfwinkelholz) ausfüllendes Holz
Zapfenschloß: durch das Zapfenloch durchgesteckter Zapfen, der mit einem Keil (Splint) gesichert (geschlossen) ist
Zulage: Reißboden, auf welchem das Holz angelegt wird, oder das Anlegen selbst

Bildverzeichnis

Entwicklung des Fachwerks in Deutschland

Beuermann, W. und Dettmar, G.: 22; Interessengemeinschaft Bauernhaus Kreis Grafschaft Hoya: 13, 15; Kress, F., Der Zimmerpolier: 1, 3, 9; Sage, W., Deutsche Fachwerkbauten: 11, 20, 23; Walbe, H., Das Hessisch-fränkische Fachwerk: 7, 8

Alemannisches, fränkisches und niedersächsisches Fachwerk

Alsfeld, Europäische Modellstadt: 25; Bauernhausatlas: 1,90; Bornhardt, J. F.: 6, 16, 20, 23, 27, 81; Hanftmann, B., Hessische Holzbauten: 18; Hessischer Heimatbund: 79, 80, 82; Johannsen, C. I., Das niederdeutsche Hallenhaus und seine Nebengebäude im Landkreis Lüchow-Dannenberg: 69, 70, 71; Kulke, Johannsen, Morgenstern, Rundlinge: 91; Museumsdorf Cloppenburg, Museumsführer: 66, 67, 68, 73; Sage, W., Deutsche Fachwerkbauten: 17, 83; Walbe, H., Das Hessisch-fränkisches Fachwerk: 22, 24; Westf. Landesamt für Baupflege im Landschaftsverband Westfalen-Lippe, Münster: 65, 89;

Fachwerkgefüge, Baustoff Holz und Zimmererhandwerk

Bornhardt, J. F.: 1; Hanftmann, B., Hessische Holzbauten: 9; Nimmerich, H., Hessischer Heimatbund: 17, 18; Interessengemeinschaft Bauernhaus Kreis Grafschaft Hoya: 16; Sage, W., Deutsche Fachwerkbauten: 3; Verein Rieser Bauernmuseum: 11, 12, 13; Wilhelm, J., Holzbaukunst: 15;

Instandsetzung

Beuermann, W. und Dettmar, G.: 3, 20; Desowag-Bayer: 13, 14, Tafeln S. 84 u. 85, 35a, 35b, 35c; Hofmann, F.: 60, 61; Interessengemeinschaft Bauernhaus Kreis Grafschaft Hoya: 27, 67, 68; Joutz, H.: 22; Kynast, F.: 6, 8, 10; Lömpel Bautenschutz: 25, 65, 66; Reuter R., Technische Hochschule Darmstadt: 1, 2

Ladeneinbauten

Abt, C.: 1, 2; Stadt Melsungen: 11, 13; Tollhopf, W.: 14

Instandsetzung, Sanierung und Rekonstruktion in Beispielen

Beuermann, W. und Dettmar, G.: 11, 12, 13, 14, 15, 16, 17, 18; Bühring, J., Niedersächsisches Landesverwaltungsamt: 19, 21, 22, 23, 24; Bornhardt, J.: 20; Bundschuh, T.: 40, 41, 42; Gruber, R.: 56, 57, 58; Hamm, F. J.: 7, 8, 9, 10, 31, 32, 35, 36, 37, 38, 39; Herrenberger, J.: 2, 4; Jourdan, J. und Müller, B.: 33, 34; Kargel, Griesel, Freudenberger: 55; Laun, G.: 54; Moser, H. und Strohm, F.: 43, 44, 45, 46, 47, 48; Moser, Strohm, Mader, Gropper, Gronau: 49; Peuser, H. W.: 25, 26, 27, 28, 29, 30; Sitte, E.: 1, 3, 5, 6

Fachwerke in Stadt- und Dorflandschaften

Deutsches Nationalkomitee für Denkmalschutz: 3; Stadt Melsungen: 1 Freigabe-Nr. 159/70 (Werner Langemann), 2

Alle hier nicht aufgeführten Fotos stammen vom Verfasser dieses Buches.

Fränkisches Fachwerk

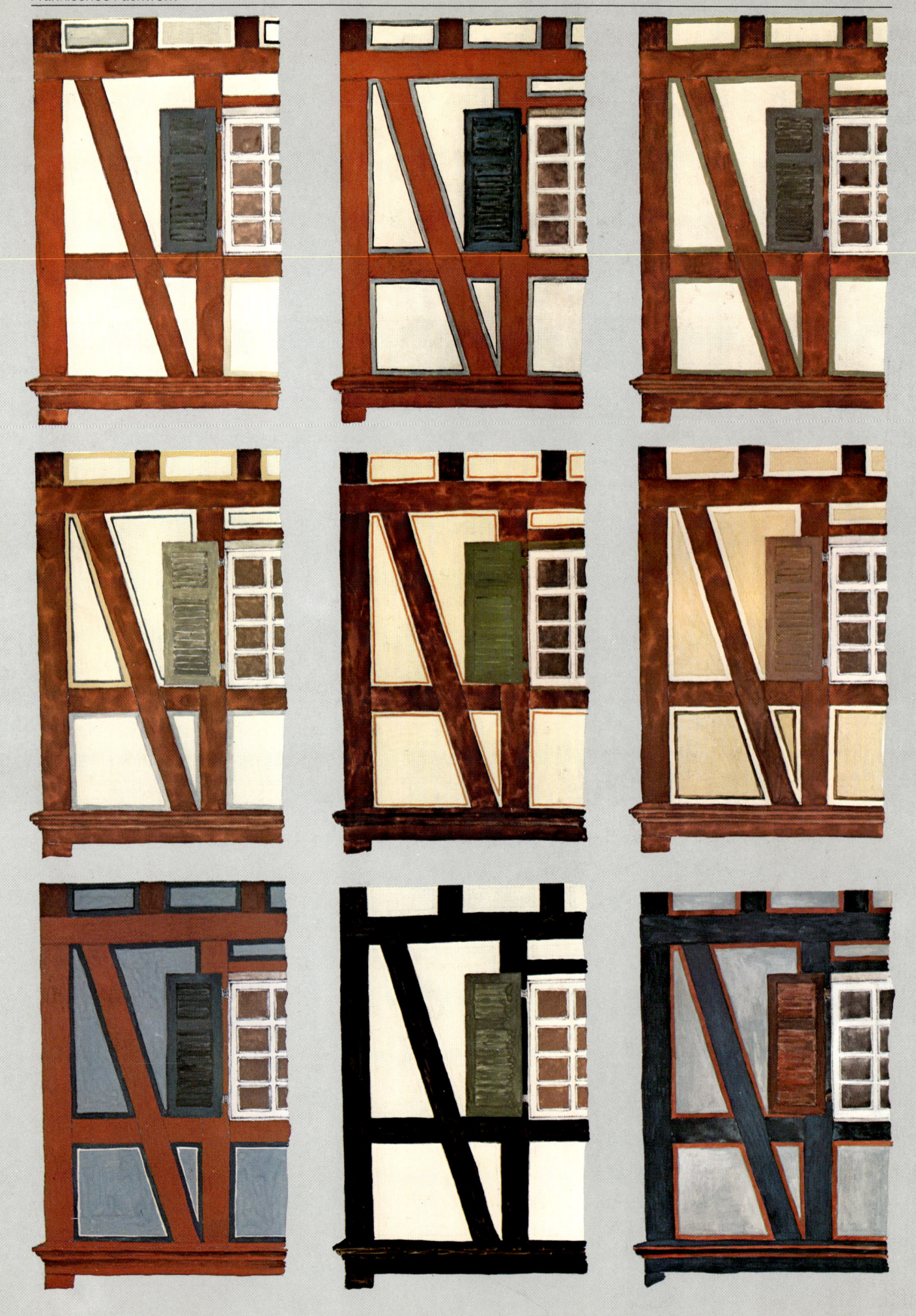